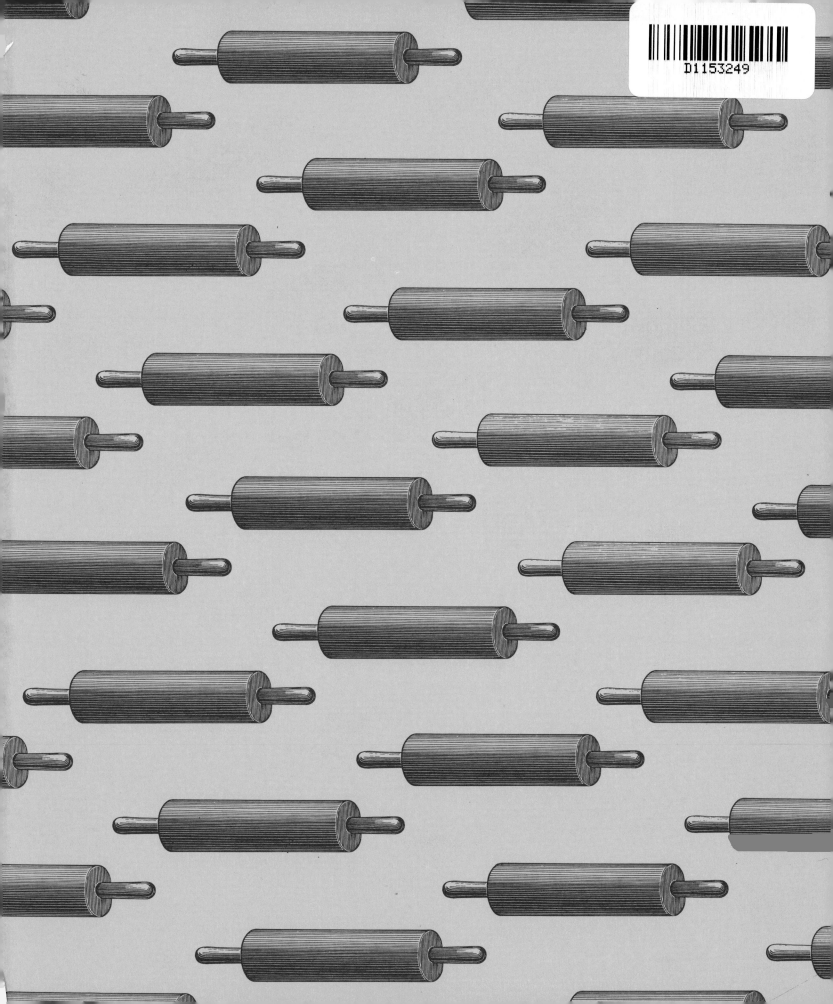

Gâteaux et Pâtisseries

par

LES RÉDACTEURS DES ÉDITIONS TIME-LIFE

ÉDITIONS TIME-LIFE ● AMSTERDAM

TIME-LIFE BOOKS
RÉDACTEUR EN CHEF POUR L'EUROPE: Kit van Tulleken
Conception artistique: Ed Skyner
Directeur de la photographie: Pamela Marke
Chef documentaliste: Vanessa Kramer
Révision des textes: Ilse Gray

CUISINER MIEUX
Rédacteur en chef: Alan Lothian
Coordination: Liz Timothy
Chef maquettiste: Rick Bowring

COMITÉ DE RÉDACTION POUR GÂTEAUX ET PÂTISSERIES
Rédacteur: Ann Tweedy
Responsable de l'Anthologie: Markie Benet
Rédaction: Alexandra Carlier, Jay Ferguson,
Mary Harron, Thom Henvey
Maquettiste: Zaki Elia
Documentation: Ursula Beary, Norah Carey, Eleanor Lines
Assistante de fabrication: Katie Lloyd, Sally Rowland
Droits étrangers: Deborah Litton
assistée de: Margaret Hall
Maquette: Cherry Doyle
Correcteur: Brian Sambrook
Assistante de rédaction: Molly Sutherland

CHARGÉS DE LA RÉDACTION DES OUVRAGES
Coordination: Ellen Brush
Responsable de la qualité: Douglas Whitworth
Circulation: Pat Boag, Helen Whitehorn
Iconographie: Philippe Garner
Département artistique: Julia West
Service de la rédaction: Debra Dick, Beverley Doe

SECRÉTARIAT DE RÉDACTION POUR L'ÉDITION FRANÇAISE
Monique Poublan, Michèle Le Baube,
Cécile Dogniez, Nouchka Pathé
avec la collaboration de Laurence Giaume

Traduit de l'anglais par J.-B. Medina et D. Bonan-Laufer

ISBN 2-7344-01983

TIME-LIFE is a trademark of Time Incorporated U.S.A.

EDITIONS
TIME
LIFE

PEUPLES ET NATIONS
L'ENCYCLOPÉDIE TIME-LIFE DU BRICOLAGE
CLASSIQUES DE L'EXPLORATION
LA PLANÈTE TERRE
PEUPLES EN PÉRIL
LA CONQUÊTE DU CIEL
LA DEUXIÈME GUERRE MONDIALE
LA GRANDE AVENTURE DE LA MER
CUISINER MIEUX
L'ENCYCLOPÉDIE TIME-LIFE DU JARDINAGE
LE FAR WEST
LES GRANDES CITÉS
LES GRANDES ÉTENDUES SAUVAGES
LES ORIGINES DE L'HOMME
LIFE LA PHOTOGRAPHIE
TIME-LIFE LE MONDE DES ARTS
LES GRANDES ÉPOQUES DE L'HOMME
LIFE LE MONDE DES SCIENCES
LIFE LE MONDE VIVANT
LA GUERRE VUE PAR LIFE
LE GRAND LIVRE DU BATEAU
LE GRAND LIVRE DE LA PHOTOGRAPHIE
LIFE A HOLLYWOOD
VU PAR LIFE

Couverture: Des capeaux de chocolat ainsi qu'une guirlande de crème fouettée décorant cette génoise parfumée au chocolat *(page 28)*. Une fois coupé en part, le gâteau révèle les cerises entières et la crème fouettée dont on a garni l'intérieur.

LE CONSEILLER PRINCIPAL:
Richard Olney, d'origine américaine, vit et travaille en France depuis 1951, où il fait autorité en matière de gastronomie. Il est l'auteur de *The French Menu Cookbook* et de *Simple French Food* pour lequel il a reçu un prix. Il a également écrit de nombreux articles pour des revues gastronomiques en France et aux États-Unis, parmi lesquelles les célèbres *Cuisine et Vins de France* et *La Revue du Vin de France*. Il a dirigé des cours de cuisine en France et aux États-Unis et il est membre de plusieurs associations gastronomiques et œnologiques très renommées, entre autres L'Académie Internationale du vin, La Confrérie des Chevaliers du Tastevin et La Commanderie du Bontemps de Médoc et des Graves.

LES CONSEILLERS POUR GÂTEAUX ET PÂTISSERIES:
Pat Alburey, qui est membre de l'Association of Home Economists de Grande-Bretagne et a une très grande expérience en matière culinaire, prépare des plats à photographier, enseigne la cuisine et crée ses propres recettes. Elle est plus particulièrement responsable de la série des illustrations de la partie technique du présent ouvrage.
Alice Wooledge Salmon, chef au restaurant *Ma Cuisine* et au Connaught Hotel à Londres, a collaboré à de nombreuses publications dont le *Journal of International Wine and Food Society*.

LES PHOTOGRAPHES:
John Elliott vit à Londres et a suivi les cours de Regent Street Polytechnic. Il a travaillé dans la publicité et la presse, mais s'intéresse surtout à la photographie culinaire.
Bob Komar, qui a suivi les cours des Beaux-Arts de Hornsey et de Manchester, s'est spécialisé dans la photographie culinaire et les portraits.

France: *Michel Lemonnier,* normand d'origine, collabore à *Cuisine et Vins de France* depuis 1960, et écrit également dans plusieurs périodiques français spécialisés dans la gastronomie. Cofondateur et vice-président de l'association Les Amitiés Gastronomiques Internationales, il donne souvent des conférences traitant du vin et il est membre de la plupart des Confréries et Académies viti-vinicoles de France. Il partage sa vie entre la France et le Maroc. Grande-Bretagne: *Jane Grigson,* diplômée de l'université de Cambridge, a grandi dans le Nord de l'Angleterre. Depuis la parution de son premier livre de cuisine *Charcuterie and French Pork Cookery,* en 1967, elle a publié un certain nombre d'ouvrages culinaires, parmi lesquels *Good Things, English Food* et *Jane Grigson's Fruit Book.* Elle est correspondante de la rubrique gastronomique du supplément en couleurs de l'*Observer* de Londres depuis 1968. *Alan Davidson* est l'auteur de *Fish and Fish Dishes of Laos, Mediterranean Seafood* et *North Atlantic Seafood.* Il est le fondateur de *Prospect Books,* publications érudites sur la gastronomie et l'art culinaire et des Oxford Symposia, qui traitent de l'histoire culinaire. Allemagne fédérale: *Jochen Kuchenbecker* a une formation de chef cuisinier, mais a travaillé pendant dix ans comme photographe culinaire dans plusieurs pays européens avant d'ouvrir son propre restaurant à Hambourg. *Anne Brakemeier,* qui vit également à Hambourg, a écrit des articles sur la cuisine dans de nombreux périodiques allemands. Elle est coauteur de trois livres de cuisine. Italie: *Massimo Alberini,* né à Padoue, est un écrivain gastronomique très connu et un journaliste qui s'intéresse plus particulièrement à l'histoire de la cuisine. Il a écrit 18 ouvrages dont *4000 anni a Tavola, 100 Ricette Storiche* et *La Tavola all'Italiana.* Pays-Bas: *Hugh Jans* vit à Amsterdam où il traduit des livres et des articles de cuisine depuis plus de vingt-cinq ans. Il a également écrit plusieurs ouvrages: *Bistro Koken, Koken in een Kasserol* et *Vrij Nederlands Kookboek.* Ses recettes sont publiées dans plusieurs magazines néerlandais. États-Unis: *Carol Cutler* vit à Washington D.C., et est l'auteur de *Haute Cuisine for Your Heart's Delight* et de *The Six-Minute Soufflé and Other Culinary Delights* qui fut primé. *Julie Dannenbaum* a dirigé une école de cuisine à Philadelphie pendant plusieurs années et est l'auteur de deux ouvrages ainsi que de nombreux articles culinaires. La regrettée *José Wilson* fut responsable de la rubrique gastronomique du magazine *House and Garden* pendant quinze ans et a écrit plusieurs ouvrages sur la décoration et la cuisine.

Une aide précieuse a été apportée pour la préparation de cet ouvrage par les membres du personnel des Éditions Time-Life dont les noms suivent: *Maria Vincenza Aloisi, Joséphine du Brusle* (Paris); *Bona Schmid* (Milan); *Janny Hovinga* (Amsterdam); *Elizabeth Kraemer* (Bonn); *Ann Natanson* (Rome).

TABLE DES MATIÈRES

Le goût du sucré

On peut apprécier un bon gâteau à n'importe quelle heure, que ce soit entre les repas ou pour terminer avec grâce un menu ordinaire. Certes, la pâtisserie symbolisera toujours le régal anticipé des anniversaires et des soirs de fêtes; mais il est des moments où le plaisir qu'elle procure se suffit à lui-même. Pour accompagner une tasse de thé ou de café, une tranche de quatre-quarts ou de pain d'épices, un plateau alléchant de gâteaux à la crème ou aux fruits sont un prétexte idéal pour rompre la monotonie quotidienne; et il n'est guère de meilleure conclusion à un dîner qu'une tourte aux pommes encore tiède, dissimulant sous une croûte au beurre des quartiers de fruits subtilement épicés à la cannelle *(ci-contre)*.

Toute pâtisserie se fait à base de farine: depuis des siècles, l'inspiration des cuisiniers tire de cet humble ingrédient de surprenantes merveilles pour célébrer les cérémonies religieuses, les naissances, les anniversaires, la fête des moissons ou tout simplement un jour de marché exceptionnel. Selon Urbain Dubois, grand chef parisien du XIXᵉ siècle, la pâtisserie est une « science prestigieuse, imbue de souvenirs et de traditions ». Aucun gâteau acheté chez un pâtissier ne peut donner la satisfaction que vous procurera celui que vous aurez confectionné vous-même; les préparations industrielles vous feront sans doute économiser un peu de temps, mais leurs constituants déshydratés et leurs arômes artificiels donnent, généralement, des résultats peu satisfaisants.

Cet ouvrage s'efforce de couvrir le vaste domaine de la pâtisserie. Vous y trouverez dès les premières pages divers renseignements sur les ingrédients nécessaires: farine, beurre et autres matières grasses, levures, sucre et édulcorants, épices, fruits secs ou frais et chocolat. Vous y découvrirez aussi quelques conseils sur la meilleure façon d'utiliser votre four, et des précisions sur les vins susceptibles d'accompagner vos gâteaux.

Vous apprendrez grâce à une série de démonstrations pratiques comment préparer et utiliser le sirop de sucre, le caramel et les glaçages; comment tirer parti des ressources du chocolat pour parfumer et décorer, et comment réussir d'onctueuses crèmes.

Viennent ensuite plusieurs chapitres consacrés à la confection des gâteaux, illustrés étape par étape. Le premier traite des plus aériens des biscuits, la génoise et le biscuit de Savoie qui doivent respectivement leur légèreté au fait que l'on y incorpore les blancs d'œufs avec les jaunes ou séparément. Il vous révèle aussi quelques principes élémentaires de décoration, que vous pourrez varier au gré de votre imagination selon les gâteaux préparés. Le chapitre suivant vous explique comment obtenir un appareil crémeux et homogène qui donnera des résultats aussi divers que

le quatre-quarts, le cake aux fruits ou bien le pain d'épices.

Enfin, vous découvrirez pas à pas l'art de travailler les pâtes, depuis la pâte brisée et la pâte feuilletée jusqu'à la pâte à strudel et la pâte à choux. Et vous verrez comment les utiliser pour la confection de tartes, de tourtes, ou de pâtisseries classiques telles que le millefeuille ou les éclairs. Inséparables de l'Anthologie de recettes provenant du monde entier qui constitue la seconde moitié du livre, toutes ces démonstrations vous aideront à devenir une fine pâtissière et à vous améliorer dans cet important domaine de la gastronomie qu'Urbain Dubois définissait comme « un art dans l'art ».

Bien connaître les ingrédients

Les origines de la pâtisserie se perdent dans les brumes de l'histoire. Un bas-relief égyptien, sculpté il y a plus de trente siècles et découvert dans la tombe du pharaon Ramsès III à Thèbes, montre une variété de gâteaux confectionnés par la boulangerie royale, probablement une simple pâte à pain faite de blé grossièrement moulu, enrichie de fruits, de miel et de sucre. Six siècles plus tard, les Grecs faisaient cuire des mélanges d'amande, de graines de pavot, de miel et de poivre noir, enroulés dans une pâte composée de farine, de miel et de graines de sésame — parfums et méthodes toujours en usage au Moyen-Orient et que l'on retrouve même dans notre pithiviers *(recette page 149)*. Au Vᵉ siècle avant J.-C., Aristophane mentionne dans *les Cavaliers* des gâteaux de miel de deux sortes et dans *les Acharniens* des galettes au sésame et aux fruits. De semblables ingrédients sont présents dans les recettes romaines, connues grâce à une transcription médiévale du plus ancien des livres de cuisine que l'on possède, celui de l'épicurien Apicius, qui vivait au Iᵉʳ siècle après J.-C.

En Inde, dès le Vᵉ siècle avant notre ère, le sucre était communément employé. En 327 avant J.-C., les armées d'Alexandre le Grand découvrirent les champs de canne à sucre de la vallée de l'Indus et importèrent cette plante dans les pays de la Méditerranée orientale. Dès lors, le sucre remplaça le miel dans les pâtisseries et son usage se répandit bientôt à travers toute l'Afrique du Nord et jusqu'en Espagne au VIIᵉ siècle. Mais il ne fut introduit dans le Nord de l'Europe qu'après la conquête par les Croisés, au XIᵉ siècle, des territoires méditerranéens. Les Croisés rapportèrent aussi les épices et les fruits secs de l'Orient: la cannelle, le gingembre, la noix de muscade, les clous de girofle, les amandes et les noisettes qui vinrent enrichir la cuisine de l'Europe médiévale. Les Italiens apprirent à confectionner le massepain *(page 14)* avec du sucre et des amandes écrasées et les ordres religieux d'Italie, d'Allemagne et de France se rendirent célèbres par leurs pains d'épices.

Le chocolat, qui fut introduit en Espagne au XVIe siècle par les conquérants du Mexique, constitue la seconde contribution d'importance à l'art de la pâtisserie. Au début du XVIIe siècle, l'usage du chocolat se répandit en Europe au-delà des frontières espagnoles, propagé par les moines itinérants, ou à la faveur de mariages royaux, comme celui d'Anne d'Autriche, fille de Philippe III d'Espagne, avec Louis XII.

Dans la seconde moitié du XVIIIe siècle, la richesse de l'Europe développa le goût du raffinement et de la variété tant en gastronomie que sur le plan vestimentaire, architectural et décoratif. Ainsi, de même que d'élégantes tables rondes vinrent remplacer les longues tables traditionnelles désormais considérées grossières et démodées, de même des gâteaux de pâte feuilletée comme le millefeuille vinrent se substituer aux tourtes lourdement épicées aux viandes et aux fruits qui firent les délices des générations passées. L'art culinaire acquit peu à peu ses lettres de noblesse. L'utilisation du tamis de soie, venu supplanter les tamis de chanvre et de laine grossièrement tissée, offrit la possibilité d'introduire une plus grande variété en pâtisserie. L'opulence sans précédent que connut cette période incita les pâtissiers à ouvrir boutique par centaines pour vendre les produits de leur art. Vienne et Budapest rivalisèrent avec Paris pour établir la suprématie de leurs créations; l'influence toujours vivante de ces grandes capitales s'est perpétuée jusqu'à nous grâce à ces classiques du genre que sont le strudel ou le Saint-Honoré *(pages 84 et 88).*

Les secrets de la farine

La farine est de tous les ingrédients qui entrent dans la confection des gâteaux celui que l'on connaît le moins bien. Toutes les farines s'obtiennent en moulant les grains de blé, de seigle ou de maïs, par exemple, selon différents degrés de finesse. Avant cette opération, la partie intérieure du grain, blanche et amidonnée, ou albumen, est séparée totalement ou en partie de son enveloppe protectrice, que l'on appelle le son. La farine blanche, tirée de l'albumen pur du blé, est celle que l'on utilise le plus couramment en pâtisserie. Moulue à un degré de finesse extrême, elle a tendance à se tasser dans les sacs, mais au four elle retrouve toute sa légèreté.

La farine de blé est sans doute celle qui convient le mieux à la préparation des gâteaux, parce qu'elle contient des protéines complexes (absentes ou presque dans les autres farines) qui, mélangées à l'eau, produisent du gluten, substance qui permet à la pâte de lever tout en restant ferme.

La quantité de gluten que donne une farine varie en fonction des catégories de blé employées. Les farines ordinaires combinent un blé dur et un blé tendre dans une proportion convenant aussi bien à la fabrication des gâteaux qu'à celle du pain. Ces farines contiennent de 8 à 10% de gluten, quantité requise pour obtenir une pâtisserie moelleuse tout en restant ferme. Le blé dur seul donne une farine plus résistante qui produit de 11 à 13% de gluten. Cette dernière convient plus particulièrement à la fabrication du pain, dont la pâte doit offrir une élasticité plus grande pour supporter la levure.

Les corps gras et les levures

Outre la saveur qu'ils communiquent aux gâteaux, les corps gras les rendent plus moelleux; lorsqu'on ajoute une matière grasse à la farine et à l'eau, les particules de graisse s'y répartissent et limitent la formation de filaments élastiques de gluten. Le fondant de la préparation, une fois cuite, dépend de la quantité de beurre incorporée au mélange et de son degré d'homogénéité.

De tous les corps gras utilisés en pâtisserie, le beurre apporte la saveur la plus riche. Le saindoux, utilisé seul ou avec du beurre, offre un goût moins savoureux, mais il est peu coûteux et les gâteaux sont plus tendres et plus friables, qualité fort appréciée de beaucoup de personnes. Dans les pays méditerranéens, on a parfois recours à l'huile d'olive, pour obtenir une texture très douce au parfum distinctement reconnaissable. Parmi les autres corps gras en usage, on peut citer les margarines et la graisse de bœuf clarifiée qui, jusqu'au XIXe siècle, remplaçait couramment le beurre et que l'on utilise toujours dans certaines recettes de gâteaux fermiers anglais.

Toute pâte ou appareil à gâteau sont constitués d'un mélange de farine et de matière grasse humectée, renfermant une multitude de bulles d'air. L'humidité qui se dégage à la cuisson joue le rôle d'un levain naturel. La présence de ce levain n'est pas toujours évidente: les effets en sont facilement discernables dans une pâte feuilletée ou une génoise, mais beaucoup moins dans une pâte brisée ou un pain d'épices.

En pâtisserie, l'air que l'on incorpore en battant les œufs ou le sucre ou en fouettant les blancs d'œufs en neige jusqu'à ce qu'ils aient atteint plusieurs fois leur volume initial constitue un levain naturel. Rapidement mélangées aux autres ingrédients, ces mousses donnent des génoises d'une grande légèreté.

Toutefois, quand les gâteaux ne contiennent pas assez d'œufs pour lever, il est nécessaire d'avoir recours à un levain chimique qui, en produisant du dioxyde de carbone, gaz incolore et inodore, joue à la cuisson le même rôle que la vapeur d'eau. Un dioxyde de carbone courant s'obtient en combinant, par exemple, du bicarbonate de soude avec un élément acide tel que jus de citron, crème aigre, petit lait ou vinaigre comme dans la recette de la page 44. Les acides naturels contenus dans le miel ou la mélasse réagissent également avec le bicarbonate de soude, comme on pourra le constater dans la recette du pain d'épices, page 46. L'élément acide des levures chimiques commerciales, distinctes du bicarbonate de soude, se présente sous forme déshydratée. Quand on les utilise, il faut travailler rapidement la pâte pour éviter que le gaz ne s'échappe avant que le gâteau soit mis au four. Dans certaines levures chimiques plus sophistiquées, seule une faible partie du gaz se libère au contact de l'humidité. L'emploi de ces poudres dites «à double action» exige une certaine chaleur pour que la réaction chimique soit complète. Ainsi, c'est dans le four que l'action du gaz gonflera le gâteau.

Malheureusement, ces agents chimiques laissent parfois un arrière-goût plus ou moins déplaisant, mais qui sera masqué par les épices et autres parfums contenus dans la pâte.

Épices et parfums

Le sel, les épices, les fruits secs ou frais, le chocolat entrent dans la composition de bien des gâteaux. Le sel, qui rehausse les autres saveurs, est un élément indispensable à la pâtisserie, qu'elle soit sucrée ou aigrelette. Parmi les autres épices, le poivre, que l'on utilise depuis les temps les plus reculés, apporte aussi une note relevée. Il contrebalance souvent les épices plus douces employées dans de nombreuses recettes: noix de muscade, cannelle ou gingembre qui, avec les clous de girofle, furent introduites en Occident au temps des Croisades et supplantèrent en Europe les épices de l'Antiquité: coriandre, sésame, cumin, anis et safran. Cependant, on trouvera dans cet ouvrage tout un éventail de recettes qui exploitent ces anciennes saveurs.

Les fruits secs, qui entrent dans la composition de certaines pâtes ou décorent les gâteaux, contiennent une huile aromatique qui les rend moelleux et parfumés. Noix et noisettes sont d'un usage courant, mais beaucoup moins que les amandes, utilisées entières ou hachées, mondées ou moulues.

Les fruits frais donnent une saveur incomparable à la pâtisserie. Outre leur rôle de garniture pour les tourtes ou les tartes *(pages 65 à 70)*, ils couronnent génoises et pâte feuilletée *(page 82)*. Certains légumes fournissent aussi des garnitures délicieuses, comme les épinards dans la tarte de la page 70. Les fruits secs, gorgés de sucre naturel, ont un parfum concentré qui peut imprègner tout un cake *(page 42)*, mais une poignée de raisins secs peut faire partie de bien des garnitures de tartes.

Le chocolat provient des graines du cacaoyer, que l'on cultive principalement en Amérique Centrale, en Amérique du Sud et dans l'Ouest de l'Afrique. Ce processus de transformation des graines de cacao en chocolat est complexe: on retire les graines de leur cosse et on conserve la pulpe qui y adhère. Au cours de la fermentation, les graines perdent peu à peu leur amertume naturelle et leur couleur passe du violet pâle au brun foncé; ensuite, on les fait sécher au soleil et elles sont alors prêtes pour l'exportation. Les fabricants de chocolat torréfient les graines pour exalter leur saveur, puis les décortiquent ou les moulent. L'opération dégage une certaine chaleur, qui fait fondre la matière grasse contenue dans les graines, le beurre de cacao. La mixture gluante qui en résulte (mi-mouture solide et mi-beurre de cacao) est une sorte de chocolat grossier et amer, dont on tire la poudre de cacao et des chocolats plus raffinés.

Le chocolat à cuire sous sa forme la plus simple n'est pas sucré et diffère à peine de la masse originale, si ce n'est qu'on le moule en tablettes. Cependant, le chocolat utilisé d'ordinaire en pâtisserie est plus élaboré. On y ajoute du sucre pour en atténuer l'amertume et les proportions de cacao en poudre varient selon que l'on cherche à obtenir un chocolat doux et fondant ou un chocolat plus dur, facile à casser ou à râper.

Comment utiliser votre four
Dans l'équipement nécessaire à la préparation de la pâtisserie, le four joue un rôle prépondérant. Les fours différent et leurs thermostats ne sont pas toujours réglés à la perfection. Certes, il est souhaitable de vous conformer aux instructions du fabricant, mais vous devrez aussi vous référer à votre expérience pour tout ce qui concerne les températures et les temps de cuisson. Certains fours modernes sont équipés d'un système de ventilation qui assure une chaleur uniforme. Néanmoins, la plupart des fours anciens diffusent une chaleur inégale. D'une façon générale, le haut et l'arrière d'un four sont plus chauds que le bas, et il est recommandé de cuire les gâteaux sur la grille du milieu, en les retournant au besoin pour obtenir une cuisson égale. Dans tous les cas, ne faites jamais cuire plus de deux plats en même temps; aucun four ne peut fournir assez de chaleur pour compenser cette surcharge. Afin d'être croustillante, la pâtisserie doit cuire en chaleur sèche: ne la mettez pas au four avec un autre plat susceptible de dégager de la vapeur, et dont l'arôme risquerait de contaminer votre gâteau.

Les vins d'accompagnement
Le bon accord d'un vin et d'un mets sucré est délicat à réussir. Un parfum aussi prononcé que le chocolat, par exemple, peut tuer le meilleur vin. Il existe cependant une tradition des vins de desserts, mais leur dégustation ne saurait se limiter à ce moment du repas, car rien n'empêche d'assortir un gâteau à un vin fin à toute heure de la journée.

Les vins les mieux adaptés à ce propos sont des vins blancs doux naturels — des Sauternes, Barsac et Monbazillac pour la région de Bordeaux, le Gewurztraminer ou le Muscat en Alsace, les coteaux du Layon et les grands Vouvray pour la région de la Loire. Certains de ces vins ont un point commun: leurs raisins sont touchés par un champignon, le *botrytis cinerea*, également appelé «pourriture noble», qui a pour effet de concentrer le jus du raisin en une essence très parfumée: le vin qu'on en tire a généralement une profondeur et une richesse qu'aucun autre moyen ne permet d'obtenir.

Ces vins se servent le plus souvent bien frais, rapidement frappés dans un seau à glace: une trop longue exposition au froid altérerait leur saveur.

En principe, les gâteaux doivent toujours être moins sucrés que le vin qui les accompagne, autrement sa subtilité s'en trouverait masquée. Quelques ingrédients s'apprécient mieux sans vin: le chocolat, comme nous l'avons dit, ou une garniture trop crémeuse étouffent le vin et empêchent de le goûter pleinement. Les fruits acides comme les fraises ou les groseilles peuvent aussi atténuer la richesse d'un vin doux, mais les pommes et les poires, les pêches, ou n'importe quelle préparation à base d'amandes se révèlent d'excellents partenaires à une bonne bouteille.

Un pithiviers accompagné d'un grand Sauternes prendra une saveur incomparable, un quatre-quarts *(page 38)* ou une génoise légèrement nappée de sucre glace peuvent également exalter les qualités d'un grand vin. Il existe nombre d'autres possibilités d'associations de ce genre, dont la recherche ouvrira pour vous un champ d'expérience aussi vaste que plaisant.

Le sucre et ses dérivés : sirop et caramel

Le sucre entre dans les décorations utilisées en pâtisserie sous d'innombrables formes : glaçages étincelants, fragiles fils de sucre et caramel craquant, sous des apprêts à base de sirops de sucre qui servent aussi à pocher les fruits, à sucrer la crème au beurre (*page 12*), à préparer les glaçages (*page 15*) ou encore, une fois réduits, à napper gâteaux et tartes.

Pour le glaçage à l'abricot présenté ici (*encadré page de droite*), il vous faut un sirop très liquide, afin que le mélange ne durcisse pas en refroidissant. Prenez 500 g de sucre semoule pour 30 cl d'eau, et chauffez le tout sans dépasser 102°. Vous obtiendrez ainsi un sirop de sucre léger qui peut se préparer d'avance et se conserver plusieurs mois dans un récipient hermétique.

Pour le fondant épais et les fils de sucre et de caramel, si décoratifs, il faut des sirops plus denses qui durciront en refroidissant et qu'on utilise donc sans attendre. Comme l'eau doit s'évaporer presque totalement à la cuisson, mettez-en un minimum : environ 4 cuillerées à soupe par livre de sucre.

Si une paillette de sucre cristallisé tombe dans le sirop, toute la masse risque de cristalliser en refroidissant. Veillez donc à ne pas éclabousser de sirop les parois de la casserole ; cessez de remuer dès que le sucre est dissous et, avec un pinceau trempé dans de l'eau chaude, faites fondre tous les cristaux qui se formeraient (*opération 1, ci-contre*).

Vous trouverez ici les différentes méthodes pour déterminer les stades de la cuisson du sucre : petit filé, petit boulé, grand cassé et caramel. Pour plus de précision, servez-vous d'un thermomètre spécial. Le petit filé est le sirop de base léger : c'est le premier stade de la cuisson. Lorsqu'il atteint celui du petit boulé, le sirop reste malléable tant qu'il est chaud ; on s'en sert pour les fondants et les meringues (*pages 16 et 17*). Avec le grand cassé, on obtient les fils de sucre pâles et cassants dont on décore les gâteaux et pâtisseries ; quant au caramel, il sert à napper les pâtisseries, appliqué au pinceau ou versé directement ; on peut aussi le filer en un fin voile ambré.

1 **Dissoudre le sucre.** Mettez l'eau et le sucre dans une casserole à fond épais. Remuez doucement à petit feu pour dissoudre le sucre. Avec un pinceau trempé dans de l'eau chaude, faites fondre les cristaux de sucre collés aux parois de la casserole qui feraient cristalliser la masse entière.

2 **Faire bouillir le sirop.** Quand le sucre a fondu, cessez aussitôt de remuer et augmentez le feu pour porter le sirop à ébullition. Si vous voulez vous servir d'un thermomètre, placez-le dans la casserole dès que le sucre est dissous.

3 **Le petit filé.** Au bout d'une vingtaine de secondes d'ébullition, commencez à vérifier la densité du sirop. Laissez-le couler d'une cuillère : s'il tombe en fils fins et courts, il en est au stade du petit filé (*ci-dessus*). Le thermomètre doit alors indiquer 102°

4 **Le petit boulé.** Laissez bouillir le sirop de 2 à 3 minutes ; faites-en couler quelques gouttes dans un bol d'eau glacée. Sortez le morceau solidifié : si vous pouvez le rouler en boule entre vos doigts (*ci-dessus*), il en est au stade du petit boulé (115° au thermomètre). Pour arrêter la cuisson, placez la casserole dans de l'eau froide.

Le glaçage aux fruits : acidulé et raffiné

1 **Pocher les fruits dans le sirop.** Portez à ébullition un sirop léger. Baissez le feu et ajoutez les fruits, ici des moitiés d'abricots. Laissez frémir de 8 à 10 minutes. Sortez-les à l'écumoire et laissez-les refroidir avant de vous en servir pour une tarte ou un gâteau.

2 **Ajouter la confiture.** Faites réduire le sirop en le portant quelques minutes à ébullition. Pour accentuer sa saveur et sa couleur, incorporez en remuant quelques cuillerées de confiture, ici de la confiture d'abricots. Laissez bouillir 1 minute sans cesser de remuer.

3 **Terminer le glaçage.** Retirez la casserole du feu et laissez tiédir. Passez le sirop au tamis de nylon pour éliminer toutes les particules solides (ci-dessus). Ce glaçage fera briller vos tartes et donnera de l'éclat à vos gâteaux.

5 **Le grand cassé.** Continuez l'ébullition pendant 4 minutes. Retirez la casserole du feu et faites tomber un peu de sirop dans de l'eau glacée. Sortez le morceau de sirop solidifié et pliez-le. S'il casse net (ci-dessus), le sirop en est au stade du grand cassé (157° au thermomètre).

6 **Le caramel.** Faites bouillir le sirop jusqu'à ce qu'il prenne la teinte ambrée du caramel (173° au thermomètre). Le caramel fonce et brûle rapidement ; lorsqu'il est encore un peu clair, placez la casserole dans de l'eau froide pour arrêter la cuisson. Utilisez-le aussitôt (ci-dessus) ou retardez sa solidification en mettant la casserole dans de l'eau chaude. ☐

Le chocolat

Le chocolat de ménage utilisé dans toutes les préparations présentées dans cet ouvrage sert aussi bien à parfumer qu'à décorer de façon raffinée gâteaux et pâtisseries. Le chocolat est un mélange de cacao et de beurre de cacao qui va de l'amer au doux selon la proportion de sucre employé.

La texture peut varier, elle aussi, car la dureté du chocolat dépend de la quantité de beurre de cacao qu'il contient. Un chocolat dur est plus facile à hacher ou à râper qu'un chocolat riche en beurre de cacao, qui a tendance à coller aux lames et aux râpes. En revanche, pour les fragiles rouleaux et copeaux, on prend de préférence une variété plus tendre et plus malléable *(encadré page de droite, à droite)*. Le chocolat tendre, plus riche en graisse, fond rapidement, mais si on le met directement sur le feu, même très doux, il risque de brûler et de faire des grumeaux. En effet, les corps non gras de la poudre de cacao durcissent en chauffant, aussi est-il préférable de faire fondre le chocolat tout doucement dans une assiette ou dans un bol au bain-marie *(encadré ci-contre, en haut)*.

En faisant fondre du chocolat dur ou tendre avec un peu d'eau et de beurre *(encadré ci-contre, au centre)*, on obtient une crème riche et onctueuse, plus facile à travailler que du chocolat pur. Fondu dans de la crème fraîche, le chocolat forme un mélange encore plus onctueux *(encadré ci-contre, en bas)* qui, une fois refroidi et fouetté, double de volume et donne un glaçage épais et léger, appelé ganache *(recette page 93)*.

Lorsque votre chocolat est encore chaud et liquide, qu'il soit tendre ou dur, éventuellement additionné de beurre, vous pouvez réaliser d'insolites décorations moulées telles que des feuilles en chocolat, comme ici *(encadré page de droite, en bas);* ou encore, une fois qu'il a durci, le détailler en copeaux ou autres formes décoratives *(encadrés page de droite, en haut et au centre)*. A moins de les utiliser dès qu'elles ont refroidi, ces décorations se conservent de une à deux semaines dans un récipient hermétique au frais et au sec, sinon elles ramollissent et se déforment, et le beurre de cacao finit par remonter à la surface pour former des taches blanches.

Comment faire fondre du chocolat pur

Chauffer le chocolat. Placez des morceaux de chocolat dur ou tendre dans un bol et portez une casserole d'eau à ébullition. Retirez-la du feu et placez le bol par-dessus. Avec une spatule, cassez le chocolat à mesure qu'il fond *(à gauche)*, puis remuez jusqu'à ce qu'il soit parfaitement onctueux.

Chocolat fondu avec du beurre et de l'eau

Mélanger les ingrédients. Placez dans une casserole à fond épais du chocolat dur ou tendre, du beurre et un peu d'eau. Mettez à feu doux et remuez constamment avec une cuillère en bois jusqu'à ce que le mélange soit lisse et homogène : il doit finement napper le dos de la cuillère.

Chocolat fondu avec de la crème

Incorporer le chocolat à la crème. Versez de la crème double dans une casserole à fond épais et portez à ébullition à feu doux. Ajoutez des morceaux de chocolat dur ou tendre et remuez avec une cuillère en bois jusqu'à ce que le chocolat ait fondu et qu'une couche épaisse nappe le dos de la cuillère.

Rouleaux de chocolat

1 **Étaler le chocolat.** Huilez votre plan de travail au pinceau. Versez-y le chocolat fondu, tendre de préférence. Avec une spatule en métal flexible, étalez-le sur une épaisseur de 3 mm.

2 **Former les copeaux.** Laissez le chocolat refroidir et durcir. Poussez un ustensile à lame rigide et large (comme la spatule utilisée ici) sous le chocolat. Roulez-le d'un seul mouvement continu.

Ronds, triangles ou croissants en chocolat

1 **Préparer une plaque de chocolat.** Chemisez une plaque peu profonde de papier sulfurisé. Versez-y 5 mm de chocolat environ. Laissez prendre et démoulez doucement (*ci-dessus*).

2 **Découper des formes.** Décollez le papier. Avec un petit couteau tranchant ou un emporte-pièce, découpez le chocolat selon différentes formes : ronds, triangles ou croissants (*ci-dessus*).

Feuilles en chocolat

1 **Enrober une feuille.** Faites fondre du chocolat dans une assiette au-dessus d'une casserole d'eau chaude. Lavez et séchez des feuilles, ici de rosier. Passer chaque feuille dans le chocolat.

2 **Sécher les feuilles.** Laissez-les sécher à plat sur un papier sulfurisé ou recourbées sur un rouleau à pâtisserie, côté enduit à l'extérieur. Lorsque le chocolat est ferme, détachez-les.

Détailler le chocolat

Hacher le chocolat. Placez des morceaux de chocolat dur sur une planche. Hachez-les, grossièrement ou menu, avec un grand couteau aiguisé, en le tenant par le manche et par le bout de la lame (*ci-dessus*).

Faire des copeaux de chocolat. Au-dessus d'une assiette, tenez une plaque de chocolat et passez un éplucher le long de l'arête. Le chocolat tendre, comme ici, donnera les meilleurs résultats.

Râper du chocolat. Mettez au réfrigérateur une plaque de chocolat dur : le chocolat un peu mou boucherait les trous de la râpe. Posez la râpe sur une assiette pour recueillir le chocolat au fur et à mesure.

11

Un trio de crèmes

On peut obtenir une variété sans fin de garnitures et de glaçages à partir de trois crèmes initiales, dont une seule, la crème fouettée, est faite réellement de crème. La crème au beurre se compose de beurre, de jaunes d'œufs et d'un sirop de sucre, alors que la crème pâtissière est faite de jaunes d'œufs, de sucre, de lait et de farine. Ces trois crèmes peuvent être agrémentées de divers ingrédients comme le chocolat fondu, les liqueurs, les noix ou les amandes hachées, les pralines, les zestes de citron ou d'orange. Pour la crème fouettée, les ingrédients les plus lourds s'incorporent plus facilement à la fin, tandis que les liquides, le sucre et les parfums légers peuvent s'ajouter à n'importe quel moment de la préparation. Mais pour les crèmes pâtissière et au beurre, vous ne pourrez les parfumer que lorsqu'elles seront finies.

La crème fouettée sucrée (*encadré page de droite, en haut*) est la plus légère et la plus facile à préparer: il suffit de fouetter de la crème fraîche et d'y ajouter du sucre en poudre. Avant de commencer à fouetter, faites glacer la crème, le fouet, et le récipient que vous utiliserez car s'ils sont chauds, la crème montera moins. Cessez de la fouetter dès qu'elle aura épaissi, sinon, elle risquerait de tourner.

La crème au beurre (*encadré ci-contre; recette page 92*) est plus riche. On la prépare en battant ensemble du sirop de sucre chaud et du jaune d'œuf, jusqu'à ce que le mélange refroidisse et devienne pâle; on incorpore alors celui-ci dans du beurre ramolli.

La crème pâtissière (*encadré page de droite, en bas; recette page 166*) est plus épaisse encore. Elle est composée d'une mousse de jaunes d'œufs et de sucre, à laquelle on incorpore un peu de farine, puis du lait bouillant. Ce mélange est ensuite remis sur le feu où il cuit environ 2 minutes. Pour empêcher qu'une peau ne se forme à la surface de la crème pendant qu'elle refroidit, battez-la de temps en temps avec une cuillère en bois ou ajoutez-y un petit morceau de beurre.

La crème au beurre

1 **Mélanger les jaunes d'œufs et le sirop.** Coupez le beurre en morceaux et laissez-le ramollir. Faites bouillir l'eau et le sucre jusqu'au stade du petit filé (*page 8*). Séparez les blancs d'œufs des jaunes que vous battez jusqu'à ce qu'ils soient mousseux (de 5 à 7 minutes à la main). Ajoutez lentement le sirop bouillant (*à gauche*) et continuez de battre jusqu'à ce que le mélange soit froid et crémeux (*à droite*), pendant 15 minutes environ.

2 **Travailler le beurre.** Avec le dos d'une cuillère en bois, écrasez le beurre contre les parois du saladier puis battez-le jusqu'à ce qu'il devienne moelleux et crémeux — environ 10 minutes. Assurez-vous qu'il ne reste pas de grumeaux.

3 **Assembler des ingrédients.** Versez le mélange de jaunes d'œufs et de sirop dans le beurre battu, en continuant de battre à la cuillère en bois. Pour que la crème soit bien homogène, raclez les parois du récipient au fur et à mesure.

4 **Terminer la crème.** Continuez de mélanger et de battre la crème au beurre jusqu'à ce qu'elle soit parfaitement homogène, onctueuse et luisante. Utilisez-la immédiatement, ou conservez-la au réfrigérateur, pendant plusieurs jours, couverte d'un film de plastique ou d'une feuille de papier d'aluminium.

La crème fouettée sucrée

1 **Incorporer le sucre.** Versez la crème à fouetter dans un saladier et ajoutez du sucre, ici vanillé ; un quart de litre de crème suffira pour garnir ou glacer un gâteau de 20 cm de diamètre.

2 **Fouetter la crème.** Fouettez les ingrédients selon un mouvement circulaire jusqu'à ce que le mélange épaississe *(à droite)*. La crème est meilleure utilisée immédiatement ; cependant, recouverte d'un film de plastique ou d'une feuille d'aluminium, elle se conservera au réfrigérateur pendant 1 ou 2 heures.

La crème pâtissière

1 **Mélanger les ingrédients.** Dans un grand récipient, battez les jaunes d'œufs et le sucre avec une cuillère en bois jusqu'à ce qu'ils forment une mousse légère. Incorporez la farine en la tamisant. Dans une casserole, faites bouillir le lait avec une gousse de vanille puis versez-le dans le récipient en remuant.

2 **Transférer le mélange.** Continuez de remuer à la cuillère en bois, jusqu'à ce que tous les ingrédients soient parfaitement incorporés. Reversez le contenu du récipient dans la casserole.

3 **Faire cuire la crème.** Posez de nouveau la casserole sur feu doux, et faites bouillir le mélange. Remuez constamment, pour que la crème pâtissière n'accroche pas au fond de la casserole. Baissez le feu et continuez de remuer pendant 2 minutes ; la crème prendra peu à peu une consistance moelleuse.

4 **Tamiser la crème.** Pour obtenir une crème parfaite, tamisez-la *(ci-dessus)*. Laissez-la refroidir avant de l'utiliser. Couverte d'un film de plastique, elle se conservera 2 jours au réfrigérateur.

Le glaçage : l'apprêt final de la pâtisserie

Lorsque vous terminez l'apprêt de vos gâteaux en les nappant d'un glaçage, ce n'est pas seulement pour le plaisir de l'œil mais aussi parce qu'un gâteau garni et glacé restera moelleux plus longtemps. Les glaçages présentés ici et pages suivantes vont du simple mélange de sucre et d'eau aux préparations plus raffinées, faites de sirops et de blancs d'œufs. Veillez à ce que le parfum et la coloration *(recettes pages 92-94 et 109)* s'harmonisent avec le gâteau : café ou chocolat, ou bien zestes d'agrumes.

Le glaçage le plus simple et le plus facile à réaliser est celui à l'eau, fait de sucre glace allongé d'une quantité d'eau suffisante pour former un mélange fluide *(encadré page de droite, en bas)*. Le liquide est versé encore chaud sur le gâteau : il le nappe ainsi d'une mince croûte onctueuse et brillante. Le fondant, autre glaçage liquide qui reste plus mou en séchant, peut se préparer en grande quantité car il se conserve plusieurs mois dans un récipient hermétique. On l'obtient en faisant

fondre sur le feu du sucre semoule avec de l'eau et en fouettant ce sirop *(pages suivantes)* ; le fondant se liquéfie lorsqu'on le réchauffe et on peut ainsi l'utiliser pour napper le gâteau.

La glace royale, faite de blancs d'œufs fouettés avec beaucoup de sucre glace, devient très dure en séchant. On y ajoute souvent un peu de jus de citron. Pour la verser, diluez ce mélange avec des blancs d'œufs non battus ; si vous préférez la dresser à la poche, épaississez-la en ajoutant du sucre.

La meringue *(page de droite, en haut)* se compose des mêmes ingrédients que la glace royale, mais on emploie généralement du sucre en poudre dont la proportion par œuf est plus faible ; on la passe de 3 à 4 minutes à four chaud pour l'affermir et lui donner une belle teinte dorée.

Pour faire la meringue italienne *(page 17)*, on incorpore les blancs d'œufs en les fouettant dans un sirop bouillant et on recouvre le gâteau du mélange encore chaud en formant des crêtes avec la spatu-

le. En refroidissant, l'extérieur se durcit mais l'intérieur reste moelleux.

Pour tous les glaçages faits avec des blancs en neige, veillez à ce qu'il ne reste aucune trace de jaune, car cet élément gras peut empêcher les blancs de bien monter. La graisse adhère souvent au plastique : prenez plutôt un bol en verre, en porcelaine ou en métal. Le cuivre est idéal car une réaction chimique s'opère avec les blancs et vous assure une neige très stable. Cependant, ne laissez pas vos blancs plus de 5 minutes dans un bol en cuivre car ils risqueraient de noircir.

Incorporez des blancs non battus à un riche mélange d'amandes douces pilées, de sucre en poudre et sucre glace et de jus de citron pour faire de la pâte d'amandes. Si vous la faites avec les jaunes d'œufs ou les œufs entiers, elle sera jaune et plus fondante *(encadré ci-dessous)*. Battez tous les ingrédients pour former une pâte épaisse que vous abaisserez avant de la couper selon la forme du gâteau. Elle s'emploie seule ou nappée d'un glaçage.

La pâte d'amandes

1 **Mélanger les amandes et le sucre.** Pressez un demi-citron et réservez le jus. Dans un bol, battez légèrement un œuf. Mondez des amandes douces et hachez-les au mixer. Dans un saladier, mélangez les amandes avec du sucre en poudre et du sucre glace *(ci-dessus)*.

2 **Ajouter le jus de citron et l'œuf.** Incorporez le jus de citron aux amandes en remuant au couteau, car le mélange collerait à une cuillère. Ajoutez peu à peu juste assez d'œuf battu pour obtenir une pâte très ferme. Si elle est trop collante, ajoutez du sucre glace.

3 **Terminer la pâte.** Maintenez le saladier d'une main et, de l'autre, rassemblez avec soin tous les ingrédients. Maniez la pâte avec délicatesse pour que l'huile des amandes ne sorte pas, ce qui graisserait trop la pâte.

La meringue

1 **Séparer les œufs.** Cassez la coquille contre le bord d'un petit bol et passez le jaune d'une moitié dans l'autre *(ci-dessus)* en laissant le blanc couler dans un saladier en cuivre. Réservez les jaunes pour les garnitures et la crème au beurre *(page 12)*.

2 **Battre les blancs.** Avec un fouet parfaitement propre, battez les blancs en formant des huit réguliers. Quand ils sont en neige molle, ajoutez peu à peu le sucre en poudre *(ci-dessus, à gauche)*, en comptant 60 grammes environ par œuf. Continuez à battre jusqu'à ce que la neige soit très ferme et brillante *(ci-dessus, à droite)*. Utilisez immédiatement.

4 **Pétrir la pâte d'amandes.** Saupoudrez de sucre glace votre plan de travail. Pétrissez doucement la pâte puis roulez-la en boule *(ci-dessus)*. Utilisez-la aussitôt ou conservez-la au moins deux semaines au frais, enveloppée dans du plastique ou du papier d'aluminium.

Le glaçage à l'eau

Mélanger le sucre et l'eau. Tamisez du sucre glace dans un bol pour en éliminer les boules et, avec une cuillère en bois, faites-y un puits au centre. Dans une casserole, faites chauffer de l'eau jusqu'à ce qu'elle soit tiède. Versez-la par cuillerées dans le puits en remuant constamment. Ajoutez juste assez d'eau pour que le mélange nappe finement la cuillère. Utilisez immédiatement.

La glace royale : blancs d'œufs et sucre glace

1 **Mélanger le sucre et le jus de citron.** Tamisez du sucre glace. Pressez et réservez le jus d'un demi-citron. Séparez les blancs des jaunes d'œufs *(page 14)*; avec une cuillère en bois, mêlez une bonne moitié de sucre aux blancs d'œufs et ajoutez le jus de citron.

2 **Incorporer le reste du sucre.** A la cuillère en bois ou au mixer, fouettez vigoureusement le mélange jusqu'à ce qu'il soit léger et soyeux. Ajoutez progressivement le reste de sucre *(ci-dessus)* en fouettant à chaque fois.

3 **Terminer le glaçage.** Continuez de battre le mélange à la main jusqu'à ce qu'il soit dur, pendant 15 minutes environ. Utilisez ce glaçage immédiatement ou conservez-le 30 minutes, entouré d'un linge humide. Dans ce cas, battez-le de nouveau.

Le fondant : un glaçage onctueux au sirop de sucre

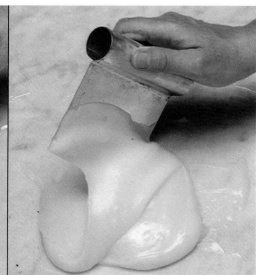

1 **Verser le sirop.** Faites bouillir un sirop de sucre jusqu'au stade du petit boulé *(page 8)*. Mettez un peu d'eau froide sur votre plan de travail et versez-y le sirop brûlant *(ci-dessus) :* l'eau empêchera le sirop de coller.

2 **Travailler le sirop.** Laissez le sirop refroidir légèrement. Avec une palette ou un grattoir, comme ici, travaillez le sirop en le détachant dans les coins et en le ramenant vers le centre, de façon répétée *(ci-dessus, à gauche)*. Continuez jusqu'à ce qu'il devienne épais et opaque *(ci-dessus, à droite)*.

La meringue italienne : blancs d'œufs et sirop de sucre

Ajouter le sirop de sucre aux blancs d'œufs. Faites bouillir un sirop de sucre jusqu'au stade du petit boulé *(page 8)*. Battez les blancs d'œufs en neige. Versez peu à peu le sirop sur les blancs sans cesser de battre *(à gauche)*, jusqu'à ce que l'appareil épaississe *(à droite)*. Utilisez la meringue immédiatement.

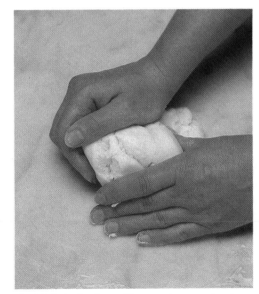

3 **Pétrir le fondant.** Pétrissez le sirop froid à la main 10 minutes, en le ramenant toujours sur lui-même, jusqu'à ce qu'il soit mou, blanc et ferme. Enveloppez-le de plastique ou de papier d'aluminium et laissez-le ramollir pendant 1 heure avant de l'utiliser. Le fondant se conservera plusieurs mois au frais dans un récipient hermétique.

4 **Préparer le fondant pour l'utilisation.** Remplissez à moitié une casserole d'eau. Mettez la quantité de fondant désirée dans un petit récipient et posez celui-ci au-dessus de la casserole à feu doux ; quand le fondant commence à devenir mou, ajoutez un peu d'eau froide ou, si vous désirez un éclat plus brillant, un sirop de sucre *(ci-dessus, à gauche)*. Continuez de remuer jusqu'à ce que le fondant ait la consistance d'une crème épaisse *(ci-dessus, à droite)*. Utilisez-le immédiatement.

1
La pâte à biscuits
À la recherche des décorations

En soulevant du plat cette part de gâteau, on met à nu une surprenante garniture de crème fouettée et de framboises. On a fourré le gâteau évidé de cette onctueuse garniture que l'on a recouverte ensuite d'un couvercle de génoise nappé d'un savoureux glaçage et dissimulée sous une couronne de fruits décorative.

Depuis toujours, leur légèreté et leur subtile saveur ont valu aux biscuits les faveurs des pâtissiers. Cette légèreté exceptionnelle est due aux nombreuses bulles d'air incorporées à l'appareil lorsqu'on le bat et à la présence de beurre et d'œufs qui lèvent à la cuisson, rendant inutile l'adjonction de levures chimiques.

Pour faire ces pâtes, il existe deux méthodes: incorporer à chaud les œufs entiers au sucre avant d'ajouter la farine, ce qui donne une génoise *(page 22)*, ou bien battre d'abord les jaunes avec le sucre *(page 24)* puis ajouter séparément les blancs montés et la farine pour obtenir un biscuit de Savoie, plus ferme, à la surface plus résistante. Dans les deux cas, l'addition de beurre donne une pâte plus riche qui se conservera plus longtemps. Ces deux méthodes permettent de confectionner des gâteaux moelleux que vous pourrez parfumer et décorer de la même façon.

Grâce à leur élasticité, ces préparations se prêtent à de nombreuses variantes. Ainsi, la pâte à biscuit cuite en couche mince dans un moule rectangulaire vous permettra de faire un délicieux biscuit roulé. Toutefois la recette la plus classique consiste à faire deux génoises assez épaisses que l'on pose l'une sur l'autre ou que l'on découpe en plusieurs fonds, avant de les fourrer: page 30, par exemple, quatre fonds de génoise sont généreusement garnis et recouverts de crème fouettée et d'oranges pochées; page 34, on les fait alterner avec des fonds de meringue pralinée pour jouer sur les différences de textures; enfin, page 30 *(illustration page de gauche)*, une génoise évidée sert de faire-valoir à une garniture contrastée de crème fraîche fouettée et de framboises et au glaçage qui la nappe.

Les génoises n'exigent pas de savantes décorations. Elles sont suffisamment raffinées pour se déguster seules ou simplement garnies de confiture et saupoudrées de sucre glace *(page 25)*. Elles se prêtent néanmoins très bien aux transformations, comme vous allez le découvrir dans ce chapitre. Page 26, par exemple, un séduisant décor de crème au beurre nature et de noisettes couronne trois étages de génoise, tandis que page 32, le mariage d'une crème au beurre chocolatée et de petits champignons de meringue donne à votre biscuit roulé un air de fête.

Comment chemiser les moules

Pour que le gâteau n'adhère pas au moule en cuisant, on doit l'enduire de matière grasse, de préférence du beurre, et le saupoudrer de farine. Le chemisage convient pour n'importe quel biscuit que l'on coupera et servira dans son moule mais permet également de démouler facilement la plupart des gâteaux.

Lorsqu'une pâte à biscuits contient des fruits qui la feront attacher davantage, il est plus prudent de chemiser le moule avec du papier sulfurisé. Vous trouverez ci-contre les techniques de chemisage de trois moules classiques.

On beurre les moules à manqué circulaires, utilisés pour les génoises et les biscuits fourrés *(encadré ci-contre, en haut)*, et on adapte au fond un disque de papier sulfurisé de la même taille. Les moules plus profonds contiennent souvent des mélanges épais, des cakes aux fruits *(page 40)*, par exemple, qui exigent un temps de cuisson beaucoup plus long, augmentant le risque d'adhésion : pour pallier cet inconvénient, on doit chemiser les parois et le fond du moule de papier sulfurisé *(encadrés ci-contre, en bas, et page de droite)*. Si le temps de cuisson est inférieur à 1 heure 30 minutes, une seule épaisseur de papier suffit, sinon les gâteaux seront mieux protégés par une double épaisseur.

Une fois le moule chemisé de papier, on le badigeonne de beurre pour être sûr qu'il se détachera facilement du gâteau puis on le saupoudre d'un peu de farine.

Après la cuisson, on laisse la plupart des gâteaux refroidir dans leur moule, de 5 à 10 minutes pour les génoises et autres biscuits et parfois pendant 2 heures pour les mélanges plus épais. Comme les gâteaux rétrécissent légèrement en refroidissant, ils sont plus faciles à démouler et, devenant aussi plus fermes, on risque moins de les abîmer en les transférant sur un plat de service.

Tout gâteau peut refroidir entouré de son papier sulfurisé, qui réduira la perte d'humidité ; mais quand on l'enlève, un peu de gâteau risque d'y adhérer. Quant aux génoises ou aux biscuits à fourrer, on les retourne souvent afin qu'ils aient la surface régulière nécessaire au glaçage ou au nappage de crème. On les démoule alors encore chauds et on décolle doucement le papier sans attendre.

Chemiser des moules à manqué

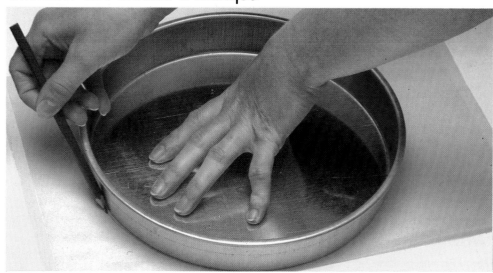

1 **Couper le papier sulfurisé.** Posez un des moules sur une feuille de papier sulfurisé. Tenez-le fermement d'une main et dessinez son contour sur le papier avec un crayon *(ci-dessus)* ; ôtez le moule. A l'aide d'une paire de ciseaux, coupez le papier à l'intérieur de la ligne de crayon afin que le disque obtenu s'insère parfaitement au fond du moule.

Chemiser des moules circulaires profonds

1 **Couper le papier.** Découpez deux disques de papier ; placez-en un sur le fond beurré. Découpez quatre bandes légèrement plus grandes que la demi-circonférence du moule et plus hautes de 2 cm. Repliez ce qui dépasse et coupez tous les 2 cm.

2 **Chemiser les côtés du moule.** Beurrez l'intérieur du moule. Chemisez-en la moitié avec deux bandes de papier, en ajustant le bord ciselé au fond du moule. Placez les deux autres bandes. Posez le second disque de papier sur le premier. Beurrez le chemisage.

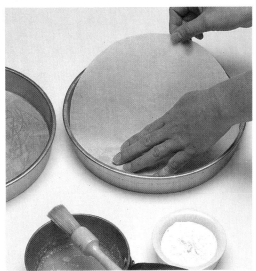

2 **Beurrer les moules.** Dans une casserole, faites fondre du beurre. Avec un pinceau à pâtisserie, badigeonnez une épaisse couche de beurre fondu à l'intérieur de chaque moule, sur le fond et les côtés *(ci-dessus)*. Prenez un peu de farine pour compléter le chemisage.

3 **Ajuster le papier.** Déposez un disque de papier sulfurisé au fond de chaque moule beurré *(ci-dessus)*: lissez-le bien du bout des doigts. Badigeonnez à nouveau le papier de beurre fondu.

4 **Saupoudrer de farine.** Versez une cuillerée de farine dans un des moules. Inclinez-le jusqu'à ce que l'intérieur soit bien fariné. Versez l'excès de farine dans le moule suivant *(ci-dessus)*: répétez l'opération pour chaque moule en ajoutant de la farine si besoin est.

Chemiser des moules à cake

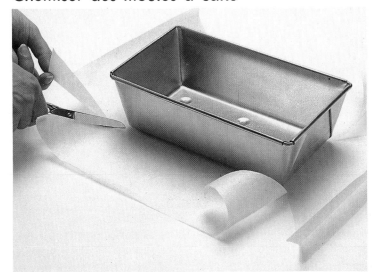

1 **Inciser les coins.** Sur votre plan de travail, étalez une feuille de papier sulfurisé rectangulaire, assez large pour couvrir le fond et les côtés du moule. Posez le moule au centre. Avec des ciseaux, découpez le papier à chaque coin du rectangle, en vous dirigeant vers le moule *(ci-dessus)*.

2 **Ajuster le papier.** Badigeonnez l'intérieur du moule de beurre fondu, posez-y le papier *(ci-dessus)*; ajustez-le sur les côtés et le fond, en faisant chevaucher les coins découpés. Badigeonnez à nouveau avec du beurre fondu puis, pour être sûr que le cake n'attachera pas, saupoudrez-le de farine.

La génoise : à déguster nature ou fourrée

Vous trouverez ici la préparation de la pâte à génoise *(recette page 167)* et, page suivante, celle du biscuit de Savoie qui lui ressemble un peu. Pour la génoise, on commence par battre à feu doux les œufs entiers et le sucre, avant d'incorporer la farine et le beurre fondu tandis que pour le biscuit de Savoie *(page 24)*, on mélange hors du feu les jaunes d'œufs et le sucre, puis on bat les blancs en neige bien ferme avant de les ajouter à la préparation avec la farine. Les deux pâtes ont la même utilisation, mais en battant les œufs entiers, on obtient une génoise au grain moelleux et élastique, alors qu'en les séparant on a un biscuit un peu plus ferme. Le beurre est facultatif : il donnera un gâteau plus riche qui conservera son moelleux 2 ou 3 jours.

Quelle que soit la méthode choisie, le secret consiste à incorporer aux œufs et au sucre un maximum d'air et à enfourner aussitôt le gâteau, avant qu'il ne retombe. A la chaleur du four, l'air se dilate et fait lever la pâte.

En chauffant le sucre et les œufs, vous gagnerez du temps : la chaleur fait coaguler la protéine des œufs, ce qui leur permet d'emprisonner une grande quantité d'air et d'augmenter rapidement de volume. Le sucre fond à ce contact pour former un mélange homogène *(opération 1)*. Vous pouvez encore accélérer le processus en vous servant d'un mixer.

Pour chauffer doucement les œufs et le sucre, mettez-les dans un saladier placé au-dessus d'une casserole d'eau chaude. Mais assurez-vous que le saladier ne touche pas l'eau et que celle-ci ne bout pas, sinon les œufs cuiraient. A mesure que vous battez, l'air fera blanchir et gonfler votre mélange *(opération 1)*. Incorporez délicatement la farine tamisée, par petites quantités. A ce stade, si vous ajoutiez la farine d'un seul coup ou battiez trop vivement le mélange, la majeure partie de l'air s'échapperait et le gâteau serait lourd.

1 **Battre les œufs et le sucre.** Battez légèrement les œufs et le sucre dans un grand saladier puis placez-le au-dessus d'un bain-marie peu profond que vous ferez chauffer de façon à juste tiédir votre mélange, en fouettant constamment de 5 à 10 minutes. Retirez du feu et continuez à battre jusqu'à ce que la préparation ait triplé de volume et fasse le ruban *(ci-dessus, à droite)* : comptez 20 minutes environ à la main et 10 minutes au mixer.

3 **Remplir le moule.** Versez la pâte dans un moule préparé *(page 20)*, ici un moule à fond détachable de 7,5 cm de profondeur qui permet un démoulage facile. Faites cuire au four préchauffé à 180° (4 au thermostat), de 35 à 40 minutes environ ; le gâteau doit être ferme sous le doigt et se détacher des parois du moule.

4 **Démouler la génoise.** Retirez le gâteau du four et laissez-le refroidir 5 minutes sur une grille. Détachez le gâteau des parois du moule à la lame de couteau. Enlevez le fond du moule pour mieux décoller les bords de la génoise.

2 **Ajouter la farine.** Dans une casserole, faites fondre le beurre à feu doux ; laissez refroidir. Ajoutez la farine tamisée à votre mélange œufs-sucre en deux ou trois fois, en alternance avec le beurre refroidi. A chaque fois, incorporez délicatement les ingrédients à la cuillère ou au fouet, en partant toujours du centre.

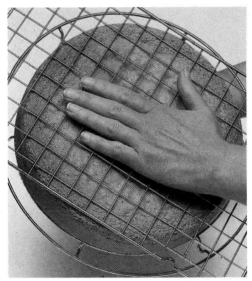

5 **Faire refroidir la génoise.** Placez une grille sur le gâteau. En soulevant la grille du dessous, renversez la génoise sur la grille du dessus. Retirez le fond du moule et décollez le papier sulfurisé. Laissez refroidir la génoise.

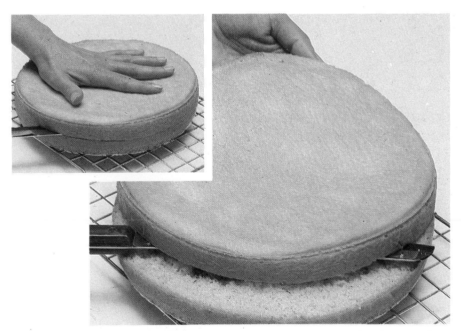

6 **Découper la génoise.** Pour une présentation simple, découpez le gâteau en parts. Si vous préférez le fourrer, prenez deux fonds de génoise *(page 24)* ou bien coupez votre génoise en deux, trois ou quatre fonds selon son épaisseur. Avant de couper, tracez autour du gâteau une ligne qui vous guidera. □

Le biscuit de Savoie : la légèreté des blancs battus en neige

Pour réussir ce biscuit *(recette page 167)*, il faut alléger l'appareil à deux reprises : d'abord, en fouettant les jaunes d'œufs et le sucre jusqu'à obtention d'un mélange mousseux ; ensuite, en y incorporant les blancs d'œufs battus en neige ferme. Ces opérations prennent 40 minutes environ si vous voulez que le gâteau s'élève à la hauteur maximum, mais un mixer vous en fera gagner une quinzaine. Incorporez alternativement les blancs d'œufs et la farine dans le mélange jaunes d'œufs-sucre à l'aide d'un fouet ou d'une cuillère en métal *(opération 2)*.

Vous pouvez parfumer le biscuit avec du chocolat, un zeste de citron ou d'orange, ou même y ajouter des cerneaux de noix. Pour que le citron imprègne bien l'appareil, mêlez-le dès le début à la mousse jaunes d'œufs-sucre. Le chocolat en poudre doit être tamisé en même temps que la farine ; en revanche, les éléments lourds tels que les noix ou les amandes seront ajoutés en dernier. Comme la génoise classique de la page 22, le biscuit de Savoie peut être dégusté nature, ou servir à préparer des gâteaux plus élaborés comme ceux des pages 25 à 35.

1 **Mélanger les jaunes d'œufs et le sucre.** Beurrez et chemisez deux moules à gâteau *(page 20)*. Cassez les œufs en séparant les blancs des jaunes. Ajoutez le sucre — dont vous réserverez deux cuillerées à soupe — aux jaunes et battez jusqu'à ce que le mélange fasse le ruban — environ 20 minutes à la main ou 10 au mixer.

2 **Ajouter les blancs battus et la farine.** Dans un récipient en cuivre *(page 15)*, battez les blancs d'œufs jusqu'à ce qu'ils forment une mousse légère. Ajoutez le sucre et battez jusqu'à ce que la mousse soit très ferme. Tamisez la moitié de la farine dans l'appareil puis incorporez la moitié des blancs battus. Répétez ces deux opérations.

3 **Faire cuire les biscuits.** Versez l'appareil dans les moules, égalisez-le avec le dos de la cuillère. Faites cuire les gâteaux au four préchauffé à 180° (4 au thermostat), de 20 à 25 minutes environ (ou de 35 à 40 minutes si le moule est profond) jusqu'à ce qu'ils soient d'une belle couleur dorée et fermes au toucher.

4 **Démouler et servir les biscuits.** Laissez refroidir les gâteaux 5 minutes : ils rétréciront légèrement et seront plus faciles à démouler. Décollez-les à la pointe du couteau et retournez-les sur une grille. Vous pouvez les déguster tels quels ou les rassembler en un somptueux gâteau de plusieurs couches avec une garniture. □

L'imagination au service de la simplicité

Il suffit parfois d'une décoration facile à réaliser pour qu'un simple gâteau égale les créations les plus sophistiquées. Une crème fouettée sucrée *(page 13)* offre une garniture parfaite, surtout si on y ajoute des fruits frais comme des tranches d'ananas ou des quartiers d'orange, ainsi qu'une épaisse couche de confiture. Dans la recette préparée ci-contre, deux biscuits de Savoie abritent une couche de confiture de framboises *(opération 1)*.

Le dessus du gâteau est simplement poudré de sucre glace, mais vous pouvez obtenir un beau motif en le tamisant sur de fines bandelettes de papier sulfurisé: ce dernier jouera le rôle d'un pochoir et quand vous l'ôterez, le dessin apparaîtra avec netteté. En découpant dans le papier des formes diverses — cercles, spirales ou carrés, par exemple, — vous créerez toute une variété de dessins. Vous pouvez même utiliser des vraies feuilles si vous le désirez, mais il faudra peut-être les avoir pressées dans un livre au préalable.

1 **Napper de confiture.** Faites cuire deux biscuits de Savoie et laissez-les refroidir. Avec une lame de couteau ou une spatule en métal, nappez la surface d'un biscuit avec de la confiture, ici de framboises. Posez délicatement le second biscuit sur le premier. La confiture s'étalera plus facilement si vous la réchauffez à feu doux.

2 **Tamiser le sucre glace.** Découpez huit bandes de papier sulfurisé de 1 cm de large et posez-les sur le gâteau. Tamisez du sucre glace à la cuillère à travers une passoire à thé, en la tapotant doucement, de façon à saupoudrer une couche égale sur toute la surface du gâteau.

3 **Ôter les bandes de papier.** Saisissez délicatement chaque bande de papier par ses extrémités et soulevez-la à la verticale au-dessus du gâteau, de façon à laisser un dessin bien net *(à droite)*. Ôtez ainsi toutes les bandes. Découpez le gâteau et servez. ☐

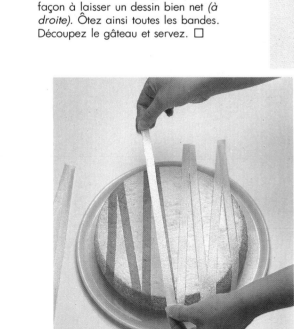

L'art de la décoration

Leurs couleurs et textures contrastées font de la crème au beurre et des noisettes hachées l'accompagnement classique des génoises. Ici, le gâteau est fourré et recouvert de crème au beurre où s'incrustent les noisettes, que vous pouvez remplacer par des amandes, des pistaches ou des noix. Pour monder les noisettes et faire ressortir leur saveur, décortiquez-les, passez-les à four moyen (180°, 4 au thermostat) jusqu'à ce que la peau se fende puis roulez-les dans un linge.

Pour décorer plus facilement le gâteau, placez-le sur un rond de carton, tenez-le d'une main en le tournant et en le penchant et, de l'autre, nappez-le du glaçage. Il n'est pas nécessaire d'enlever le carton pour servir : il ne se verra pas si vous l'avez taillé d'un diamètre inférieur à celui du gâteau.

Le glaçage d'un gâteau s'effectue avec une spatule en métal flexible ou une cuillère en bois (encadré page de droite, en haut). Pour un décor plus raffiné, servez-vous d'une poche en papier sulfurisé (encadré page de droite, en bas). Les poches improvisées vous permettront de gagner du temps, surtout si vous avez plusieurs glaçages à préparer : chocolat fondu, confiture ou crème au beurre, par exemple. Faites autant de poches que vous avez de glaçages et jetez-les après usage. Vous pouvez en fabriquer de toutes tailles : sachez seulement qu'une poche faite avec une feuille de 28 centimètres sur 38 suffira pour dresser les décorations indiquées ici.

Pour les lignes et les ronds, remplissez la poche aux deux tiers, fermez bien le haut et coupez le bout pointu ; plus le trou sera petit, plus les dessins seront fins. Pour les formes plus compliquées, coupez environ 1 cm au bout de votre poche et insérez une douille métallique : une douille cannelée vous permettra de faire des étoiles et des coquilles. Pour les étoiles, tenez la douille perpendiculairement au gâteau, pressez fermement et relevez la poche. Pour les coquilles, présentez la douille à l'oblique, dressez un peu de garniture, relevez la poche et déplacez légèrement la douille avant de la rabaisser. Entraînez-vous sur du papier sulfurisé ou un moule renversé. Du sucre glace et des blancs d'œufs battus en neige très ferme sont excellents pour ces essais.

1 **Fourrer le gâteau.** Faites 350 g environ de crème au beurre (page 12) et hachez des noisettes. Dans un moule de 20 cm de diamètre et 7 cm de profondeur, faites une génoise et partagez-la en trois fonds. Placez le dernier sur un rond de carton. Montez le gâteau en tartinant chaque fond de crème au beurre.

2 **Recouvrir les côtés.** Glissez une spatule sous le rond de carton et soulevez le gâteau pour pouvoir le tenir d'une main. Avec la spatule, tartinez de crème au beurre les côtés du gâteau ; plus votre mouvement sera ample, plus la surface sera lisse.

5 **Décorer et servir le gâteau.** Placez un emporte-pièce au centre du gâteau. Versez-y une couche de noisettes hachées (à gauche), puis ôtez délicatement l'emporte-pièce. Entourez les noisettes d'une bordure de crème au beurre, ici des coquilles. Coupez le gâteau en parts (ci-dessus) et servez. □

Pour réussir un glaçage

3 **Décorer avec les noisettes.** Sans reposer le gâteau, prenez dans votre main libre des noisettes hachées et pressez-les contre la génoise de manière à former des arcs de cercle. Dessinez ainsi un feston autour du gâteau.

4 **Dresser une bordure de coquilles.** Placez le gâteau sur un plat de service. Mettez une douille cannelée au bout de votre poche, remplissez celle-ci aux deux tiers de crème au beurre et fermez-la. Présentez la poche à l'oblique. Appuyez en exerçant une pression régulière pour dessiner une bordure de coquilles.

Napper le gâteau. Pour napper de glaçage liquide un gâteau décoré de crème au beurre, dressez une bordure de crème, ici des étoiles, autour du gâteau. Versez alors le fondant *(page 16)* ou le glaçage à l'eau *(page 15)*, comme ici, en le lissant avec le dos d'une cuillère. La bordure empêchera le glaçage de couler.

Comment fabriquer une poche à douille

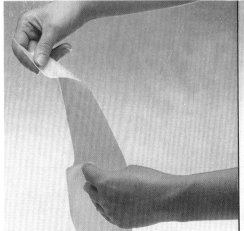

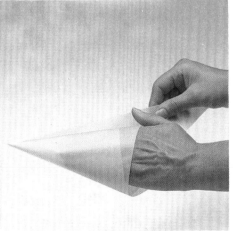

1 **Former la poche.** Coupez en diagonale un rectangle de papier sulfurisé. Prenez les deux extrémités de l'un des triangles et roulez-les l'une par-dessus l'autre *(ci-dessus, à gauche)* pour former un cône ouvert dont la pointe s'éloigne de vous. Maintenez le cône d'une main et glissez l'autre à l'intérieur pour fermer la pointe en rapprochant les bords *(ci-dessus, à droite)*. Pour que la poche ne se déroule pas, repliez le bord à l'intérieur.

2 **Terminer la poche.** Fixez une douille en métal au bout de la poche et remplissez-la aux deux tiers de glaçage. Pour la fermer, aplatissez le cône au-dessus du glaçage et repliez deux fois le bord. Faites glisser le contenu vers la douille en repliant de temps en temps le haut de la poche.

Un gâteau tout en chocolat

Une couche de glace satinée se prête merveilleusement aux décorations et rehausse l'élégance d'un biscuit. On verse rapidement le glaçage sur le gâteau en le laissant couler sur les côtés : cette méthode est si simple que le gâteau se glace pratiquement tout seul.

Le glaçage à l'eau et le fondant *(pages 15 et 16)* ou le savoureux mélange de crème fraîche et de chocolat employé ici *(page 10)* possèdent la fluidité idéale nécessaire à cette opération. Pour obtenir une surface lisse, brossez doucement le gâteau de façon à faire tomber les miettes, égalisez les bords inégaux, puis enduisez-le d'une première couche de glaçage aux fruits *(page 9)* ou de crème au beurre *(page 12)* et terminez par une couche de glaçage aux fruits. Pour le gâteau présenté ici, la garniture, la couche d'apprêt et le glaçage sont préparés avec le même mélange de chocolat et de crème fraîche : on obtient ainsi une exquise harmonie de saveurs sur un même parfum *(recette page 93)*. Une crème au chocolat, des cerises pochées et des feuilles en chocolat *(page 11)* achèvent la décoration du gâteau.

Pour le biscuit au chocolat, choisissez indifféremment les recettes des pages 22 ou 24 *(recettes page 167)*, en remplaçant simplement les deux tiers de la farine par du cacao en poudre non sucré. Tamisez ensemble la farine et le cacao pour bien les mélanger avant de les incorporer à la pâte. Le gâteau cuit dans un moule d'au moins 5 cm de profondeur est ici coupé en trois fonds puis refroidi et décoré.

Pour obtenir le mélange qui sert à le garnir et à le décorer, portez la crème à ébullition avant d'ajouter le chocolat *(page 10)*. La quantité nécessaire pour la garniture et la couche d'apprêt est mise au réfrigérateur et fouettée en une mousse légère *(opération 1)* dont vous enduirez le gâteau. Le reste du mélange, que vous pouvez réchauffer, est ensuite versé sur la couche d'apprêt *(opération 3)*.

Si vous voulez, ajoutez à la crème au chocolat une cuillerée de rhum ou de cognac. Ici, on accentue la saveur du gâteau, tout en l'empêchant de se dessécher, en imbibant chaque fond du sirop de pochage des cerises parfumé à la liqueur de ce fruit.

1 **Battre le chocolat et la crème.** Préparez une génoise au chocolat et laissez-la refroidir sur une grille. Faites fondre 1,250 kg de chocolat dans 125 cl de crème *(page 10)*. Réfrigérez la moitié environ de ce mélange 30 minutes au moins et réservez le reste. Préparez les feuilles en chocolat *(page 11)*. Quand le mélange réfrigéré a pris, brisez-le *(ci-dessus à gauche)* et fouettez-le : vous aurez une mousse légère *(ci-dessus à droite)*.

4 **Soulever le gâteau.** Laissez le gâteau une quinzaine de minutes pour que la glace soit complètement prise puis glissez deux spatules en métal rigides de chaque côté, légèrement décentrées *(ci-dessus)*. Soulevez le gâteau et placez-le sur un grand plat ou, comme ici, sur une plaque retournée.

5 **Décorer le gâteau.** Garnissez la poche *(page 27)* d'une douille cannelée et remplissez-la du reste de crème au chocolat fouettée. Fermez la poche et dressez une bordure de crème autour du gâteau ; à chaque coin, mettez un peu de crème que vous surmonterez d'une cerise pochée et de deux feuilles en chocolat.

2 **Enduire le gâteau.** Pochez des cerises dans un sirop léger *(page 8)*. Sortez-les et ajoutez un peu de liqueur à la cerise. Coupez le gâteau en 3 fonds et mouillez-les de sirop. Enduisez les deux premiers fonds, le dessus et les côtés du gâteau avec la crème au chocolat ; réservez-en pour décorer.

3 **Glacer le gâteau.** Assurez-vous que la couche d'apprêt est parfaitement lisse et mettez le gâteau au réfrigérateur. Si la crème réservée dans la casserole a durci, faites-la tiédir à feu très doux. Versez en une seule fois le glaçage tiède sur le gâteau placé sur une plaque. Si besoin est, étalez-le à la spatule pour bien napper le tout. Le glaçage se fait très vite : travaillez rapidement pour ne pas laisser de marque.

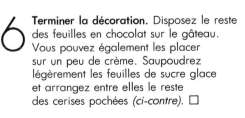

6 **Terminer la décoration.** Disposez le reste des feuilles en chocolat sur le gâteau. Vous pouvez également les placer sur un peu de crème. Saupoudrez légèrement les feuilles de sucre glace et arrangez entre elles le reste des cerises pochées *(ci-contre)*. □

Deux gâteaux aux fruits et à la crème fraîche

Le mélange de crème fouettée et de fruits offre tout un éventail de garnitures alléchantes. La crème peut être adoucie selon votre goût et parfumée ou non à la liqueur. Le gâteau aux framboises préparé ici *(ci-contre, en haut)* a été judicieusement évidé puis rempli de crème fouettée sucrée *(page 13)* et de fruits. Quant au gâteau à l'orange *(ci-contre, en bas)*, il s'agit d'une composition savante à quatre étages, fourrée et décorée de crème et de quartiers d'orange. Ces gâteaux peuvent s'accommoder avec d'autres fruits: des pêches ou de l'ananas frais ou au sirop, par exemple. Le support sera une génoise classique ou un biscuit de Savoie *(recettes page 167)*.

Pour enfermer la garniture du gâteau aux framboises, on l'a creusé après y avoir découpé un mince couvercle *(opération 1)*. Conservez l'intérieur du gâteau: vous pourrez l'émietter sur une pâte à strudel *(page 84)* ou sur un fond de tarte avant de le garnir *(page 72)*. Les restes de biscuit se garderont plusieurs semaines dans un récipient hermétique. Après avoir rempli le gâteau évidé, remettez le couvercle et nappez-le d'une couche de glaçage *(page 16)*. Vous pouvez ajouter un peu de crème fouettée si besoin est.

Si vous choisissez un glaçage liquide, vous obtiendrez un effet décoratif en le laissant déborder partiellement sur les côtés du gâteau *(opération 3)*.

Le gâteau à l'orange se compose de deux génoises que l'on coupe horizontalement. Les quartiers d'orange doivent être pochés. Vous ferez réduire le sirop du pochage, vous le parfumerez à la liqueur d'orange et vous en humecterez les couches de génoise avant de les napper de crème fouettée.

Un gâteau fourré de crème et de fruits doit être servi le jour même de sa préparation, et de préférence quelques instants après avoir été achevé. En effet, si on le conserve plus de 3 ou 4 heures — même au réfrigérateur —, l'humidité de la crème et des fruits risque de détremper la génoise et de la rendre pâteuse.

Une garniture surprise aux framboises et à la crème

1 **Découper le couvercle.** Faites cuire une génoise dans un moule rond et profond (22 cm sur 7,5 environ). Prévoyez 500 g de framboises. Sucrez légèrement 60 cl de crème fleurette. Incisez un cercle de 4 cm de profondeur, à 2,5 cm du bord du gâteau. Glissez la lame d'un couteau à l'horizontale jusqu'au centre, à 5 mm du gâteau, en le faisant tourner jusqu'à ce que le couvercle se détache *(ci-dessus, à gauche)*. Réservez le couvercle *(à droite)*.

Quatre étages d'oranges et de crème fouettée

1 **Préparer les oranges.** Épluchez 8 oranges au-dessus d'un saladier et coupez-les en quartiers à l'aide d'un couteau pointu, en incisant la membrane qui sépare chaque quartier *(ci-dessus)*. Plongez-les dans un sirop frémissant *(page 8)* et faites-les pocher de 3 à 5 minutes.

2 **Faire réduire le sirop.** Versez le sirop du pochage dans une autre casserole *(ci-dessus)* et faites-le bouillir. Baissez le feu puis laissez réduire le sirop de moitié. Égouttez les quartiers d'orange pochés et laissez refroidir le sirop. Si vous le désirez, ajoutez un peu de liqueur d'orange.

2 **Remplir le gâteau.** Creusez l'intérieur du gâteau avec une cuillère en un puits de 4 cm de profondeur. Fouettez la crème jusqu'à ce qu'elle soit ferme. Remplissez le gâteau avec la moitié de la crème. Disposez dessus deux tiers des framboises et nappez-les avec le reste de la crème fraîche.

3 **Étaler le glaçage.** Placez le gâteau sur un plat de service et mettez son couvercle en place. Préparez un glaçage au sucre *(page 15)* et versez-le au centre du gâteau en le laissant couler sur les côtés du gâteau : il durcira au fur et à mesure.

4 **Décorer et servir le gâteau.** Pendant que le glaçage est encore un peu mou, décorez le gâteau avec le reste de framboises : formez un cercle autour du bord puis faites-en un second à l'intérieur *(ci-dessus).* Coupez le gâteau et servez aussitôt. ☐

3 **Fourrer le gâteau.** Faites cuire deux génoises de 22 cm de diamètre et coupez-les en 2. Fouettez 125 cl de crème épaisse et sucrez-la. Posez une moitié de gâteau sur un plat ; humectez-la de sirop et nappez-la de crème fouettée. Répétez ces opérations sur une deuxième couche de génoise que vous aurez posée sur la première.

4 **Garnir de quartiers d'orange.** L'intérieur du gâteau doit être rempli de fruits. Disposez la moitié des quartiers d'orange en cercles sur la crème fouettée. Mettez en place les deux dernières couches de génoise en les nappant chacune de sirop et de crème.

5 **Terminer la décoration.** A l'aide d'une palette, étalez le reste de la crème au sommet et sur les côtés du gâteau, en donnant de légers coups circulaires pour produire un effet de vaguelettes. Disposez sur le gâteau d'autres cercles de quartiers d'orange *(ci-dessus)* et servez immédiatement. ☐

Quand la génoise devient bûche

Un biscuit roulé se prépare à partir d'une génoise recouverte de confiture, que l'on roule sur elle-même pour former un cylindre parfait, et que l'on saupoudre de sucre. Dans les grandes occasions, ce genre de gâteau peut être décoré en faisant appel à toute l'imagination possible. Pour la bûche présentée ici *(recette page 96)*, on a utilisé de la crème au beurre au chocolat *(page 12)* afin d'imiter l'écorce d'un arbre, et l'on a ajouté des petits champignons en meringue *(encadré page de droite, en haut)* pour compléter l'effet. Le biscuit qui sert de base peut se faire à partir d'une des recettes des pages 22 et 24. Ici, il s'agit d'une génoise classique *(recette page 167)* que l'on a mise au four sur une grande plaque à biscuit.

La méthode utilisée pour rouler ce biscuit dépend de la garniture choisie. Si c'est de la confiture, chauffez-la à feu doux dans une casserole: elle sera plus facile à étaler. La génoise elle-même doit être encore chaude au moment où vous la recouvrez de confiture, sinon vous risqueriez de brûler la pâte en la roulant.

Une garniture plus grasse, comme la crème fouettée, ou la crème au beurre utilisée ici, a tendance à fondre dès qu'elle est en contact avec une surface brûlante. Dans ce cas, vous donnerez sa forme à la génoise chaude avant d'étaler votre crème, en l'enroulant autour d'une feuille de papier sulfurisé, puis en la laissant refroidir sous un linge humide. Le papier empêchera le gâteau de coller, et vous permettra de le dérouler facilement. Quant au linge, il conservera à la pâte toute sa souplesse pendant qu'elle refroidit.

1 Faire cuire la génoise. Garnissez une plaque rectangulaire de papier beurré. Préparez votre pâte à génoise *(pages 22 à 24)*. Versez-la sur la plaque en l'étalant uniformément. Mettez-la à cuire au four préchauffé à 230° (8 au thermostat) pendant 12 minutes, jusqu'à ce qu'elle soit dorée.

2 Démouler le biscuit. Étalez un linge sur votre plan de travail. Posez-y une feuille de papier sulfurisé et saupoudrez-la de sucre semoule. Retournez la plaque, en protégeant vos mains d'une serviette, et faites tomber le biscuit sur le papier.

4 Rouler la bûche fourrée. Dans un saladier, préparez de la crème au beurre non parfumée ; réservez-en un peu dans un bol. Faites fondre du chocolat *(page 10)* et mélangez-le à la crème au beurre du saladier. Déroulez le gâteau et humectez-le de quelques cuillerées de sirop de sucre *(page 8)*, ici parfumé à la liqueur d'orange. Recouvrez la génoise d'une partie de la crème au chocolat et roulez-la de nouveau *(ci-dessus)*.

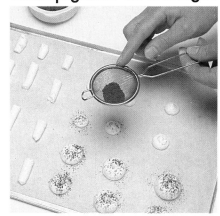

3 **Rouler le biscuit.** Au couteau, égalisez les bords de la génoise. Pour que celle-ci soit plus facile à rouler, faites une légère incision le long d'un des côtés, à environ 2,5 cm du bord. Couvrez la génoise de papier sulfurisé. Repliez-la le long de l'incision. Attrapez les bords du torchon et enroulez le gâteau autour de la feuille de papier *(ci-dessus, à droite)*. Recouvrez le gâteau roulé avec un linge humide et laissez-le refroidir.

Champignons en meringue

Saupoudrer de cacao. Sur une plaque recouverte de papier beurré, formez les chapeaux et les queues des champignons à la poche à douille *(page 15)*. Saupoudrez-les de cacao et faites-les cuire au four préchauffé à 100° (2 au thermostat) 3 heures, jusqu'à ce qu'ils soient croquants.

5 **Décorer à la crème au beurre.** Posez votre bûche sur un plat. A la spatule, recouvrez les deux tranches latérales de crème au beurre non parfumée. Dressez-en également un petit monticule sur la bûche *(ci-dessus)*, qui se transformera en branche sciée.

6 **Sculpter la branche.** Remplissez une poche à douille étoilée de crème au chocolat, et couvrez-en la bûche de stries. Avec une douille fine, dessinez les spirales des tranches latérales. Mettez à refroidir. Avec un couteau tiède, coupez le sommet du monticule.

7 **Décorer à la meringue.** Foncez les queues et les chapeaux des champignons avec de la meringue *(encadré ci-dessus)*. Soudez-les avec un peu de crème au beurre, en pressant fermement. Disposez les champignons sur la bûche. Découpez le gâteau et servez aussitôt. ☐

33

Le praliné meringué : croquant et fondant à la fois

S'il suffit de garnir de fruits pochés et de crème de simples fonds de meringue pour avoir un délicieux dessert, en alternant des couches de meringue craquante avec de la génoise moelleuse et tendre *(pages 22 et 24)*, vous obtiendrez un somptueux gâteau aux textures et aux parfums des plus originaux.

Dans la préparation ci-contre, la génoise se marie avec de la meringue parfumée aux amandes pilées *(recette page 97)* et chaque couche est tartinée d'un mélange de crème au beurre et de pralines broyées *(recettes pages 92 et 94)*. On termine par une dernière couche de ce mélange, décorée de copeaux de chocolat *(page 11)*.

Vous pouvez varier cette recette en parfumant génoise et meringue avec du chocolat et en tartinant chaque couche de crème fouettée. Si vous préférez une décoration plus simple que la crème au beurre et aux pralines, saupoudrez légèrement le gâteau de sucre glace et tracez-y des motifs au pochoir en papier ou avec des feuilles vertes *(page 25)*.

Pour une présentation raffinée, les fonds de meringue et de génoise doivent avoir la même taille. Sur une feuille de papier sulfurisé, tracez un cercle autour du moule utilisé pour cuire la génoise et dressez la meringue à l'intérieur *(opération 3)*. La meringue risque de s'étendre en cuisant : égalisez les bords avec un couteau avant de monter le gâteau.

1 **Préparer la meringue.** Faites une génoise *(pages 22 à 24)*. Chemisez deux plaques de papier sulfurisé fixé par une noisette de beurre à chaque coin. Battez les blancs d'œufs, ajoutez du sucre et continuez à battre jusqu'à ce que les blancs soient fermes. Incorporez le sucre mélangé avec les amandes *(ci-dessus)*.

2 **Remplir une poche à douille.** Fixez une douille d'environ 1 cm au bout de la poche. Pour la remplir aisément, repliez un tiers de la poche sur elle-même et insérez la meringue à la cuillère *(ci-dessus)*, jusqu'à ce que la poche soit pleine aux deux tiers. Fermez en tordant le haut de la poche.

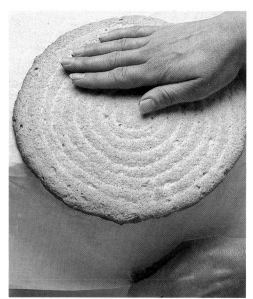

4 **Enlever le papier.** Laissez refroidir les meringues. Retirez les plaques. Pour décoller le papier, placez la meringue sur la table de façon que le bord dépasse et détachez délicatement le papier à mesure que vous faites tourner la meringue *(ci-dessus)*.

5 **Préparer la crème au beurre.** Faites des pralines avec des amandes et du sucre en poudre en quantités égales. Mettez dans une terrine la poudre de pralines tamisée et réservez les morceaux plus gros. Préparez une crème au beurre avec 500 g de beurre environ ; réservez-en un tiers et mélangez la poudre de pralines au reste.

3 **Dresser la meringue.** Autour du moule à génoise, tracez au crayon un cercle sur chaque plaque chemisée. A l'intérieur, dressez la meringue en spirale; ici, on a posé la plaque sur un support pour pouvoir la faire pivoter plus facilement. Mettez les meringues à four doux (préchauffé à 170°, 3 au thermostat) jusqu'à ce qu'elles soient craquantes. Comptez environ 1 heure de cuisson.

6 **Confectionner le gâteau.** Coupez la génoise en deux. Si la meringue a débordé en cuisant, égalisez les bords au couteau. Placez un premier fond de meringue sur un carton, pour pouvoir manier le gâteau facilement. Tartinez ce fond de crème au beurre pralinée. Alternez les couches de génoise, de crème au beurre et de meringue, en terminant par une couche de génoise.

7 **Décorer et servir le gâteau.** Soulevez le gâteau d'une main. Avec une spatule en métal, tartinez-le avec la crème au beurre non parfumée réservée. Parsemez de morceaux de pralines. Placez le gâteau sur un plat et parsemez-le de copeaux de chocolat. Saupoudrez de sucre glace tamisé. Découpez et servez. □

2
Les gâteaux d'accompagnement
Trois techniques différentes

On se contente souvent de désigner les gâteaux par leur parfum caractéristique, gâteau au chocolat ou au gingembre, par exemple, alors que bien des cuisiniers préfèrent les classer selon la méthode employée pour les préparer. Vous apprendrez dans ce chapitre comment confectionner des gâteaux d'accompagnement dont les ingrédients sont réduits en pommade, malaxés ou fondus.

C'est la proportion des ingrédients utilisés qui détermine le mode de préparation. Des gâteaux riches en beurre — le quatre-quarts ou le cake aux fruits *(pages 38 et 40)*, par exemple — requièrent la technique de la pommade qui permet d'amalgamer facilement le beurre aux autres ingrédients. Les gâteaux économiques comme le cake au vinaigre de la page 44 contiennent beaucoup moins de beurre que de farine. On mélange donc les ingrédients en les malaxant pour bien répartir le beurre.

La troisième méthode, qui consiste à faire fondre les ingrédients, convient aux gâteaux très sucrés et tendres comme le pain d'épices *(page 46)* ou le gâteau au miel *(recette page 118)*. Ils sont en général entièrement ou partiellement sucrés au caramel épais, au miel ou à la mélasse. Pour incorporer facilement ces ingrédients, on les fait fondre avec le beurre avant d'ajouter la farine.

Tous ces gâteaux diffèrent par le goût et la texture, mais si la pâte ne lève pas au four, le résultat ne sera jamais satisfaisant. Lorsqu'on met une forte proportion d'œufs, ils peuvent emprisonner assez d'air pour gonfler le gâteau naturellement. En outre, l'humidité des œufs et du beurre s'évapore à la cuisson et contribue à faire lever la pâte. Mais lorsque ces deux ingrédients sont employés en petite quantité, il est nécessaire d'ajouter une levure chimique, du bicarbonate de soude additionné d'un acide : jus de citron, babeurre, sirop ou vinaigre.

Quant à la décoration, les gâteaux préparés selon la technique de la pommade se prêtent particulièrement bien aux garnitures et aux glaçages dont vous trouverez quelques exemples dans ce chapitre. En revanche, l'économie qui préside à la confection des gâteaux d'accompagnement malaxés ou fondus se reflète dans la simplicité, voire même l'absence, de leur décoration.

Cette part de cake au vinaigre *(page 44)* est ornée de raisins secs blonds et bruns. En dépit de son nom, ce cake est aux fruits auxquels on ajoute un filet de vinaigre qui agit sur le bicarbonate de soude pour gonfler la pâte sans en altérer le goût.

Le quatre-quarts : simple et bon

Les gâteaux qui contiennent une forte proportion de beurre — la moitié ou plus du poids de farine — sont particulièrement riches et moelleux. Pour être sûr que le beurre s'incorpore de façon homogène, il existe une méthode fort simple : il faut d'abord travailler cet ingrédient en pommade afin qu'il s'amalgame bien au sucre, puis incorporer les jaunes d'œufs en fouettant et pour finir ajouter délicatement la farine et les blancs d'œufs montés en neige. Dans certaines recettes, les œufs sont ajoutés entiers, mais la méthode ci-contre permet d'incorporer un maximum d'air à l'appareil — d'abord en battant le beurre, le sucre et les jaunes, puis en ajoutant les blancs en neige. L'air gonfle la pâte et donne au gâteau une texture ferme et serrée ; lorsqu'on met les œufs entiers, il faut généralement ajouter de la levure en poudre *(page 43)*. Vous pouvez procéder ainsi pour confectionner des cakes, des gâteaux fourrés à la crème au beurre ou à la confiture, ou encore un gâteau tout simple comme le quatre-quarts présenté ci-contre *(recette page 100)*. Parfumez-le selon votre goût, avec du jus ou du zeste de citron, des graines de carvi, du chocolat, ou bien des noix, amandes ou pistaches hachées *(recette page 100)*. Le nom de quatre-quarts résume fort bien la recette, puisqu'on emploie les quatre ingrédients en quantité égale. Ce sont les œufs qui servent de mesure de base ; il suffit de les placer dans un des plateaux d'une balance de cuisine et d'ajouter dans l'autre un poids égal de sucre, de beurre et de farine *(opération 1)*.

Quelle que soit la taille du gâteau, il faut pour le réussir parvenir à incorporer suffisamment d'air à la pâte et mélanger la farine et les blancs d'œufs avec légèreté. Si le mélange est trop battu après que la farine a été incorporée, le gluten devient élastique et le gâteau manque de moelleux. Ajoutez très délicatement les blancs d'œufs à l'appareil, sinon l'air s'échappera et le gâteau ne lèvera pas.

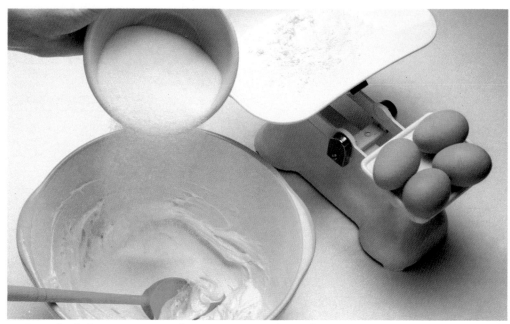

1 **Travailler le beurre en pommade.** Beurrez un moule à cake et chemisez-le de papier sulfurisé beurré *(page 21)*. Pesez les œufs et prenez le même poids de beurre, de sucre en poudre et de farine. Placez le beurre dans un saladier ; avec une cuillère en bois ou un batteur électrique, travaillez-le jusqu'à ce qu'il soit pâle et mou. Ajoutez le sucre *(ci-dessus)*.

4 **Incorporer la farine et les blancs.** Tamisez la farine sur le mélange et battez avec une cuillère en métal pour amalgamer les ingrédients. Placez les blancs dans un bol en cuivre. Fouettez-les jusqu'à ce qu'ils soient fermes. Pour bien les incorporer, mettez-en une petite quantité dans votre appareil avant d'ajouter le reste.

5 **Remplir le moule.** A la cuillère, remplissez le moule chemisé *(ci-dessus)*. Mettez-le au four préchauffé à 190° (5 au thermostat) pendant 1 heure 30 minutes environ, jusqu'à ce que le gâteau soit bombé et doré. Vérifiez la cuisson avec une brochette ou un bâtonnet qui doivent ressortir propres.

2 **Mélanger le beurre et le sucre.** Battez ensemble le beurre et le sucre, à la main ou au mixer, jusqu'à ce que le sucre soit totalement absorbé : le mélange va devenir crémeux et presque blanc, à mesure que l'air s'y incorpore. Raclez les parois du saladier avec une corne pour que la préparation soit homogène.

3 **Ajouter les jaunes d'œufs.** Séparez votre premier œuf ; mettez le blanc dans un bol et le jaune dans votre mélange beurre - sucre ; incorporez-le avec une cuillère en bois *(ci-dessus)*. Continuez à séparer les œufs, un par un, et mélangez complètement le jaune à votre préparation avant d'ajouter le suivant.

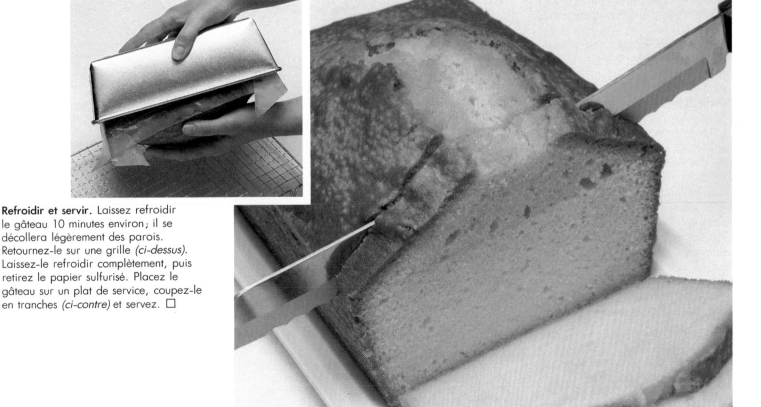

6 **Refroidir et servir.** Laissez refroidir le gâteau 10 minutes environ ; il se décollera légèrement des parois. Retournez-le sur une grille *(ci-dessus)*. Laissez-le refroidir complètement, puis retirez le papier sulfurisé. Placez le gâteau sur un plat de service, coupez-le en tranches *(ci-contre)* et servez. □

Le cake aux fruits : il est de toutes les fêtes

Paré de guirlandes de glaçage *(page 42)*, le cake aux fruits présenté ci-contre *(recette page 103)* est digne des grandes occasions. La fermeté de son grain et sa saveur corsée en font un mets de choix.

Ce cake étant très riche en beurre, employez la méthode de la pommade *(page 38)*. Il contient toujours des œufs et se fait, comme ici, avec des quantités égales de farine, de beurre et de sucre roux. On mêle à la masse de pâte épaisse une bonne quantité de noix hachées, zestes d'agrumes, écorces et fruits confits et secs, ici des raisins blonds et bruns. On complète l'arôme en ajoutant du sirop épais, des épices et du cognac.

Avant d'incorporer les fruits secs à la pâte, triez-les soigneusement et rincez-les si besoin est. Ébouillantez puis égouttez les écorces et fruits confits pour les hacher plus aisément, avant de les sécher dans du papier absorbant.

La pâte de ce cake, très épaisse, demande une cuisson prolongée. Pour qu'il ne brûle pas en surface, la température du four doit rester basse. Mettez d'abord le cake à four assez chaud pour bien chauffer la pâte et amorcer la cuisson. Au bout de 40 minutes, baissez légèrement la température. Vingt minutes plus tard, passez à une température assez basse pour ne pas brûler le cake pendant le reste de la cuisson. Grâce aux fruits et au cognac qu'il contient, ainsi qu'à la forte quantité de beurre, vous aurez un cake moelleux dont la saveur s'affinera au fil du temps. Pour profiter au maximum de son parfum, vous devrez même attendre au moins deux semaines et vous pourrez le conserver tel quel jusqu'à un an.

Lorsque vous dégusterez le cake, servez-le simplement saupoudré de sucre glace ou, pour une présentation plus raffinée, décoré à la glace royale *(page 16)*, comme ici. Vous flatterez à la fois l'œil et le palais en le recouvrant de pâte d'amandes *(page 14)* avant de le glacer : il faut alors envelopper le cake de papier d'aluminium sans serrer et le réserver pour laisser sécher la pâte, autrement l'huile des amandes décolorerait le glaçage.

1 **Mélanger les ingrédients.** Travaillez le beurre et le sucre en pommade. Incorporez des zestes d'orange et de citron râpés et du sirop épais *(ci-dessus)*. Ajoutez les œufs, la farine et la muscade râpée et le quatre-épices. Versez du cognac. Ajoutez les fruits, les écorces et les noix hachées et battez vigoureusement le tout.

2 **Remplir le moule.** Préparez un moule profond *(page 20)*. Mélangez la pâte à la main pour que les fruits soient bien répartis, puis versez-la dans le moule et lissez-la. Fixez autour du moule une bande de papier kraft en la laissant dépasser de 2,5 cm environ afin de protéger les côtés et le dessus du cake de la chaleur du four.

6 **Préparer la décoration.** Déballez le cake, retournez-le pour avoir une surface bien lisse et mesurez sa circonférence avec une ficelle. Abaissez 2 longues bandes de pâte d'amandes sur 5 mm d'épaisseur environ. A l'aide de la ficelle *(ci-dessus)*, coupez les bandes de sorte que chacune recouvre presque la moitié du cake.

7 **Enduire de blanc d'œuf.** Coupez vos bandes de la hauteur du cake. Pour qu'elles adhèrent bien, enduisez-les d'un glaçage à l'abricot *(page 9)* ou de blancs d'œufs légèrement battus *(ci-dessus)*. Pressez le côté enduit contre le cake : les bandes doivent se toucher d'un côté et laisser de l'autre un écart de 2.5 cm environ.

3 **Cuire le cake.** Mettez le moule au four préchauffé à 170° (3 au thermostat) 20 minutes puis passez à 150° (2 au thermostat). Au bout de 40 minutes, baissez à 140° (1 au thermostat) et laissez cuire 4 heures. Si vous piquez une brochette dans le cake *(ci-dessus)*, elle doit ressortir propre. Laissez-le refroidir dans son moule.

4 **Conserver le cake.** Démoulez le cake. Pour le conserver, placez-le sur une grande feuille de plastique et enveloppez-le en serrant bien. Enveloppez-le ensuite de papier d'aluminium et placez le cake dans un récipient hermétique.

5 **Ajouter le cognac.** Si vous voulez conserver le cake, ravivez-en le goût et maintenez-le moelleux en l'arrosant de cognac. Percez-le profondément en plusieurs endroits avec une brochette *(ci-dessus)* et humectez-le avec un filet de cognac que vous laisserez couler dans les trous. Renouvelez l'opération tous les 3 ou 4 mois environ.

8 **Ajuster la pâte d'amandes.** En maintenant le cake d'une main, faites rouler une bouteille ou un grand verre contre les côtés *(ci-dessus)*. Exercez une pression égale et ferme pour aplatir la pâte de façon que les extrémités s'allongent pour se rejoindre.

9 **Couper un cercle de pâte d'amandes.** Abaissez de la pâte d'amandes sur 4 mm d'épaisseur environ pour former un couvercle un peu plus large que le dessus du cake. Servez-vous du moule pour tracer un cercle de la même taille que le cake *(ci-dessus)*.

10 **Sceller les bords.** Enduisez le cake de blancs d'œufs ou de glaçage. Passez dessus le rouleau à pâtisserie. Avec une spatule, scellez le tour du couvercle et les bandes de pâte *(ci-dessus)*. Enveloppez le cake dans du papier d'aluminium et conservez-le 1 semaine avant de le décorer. ▶

11 **Glacer le dessus.** Préparez une glace royale; pour qu'elle reste molle, couvrez le bol d'un linge humide. Avec une spatule en métal, étalez-en un tiers sur 2 mm d'épaisseur. Pour que le dessus soit lisse, placez la spatule ou, comme ici, la règle à glacer, parallèlement au cake et tirez-la fermement vers vous *(ci-dessus).*

12 **Glacer les côtés.** Avec une maryse, glacez le tour du cake. Faites tourner le cake à mesure que vous l'enduisez. Laissez-le à découvert toute une journée pour que le glaçage durcisse puis égalisez le bord au couteau. Si vous voulez un glaçage impeccable, répétez deux ou trois fois les opérations 11 et 12.

13 **Faire un pochoir.** Découpez une bande de papier sulfurisé assez longue pour entourer le cake. Pour dessiner une rangée de 10 guirlandes, tracez sur la bande 10 longueurs égales et pliez-la en 10. Reliez les 2 coins du papier du pli au bord opposé par un demi-cercle et coupez le long de cette marque.

14 **Reproduire les guirlandes.** Dépliez la bande et placez le bord droit le long de la base du cake. Épinglez chaque pointe contre le cake *(ci-dessus).* Pour reproduire le dessin, percez dans le glaçage une série de petits trous en suivant le bord découpé de la bande. Enlevez les épingles et retirez la bande.

15 **Terminer la décoration du cake.** Épaississez la glace royale en ajoutant du sucre glace. Mettez une douille cannelée au bout d'une petite poche *(page 27)* et remplissez-la aux deux tiers de glace. En suivant votre pointillé, dressez une guirlande de coquilles dont vous ferez pendre une rangée d'étoiles *(page 26)*. Enfin, dressez une bordure de coquilles autour du cake *(ci-dessus).* ☐

Le gâteau du diable : toute la saveur du chocolat fondu

Si vous incorporez du chocolat fondu à la pâte d'un gâteau, vous lui donnerez une belle couleur foncée ainsi qu'un parfum délicat. Cependant, le poids du chocolat exige que l'on batte fortement l'appareil afin de l'alléger.

Pour le gâteau du diable préparé ci-contre *(recette page 109)*, on commence par travailler ensemble le beurre et le sucre puis on incorpore les œufs sans cesser de battre le mélange *(opération 1)*. A cette levure naturelle, on ajoute une pincée de bicarbonate de soude ainsi qu'un acide : du jus de citron, du petit lait ou de la crème aigre, comme ici. Le bicarbonate réagira au contact de l'acide en produisant des bulles de gaz carbonique qui gonfleront l'appareil chocolaté.

Après la cuisson, les gourmands pourront fourrer et recouvrir le gâteau du diable d'un supplément de chocolat, le napper d'un glaçage parfumé, de crème au beurre ou de crème fouettée *(pages 10 à 13)*, ou même le garnir de cerises ou de quartiers d'orange. Si vous aimez les contrastes de saveur et de couleur, vous choisirez un glaçage blanc *(page 16)*, comme ci-dessous.

1 Incorporer les œufs. Préparez trois moules de 20 cm de diamètre *(page 20)*. Tamisez la farine et le bicarbonate de soude dans un récipient. Rassemblez les œufs, la crème, que vous aurez rafraîchie, et le chocolat fondu *(page 10)*. Dans un autre récipient, travaillez le beurre et le sucre. Ajoutez les œufs un par un puis le chocolat.

2 Remplir les moules. Ajoutez la farine et le bicarbonate en alternant avec de la crème fraîche *(ci-dessus)* jusqu'à ce que vous ayez utilisé toute la farine et la crème et que l'appareil soit fluide. Versez-le dans les moules et faites cuire au four préchauffé à 190° (5 au thermostat) 25 minutes.

3 Napper les couches de gâteau. Vérifiez la cuisson des gâteaux avec un bâtonnet ou une brochette *(page 38)*. Sortez-les du four, laissez-les refroidir dans leur moule 10 minutes environ puis renversez-les sur une grille. Préparez le glaçage *(page 16)* et étalez-en un tiers sur les gâteaux refroidis.

4 Terminer la décoration et servir le gâteau du diable. Étalez le reste du glaçage sur le gâteau à l'aide d'une spatule. Nappez-en le dessus et les côtés et façonnez un relief de vaguelettes. Vous pouvez servir le gâteau immédiatement ou le conserver pendant 3 jours, enveloppé dans un film de plastique ou une feuille de papier d'aluminium pour que le glaçage ne s'abîme pas. □

Le cake au vinaigre : léger et économique

On applique aux gâteaux économiques, qui contiennent une proportion de beurre relativement faible (souvent moins de la moitié du poids de farine), la méthode du malaxage expliquée ici pour le cake au vinaigre *(recette page 114)*. Au lieu de réduire le beurre en pommade *(pages 38-43)*, on le malaxe avec la farine pour bien le répartir, puis on ajoute du lait pour humecter la pâte et la lier de façon homogène. Le malaxage *(opération 1)* doit se faire avec rapidité et légèreté. Le beurre trop travaillé deviendrait huileux et le gâteau serait dur.

Ces gâteaux et cakes ne contiennent généralement pas d'œufs et en malaxant, on n'incorpore à l'appareil que peu d'air. Il faut donc utiliser, comme pour la recette de la page 43, de la levure chimique pour faire lever le cake : ici on a pris du bicarbonate de soude sur lequel on a fait agir du vinaigre. Le vinaigre, qui donne pourtant son nom au cake, ne se sent absolument pas. L'acide qu'il contient agit sur le bicarbonate de soude qui dégage des bulles de gaz carbonique. Mais plutôt que de verser directement le bicarbonate de soude dans le vinaigre, on le dissout dans un peu de lait chaud, on ajoute ensuite le vinaigre au reste de lait puis on mélange le tout. La quantité de lait freine la réaction et un minimum d'air s'échappe avant que l'on ajoute le lait aux autres ingrédients.

La consistance de la pâte à cake est importante : trop liquide, elle donnera un cake lourd et détrempé ; si elle ne l'est pas assez, le cake sera sec et friable. Ajoutez juste assez du mélange à base de lait pour que la préparation tombe de la cuillère quand on la secoue doucement. Le cake montera tout aussi bien si vous n'utilisez pas tout le mélange.

1 **Préparer les ingrédients.** Chemisez un moule démontable *(page 20)* avec une double épaisseur de papier sulfurisé pour bien protéger le cake pendant la cuisson. Préparez les fruits, des raisins de Corinthe et de Smyrne, et placez-les dans un bol avec du sucre. Tamisez de la farine dans un grand saladier. Ajoutez du beurre froid coupé en dés et malaxez doucement du bout des doigts *(ci-dessus)* jusqu'à ce que le mélange ressemble à de la chapelure.

4 **Cuire le cake.** A la cuillère, transférez l'appareil dans le moule et lissez la surface. Mettez le moule au four préchauffé à 190° (5 au thermostat) pendant 20 minutes pour faire lever et prendre la pâte. Baissez légèrement le feu et laissez cuire encore de 40 à 50 minutes ; vérifiez la cuisson avec une brochette qui doit ressortir propre.

5 **Démouler le cake.** Laissez refroidir le cake 10 minutes. Placez le moule sur un bol renversé et appuyez sur les côtés pour libérer le fond *(ci-dessus)*. Retirez le papier qui l'entoure. Placez une grille sur le cake et renversez le tout. Enlevez le fond et ôtez complètement le papier. Retournez le cake sur son plat de service.

2 **Préparer la levure.** Ajoutez les fruits et le sucre au mélange malaxé. Mettez dans un pot la quantité de lait voulue et versez-en un peu dans une petite casserole. Tiédissez à feu doux. Ajoutez du vinaigre au reste de lait froid. Hors du feu, ajoutez le bicarbonate de soude *(ci-dessus)* en remuant jusqu'à ce qu'il soit dissous.

3 **Ajouter la levure.** Versez le contenu de la casserole dans le lait froid vinaigré. La réaction du vinaigre et du bicarbonate fera mousser le lait. Versez-en aussitôt un peu sur la pâte. Mélangez à la cuillère et ajoutez du lait jusqu'à ce que la pâte soit assez liquide pour tomber de la cuillère.

6 **Servir le cake.** Laissez le cake refroidir avant de le servir. Les cakes qui contiennent peu de beurre sèchent plus vite que les autres : il vaut donc mieux les consommer dès qu'ils ont refroidi. Cependant, enveloppé dans du plastique ou du papier d'aluminium et enfermé hermétiquement, le cake au vinaigre restera tendre quelques jours. □

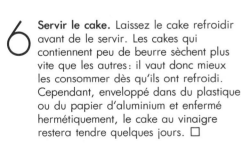

Un pain d'épices original

La belle couleur brune et la consistance moelleuse des gâteaux au miel, à la mélasse ou au gingembre, comme ici *(recettes pages 116 et 117)*, sont dues à leur haute teneur en sucre.

Dans la préparation ci-contre, on mélange d'abord le beurre, le sucre et la mélasse à feu doux *(opération 1)*. Une fois mêlés, ils s'incorporeront plus facilement aux autres ingrédients, farine, épices et un peu de lait et d'œufs, pour donner à l'appareil une consistance liquide.

Ce pain d'épices économique comporte en général une faible proportion d'œufs et parfois même aucune. C'est donc une levure chimique, le bicarbonate de soude, qui lui assure sa légèreté. Le bicarbonate réagit au contact des acides naturels du miel ou de la mélasse, pour produire de petites bulles effervescentes qui aèrent et font gonfler la pâte.

La saveur de la mélasse est rehaussée par celle du sucre roux, du gingembre moulu, de l'écorce de citron confite coupée en menus morceaux, ainsi que d'un zeste de citron et d'orange. Si vous le désirez, vous pouvez y ajouter des amandes mondées, de la cannelle, des fruits ou des raisins secs *(recettes pages 116 et 117)*.

En raison de cette forte proportion de sucre, le gâteau a tendance à brûler. Aussi, faites-le cuire à une faible température (180°, 4 au thermostat), jusqu'à ce qu'il soit ferme et moelleux au toucher. Les gâteaux que l'on enfourne à basse température montent assez lentement. N'ouvrez pas la porte du four pendant les premières étapes de la cuisson, car une bouffée d'air frais risquerait de réduire la température intérieure et de faire baisser le niveau du pain d'épices.

1 **Mélanger le beurre et le sucre avec la mélasse.** La mélasse sera plus facile à travailler si vous placez la casserole qui la contient dans de l'eau chaude pendant 5 minutes environ. Ajoutez le beurre et le sucre et faites cuire à feu doux; mélangez ces ingrédients avec une cuillère en bois, jusqu'à ce que le beurre ait fondu et se soit parfaitement incorporé à la mélasse. Ôtez la casserole du feu et laissez refroidir le mélange.

3 **Combiner les ingrédients.** Versez les œufs battus dans le mélange farine-épices et ajoutez les écorces et les fruits confits. Vérifiez la température du mélange beurre-mélasse: il doit être froid; s'il est trop chaud, il cuira la farine au premier contact et donnera un gâteau dur et sec. Mêlez ce sirop aux autres ingrédients *(ci-dessus)*.

4 **Ajouter le lait à l'appareil.** Versez le lait dans le récipient, sans cesser de remuer les ingrédients avec une cuillère en bois *(ci-dessus)*. Continuez de remuer jusqu'à ce que l'appareil soit lisse et épais et le mélange homogène.

2 **Tamiser les ingrédients secs.** Dans un petit récipient, battez légèrement les œufs à la fourchette. Versez les écorces et les fruits confits dans une casserole d'eau froide, et portez à ébullition afin de les adoucir et d'enlever l'excès de sucre. Faites sécher écorces et fruits et hachez-les en menus morceaux. Tamisez la farine, le gingembre moulu et le bicarbonate de soude dans un grand récipient (ci-dessus).

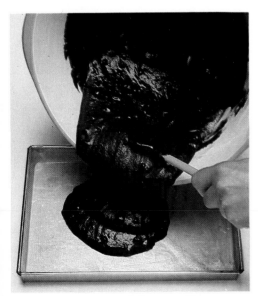

5 **Faire cuire le pain d'épices.** Chemisez un moule carré peu profond (page 20). Versez-y l'appareil, en utilisant une spatule en caoutchouc pour bien racler les parois de votre récipient. Mettez le gâteau au four préchauffé à 180° (4 au thermostat), pendant 1 heure environ, jusqu'à ce qu'il soit ferme et spongieux au toucher.

6 **Servir le pain d'épices.** Laissez refroidir le gâteau 10 minutes environ, afin qu'il soit plus facile à démouler, puis démoulez-le sur une grille. Pour qu'il ait beaucoup d'arôme, enveloppez-le dans du plastique ou de l'aluminium et enfermez-le dans une boîte en fer au moins deux jours avant de le servir. □

3
Le travail des pâtes
Un tour de main
facile à acquérir

Pour préparer une pâte sablée, on tamise d'abord la farine et le sucre glacé sur le plan de travail, pour ensuite les mélanger avec du beurre et des œufs. Ce tamisage assure l'élimination des grumeaux et permet d'obtenir une pâtisserie d'une texture uniforme. Le plan de travail en marbre, montré sur cette photo, est idéal pour conserver le beurre bien froid et pour obtenir une pâte ferme.

La réussite d'une pâte ne relève pas de la magie. Il suffit de connaître le rôle de quelques ingrédients importants ainsi que la meilleure façon de les travailler. La farine donne du corps, la matière grasse du moelleux. On peut préparer d'excellentes pâtisseries avec de la graisse végétale ou animale, mais la saveur du beurre, rehaussée parfois avec des œufs et du sucre, est irremplaçable. Suivant la façon dont on aura mêlé les ingrédients, on obtiendra des pâtes fort différentes: la pâte brisée, la pâte sablée, la pâte feuilletée, la pâte à choux et la pâte à strudel. Une ou plusieurs de ces pâtes peuvent être utilisées pour presque toutes les sortes de tartes, tourtes ou pâtisseries.

Pour la pâte brisée et la pâte feuilletée, les ingrédients doivent être travaillés à froid et avec légèreté, sans qu'elles deviennent pour autant trop élastiques, car elles seraient alors difficiles à étaler. On prépare la pâte brisée en incorporant à la farine du beurre coupé en petits morceaux et en humidifiant le tout avec de l'eau *(page 50)*. L'addition d'œufs et de sucre transforme une simple pâte brisée en pâte sablée *(page 52)*. Les pâtes feuilletée ou demi-feuilletée *(pages 54 et 56)* se préparent sensiblement de la même façon qu'une pâte brisée, mais sont abaissées et repliées à plusieurs reprises pour créer une superposition de feuillets qui gonfleront et se sépareront à la cuisson. Une fois cuites, ces pâtes sont légères, croustillantes et fondantes.

Le strudel et le chou exigent des techniques très différentes. La pâte à strudel *(page 58)* se prépare à l'eau chaude et au beurre fondu et se pétrit vigoureusement. Cette méthode a pour effet de renforcer l'activité du gluten et permet d'étirer la pâte en une feuille extrêmement mince et résistante que l'on garnira avant de la rouler sur elle-même; le résultat, après cuisson, sera très comparable à celui de la pâte feuilletée. La pâte à choux *(page 60)* diffère davantage dans sa préparation. Ses ingrédients, qui comprennent une grande proportion d'œufs et d'eau, sont battus dans une casserole mise sur le feu jusqu'à former une pâte homogène et aérée que l'on dresse à la poche à douille ou à la cuillère. Pendant la cuisson, l'humidité se transforme en vapeur et soulève la pâte que l'on remplit ensuite de crème fouettée, glacée ou pâtissière *(page 13)*.

La pâte brisée : légère et facile à préparer

Croustillante, légère et facile à préparer, la pâte brisée *(recette page 166)* est la pâte la plus utilisée et celle qui convient à la plupart des garnitures : crème anglaise, pommes, rhubarbe, par exemple ; en outre, un fond de pâte brisée forme une base savoureuse pour les pâtisseries plus recherchées *(recettes pages 155 et 156)*.

La pâte brisée se compose de farine, de beurre, d'eau et d'un peu de sel, le poids de farine étant généralement le double de celui du beurre. Cette pâte n'est pas longue à faire et si l'on veut qu'elle soit parfaitement tendre, la rapidité d'exécution est même essentielle ; trop de manipulations activent le gluten de la farine et rendent le beurre huileux, et la pâte durcit à la cuisson. Pour qu'elle reste froide, utilisez du beurre et de l'eau qui sortent du réfrigérateur et, du bout des doigts, incorporez peu à peu le beurre à la farine. Soulevez la masse et laissez-la couler entre vos doigts *(opération 2, page de droite, en haut)*, en secouant le saladier de temps en temps pour ramener les grosses miettes à la surface. Certains réduisent encore ces manipulations en se servant d'un mixer qui amalgame les ingrédients instantanément. On peut aus-si utiliser deux couteaux *(encadré page de droite, en bas)*, ce qui donne une pâte friable et moins uniforme que la cuisson rendra légèrement feuilletée.

Quelle que soit votre façon de procéder, terminez toujours en ajoutant juste assez d'eau pour lier la pâte *(opération 4)* : trop d'eau et la pâte sera collante et difficile à abaisser ; trop peu, elle restera sèche et friable. Dans l'un et l'autre cas, elle durcira en cuisant. Commencez toujours par verser moins d'eau qu'il ne vous en faut et complétez en l'ajoutant goutte à goutte.

Enveloppez votre pâte, afin qu'elle ne durcisse pas au contact de l'air, et laissez-la reposer au réfrigérateur ou dans un endroit frais avant de l'utiliser ; en diminuant ainsi l'action du gluten et l'élasticité de la pâte, vous pourrez la rouler plus facilement. Si vous ne l'utilisez pas le jour même, la pâte ainsi protégée peut se conserver au moins trois jours.

1 **Réunir les ingrédients.** Préparez de la farine, du sel, de l'eau très froide et du beurre raffermi. Coupez ce dernier en morceaux. Ajoutez une pincée de sel à la farine. Tamisez-la dans une terrine pour bien répartir le sel *(ci-dessus)*.

4 **Terminer la pâte.** Incorporez l'eau avec un couteau sans trop travailler la pâte *(à gauche)*. Si le mélange est trop friable, ajoutez un peu d'eau jusqu'à ce qu'il devienne lisse *(au centre)*. Faites-en une boule *(à droite)*. Pour que la pâte soit plus facile à rouler, enveloppez-la de plastique ou de papier sulfurisé ou d'aluminium et mettez-la au frais 15 minutes environ. □

2 **Mélanger le beurre à la farine salée.** Ajoutez à la farine tous les dés de beurre. Du bout des doigts, prenez un peu de beurre et de farine, mélangez-les peu à peu et laissez-les retomber dans la terrine *(à gauche)*. Continuez ainsi 2 ou 3 minutes, jusqu'à ce que tout le beurre soit incorporé et que le mélange ressemble à de la chapelure très grossière *(à droite)*.

3 **Ajouter l'eau.** Parsemez d'eau votre mélange, en humectant seulement la surface *(ci-dessus)*. Certaines farines absorbant mieux l'eau que d'autres, la quantité d'eau nécessaire peut varier ; commencez toujours par une infime quantité pour ne pas détremper la pâte.

Travailler la pâte avec des couteaux

1 **Incorporer le beurre avec des couteaux.** Coupez le beurre froid en dés et mettez-le dans une terrine avec la farine et le sel. Avec deux couteaux, répartissez-le dans toute la farine à coups de lames rapides. Comptez environ 4 minutes.

2 **Vérifier la consistance.** Humectez le mélange d'un peu d'eau glacée que vous incorporerez peu à peu au couteau. Rassemblez délicatement la pâte à la main. Ajoutez de l'eau si besoin est : la pâte doit être lisse, mais ne pas coller *(ci-dessus)*.

3 **Terminer la pâte.** Pressez doucement la pâte pour en faire une boule. Enveloppez-la dans du plastique ou du papier sulfurisé ou d'aluminium pour qu'elle ne se dessèche pas et mettez-la au frais 15 minutes avant de l'utiliser.

La pâte sablée : un goût de beurre sucré

Ajoutez du beurre et une pincée de sel à de la farine, humectez le mélange avec des œufs au lieu d'eau et vous transformerez une pâte brisée ordinaire *(page 50)* en une pâte sablée *(recette page 165)*. Un peu de sucre relève le goût de la pâte et permet la formation d'une croûte dorée et friable comme un biscuit à la cuisson. Les œufs lient les autres ingrédients et donnent une pâte plus riche et plus ferme qu'une pâte brisée ordinaire. Toutes les pâtes absorbent progressivement l'humidité de leur garniture et ramollissent, mais une tourte ou une tarte faites avec une pâte sablée resteront croustillantes plus longtemps : deux jours dans un endroit frais et sec.

Pour que les œufs soient répartis de façon homogène, il faut les mélanger au beurre dans un puits creusé au centre de la farine *(opération 3)*. Prenez du beurre suffisamment malléable pour pouvoir le travailler sans peine, mais non huileux : si le beurre est trop froid, il se mélangera mal aux œufs ; s'il est trop mou, la farine formera des grumeaux et vous aurez une pâte de consistance inégale.

Cette façon de procéder permet d'incorporer progressivement des ingrédients secs comme la farine à un mélange de beurre et d'œufs. Si l'on ajoute la farine d'un seul coup, il sera difficile d'amalgamer la pâte de façon homogène sans la travailler excessivement.

Dans la préparation ci-contre, les ingrédients sont mélangés directement sur le plan de travail, ce qui est particulièrement commode lorsqu'il faut manier un gros volume de pâte. En revanche, pour les petites quantités, il est aussi facile d'utiliser un saladier.

Pour faire une pâte sablée à la main, comptez environ 5 minutes ; avec un mixer, vous obtiendrez une pâte un peu moins friable en quelques secondes. Si votre beurre est déjà mou, vous pouvez amalgamer tous les ingrédients en une seule opération ; s'il est dur, il faut le couper à la main et le mélanger à la farine avant d'ajouter les œufs et de mixer.

Dans les deux cas, l'adjonction de sucre rendra la pâte friable et plus difficile à manier qu'une pâte ordinaire. Vous la roulerez plus aisément si vous la laissez au réfrigérateur au moins 30 minutes.

1 **Réunir les ingrédients.** Faites ramollir du beurre doux en le laissant 1 ou 2 heures à température ambiante. Préparez la farine, le sucre en poudre — ou le sucre glace, comme ici — et une pincée de sel en les tamisant pour former un monticule sur un plan de travail bien frais *(ci-dessus)*.

2 **Ajouter le beurre et les œufs.** Creusez un puits profond dans la farine. Placez le beurre au centre et cassez les œufs par-dessus *(ci-dessus)*.

5 **Mélanger les ingrédients.** Continuez à incorporer la farine *(ci-dessus, à gauche)* en ramenant le dessous de l'appareil à la surface jusqu'à ce que la pâte forme des boulettes de la grosseur d'un petit pois, soit 2 minutes environ. La pâte doit être grossière et friable *(ci-dessus, à droite)*. Si le mélange est trop sec pour absorber toute la farine, ajoutez un peu d'eau, goutte à goutte, jusqu'à obtention d'une pâte homogène.

3 **Incorporer les éléments de liaison.** Mélangez légèrement le beurre et les œufs *(ci-dessus, à gauche)* en les pinçant du bout des doigts. Travaillez rapidement pour que le beurre ne devienne pas huileux ; au bout d'une minute environ, le mélange aura une consistance visqueuse et molle *(ci-dessus, à droite)*.

4 **Travailler la farine.** Avec une spatule en métal, ramenez la farine vers le centre. Faites-la glisser progressivement sur le mélange *(ci-dessus)* et coupez les ingrédients par petits coups rapides du tranchant de la spatule.

6 **Terminer la pâte.** Pressez doucement les boulettes de pâte à la main pour qu'elles adhèrent les unes aux autres et forment une masse souple *(à gauche)*. Faites-en une boule *(ci-contre)*, enveloppez-la de plastique ou de papier sulfurisé ou d'aluminium et laissez-la refroidir au moins 30 minutes au réfrigérateur avant de l'utiliser. ☐

La pâte demi-feuilletée : simple et gonflante

Un feuilletage, comme son nom l'indique, est une superposition de feuillets de pâte légère. Ce résultat s'obtient grâce à une succession de pliages, appelés « tours », que l'on fait subir à la pâte avant la cuisson. Chaque pliage a pour but d'enfermer une couche de beurre et d'air entre deux couches de pâte. Il existe diverses façons de préparer une pâte feuilletée (recette page 167), le choix étant fondé sur la légèreté désirée.

La recette du feuilletage classique, le plus léger et le plus gonflant de tous, est donnée à la page 56. Les pâtes présentées ici (ci-contre et page de droite) se préparent plus rapidement. On pourra s'en servir pour confectionner des feuilletés aux fruits ou des cornets à la crème (recettes pages 150 et 162), qui n'exigent pas les propriétés exceptionnelles d'une pâte feuilletée classique.

La méthode la plus simple consiste à préparer d'abord une pâte brisée en mélangeant à du beurre une quantité égale ou double de farine ; on étale ensuite à 3 ou 4 reprises l'appareil obtenu afin d'obtenir des feuillets (encadré page de droite). La seconde méthode demande plus de patience, car on doit incorporer progressivement une quantité de beurre égale aux deux tiers de la farine, ce qui donne de meilleurs résultats.

Dans ce cas, on divise le beurre ramolli en quatre portions. On en mélange une à la farine, et l'on ajoute un peu d'eau. Après avoir laissé reposer cette pâte pendant 30 minutes, on l'étale en rectangle, on la parsème de la deuxième portion de beurre, puis on la plie en trois (opération 4). Le beurre doit être mou, mais pas trop, c'est-à-dire à peu près à la même température que la pâte. S'il est trop dur, il la déchirera ; s'il est trop mou, il fondra quand vous étalerez la pâte, et s'écoulera par les côtés ouverts.

Il faut étaler la pâte, la beurrer et la plier encore deux fois, jusqu'à ce que tout le beurre ait été incorporé. Après chaque tour, laissez reposer la pâte au réfrigérateur : ainsi, elle s'étalera plus rapidement. Pour que les couches soient uniformes et le beurre bien réparti, avant d'étaler votre pâte, disposez-la toujours de sorte que les plis soient sur les côtés, et les deux ouvertures au-dessus et en dessous.

1 **Préparer la pâte.** Tamisez la farine et le sel dans un saladier. Divisez le beurre ramolli en quatre parties égales. Du bout des doigts, mêlez la première portion de beurre à la farine, jusqu'à ce que vous obteniez un mélange friable. Ajoutez peu à peu de l'eau froide et travaillez la pâte jusqu'à ce qu'elle se détache nettement du saladier. Couvrez la boule de pâte d'un torchon et laissez-la reposer 30 minutes au réfrigérateur.

4 **Plier la pâte.** Ramenez le tiers du rectangle de pâte non beurré au centre de celui-ci. Repliez le tiers supérieur beurré par-dessus (à gauche). Pour que les couches soient uniformes et que le beurre ne s'échappe pas, pressez les bords du nouveau rectangle ainsi formé pour bien les souder (à droite).

2 **Étaler la pâte.** Farinez votre plan de travail afin que la pâte ne colle pas. Étalez celle-ci en un rectangle d'environ 0,5 centimètre d'épaisseur, trois fois plus long que large. Les bords du rectangle doivent être suffisamment réguliers pour que la pâte puisse être repliée de façon nette.

3 **Ajouter le beurre.** Brossez légèrement la pâte au pinceau pour enlever tout excès de farine. A l'aide d'un couteau, recouvrez-en les deux tiers de petits morceaux de beurre *(ci-dessus)*, en gardant une bande de 1 cm autour de la pâte pour que le beurre ne déborde pas lorsqu'on la roule.

5 **Laisser reposer la pâte.** Pour que la pâte ne sèche pas, enveloppez-la d'une feuille de matière plastique *(ci-dessus)* ou de papier d'aluminium, et posez-la dans un plat creux. Laissez-la reposer au réfrigérateur 30 minutes. Sortez-la et remettez-la sur votre plan de travail fariné.

6 **Terminer la pâte.** Répétez les opérations 2 à 5, à deux reprises, jusqu'à ce que tout le beurre soit incorporé. Pour bien le répartir, étalez toujours la pâte en plaçant votre rouleau perpendiculairement aux plis *(ci-dessus)*. Étalez, pliez et mettez la pâte à refroidir avant de l'utiliser. □

Feuilleter une pâte brisée

Faites une pâte brisée en utilisant la moitié ou le même poids de beurre et de farine. Mélangez rapidement ces deux ingrédients à l'aide de deux couteaux *(encadré page 51)*, jusqu'à ce que le mélange soit friable. Ajoutez de l'eau froide pour former la pâte, puis roulez celle-ci et pliez-la. Pour aller plus vite, ne mettez la pâte au frais qu'une fois sur deux.

1 **Faire trois feuillets.** Farinez votre plan de travail. Étalez la pâte en un rectangle *(opération 2, ci-contre)* puis pliez-le en trois. Les plis doivent se trouver sur les côtés. Étalez de nouveau la pâte.

2 **Terminer la pâte.** Ramenez les deux extrémités du rectangle de pâte bord à bord. Pliez le rectangle en deux, pour obtenir quatre couches de pâte. Étalez, pliez encore et mettez la pâte à refroidir deux fois avant de l'utiliser.

La pâte feuilletée classique

De toutes les pâtes, la pâte feuilletée est sans doute la plus légère et celle qui gonfle le plus *(recette page 167)*. On peut la fourrer de confiture, de compote ou de crème pâtissière, ou la faire cuire à part, et la remplir de fruits frais ou de garnitures variées *(recettes pages 149 et 150)*.

Les ingrédients de la pâte feuilletée classique — farine, beurre et eau — sont les mêmes que ceux de la pâte brisée ou de la pâte demi-feuilletée *(pages 50 et 54)*. Seules les proportions diffèrent. Alors qu'une pâte demi-feuilletée se fait ordinairement avec plus de farine que de beurre, un feuilletage classique s'obtient en mêlant ces ingrédients en quantités égales. Certains pâtissiers ajoutent un peu de vinaigre ou de jus de citron pour renforcer l'action du gluten contenu dans la farine et rendre la pâte plus facile à travailler, mais cet ajout n'a absolument aucun effet sur la légèreté de la pâte, et l'on peut s'en dispenser.

Le feuilletage classique exige une technique proche de celle du demi-feuilletage. La pâte est étalée, recouverte de beurre,

et pliée plusieurs fois afin de créer de multiples couches. Cependant, pour incorporer le beurre, il faut procéder différemment. Prenez une petite quantité de beurre — un huitième environ de la quantité totale — pour préparer la pâte préliminaire, ou «détrempe», et étalez le reste sur une feuille de papier sulfurisé, avant de déposer celui-ci sur la pâte, que vous replierez autour *(opération 5)*. Pour donner à la pâte sa légèreté caractéristique et ses nombreux feuillets, l'appareil formé par le mélange pâte-beurre est abaissé et replié six fois de suite. Entre chaque opération, la pâte doit être mise à refroidir, ce qui la rend plus malléable et raffermit le beurre.

La préparation de la pâte feuilletée étant très longue, environ 3 heures, il est recommandé d'en faire une grande quantité à l'avance et de la conserver. En effet, enveloppée dans un film de plastique ou une feuille de papier d'aluminium, la pâte feuilletée classique se conserve de quatre jours au réfrigérateur à plusieurs mois dans un congélateur.

1 **Préparer la pâte.** Tamisez la farine et le sel dans un récipient, ajoutez du beurre frais et mêlez ces ingrédients du bout des doigts. Versez un peu d'eau froide pour lier l'appareil. Pour que la pâte ne colle pas, mettez de la farine dans un sac en plastique *(ci-dessus)* et glissez la pâte à l'intérieur. Laissez-la refroidir 30 minutes.

4 **Mettre le beurre sur la pâte.** Ôtez la feuille de papier sulfurisé qui recouvre le beurre. Renversez celui-ci sur la pâte étalée, en le plaçant en diagonale *(ci-dessus)*. Ôtez la seconde feuille de papier sulfurisé.

5 **Envelopper le beurre.** Ramenez les quatre coins de la pâte et repliez-les doucement sur le beurre, pour former une enveloppe *(ci-dessus)*. Ménagez environ 1 cm de pâte libre autour du beurre. Pressez les bords et les plis de l'enveloppe du bout des doigts ou à l'aide du rouleau à pâtisserie.

6 **Former un rectangle.** Étalez la pâte en pressant uniformément mais sans trop appuyer, de sorte que le beurre écrasé ne s'échappe pas, en un rectangle trois fois plus long que large. Tapotez les bords de la pâte entre vos mains afin qu'ils soient bien nets. Brossez la pâte pour ôter l'excès de farine.

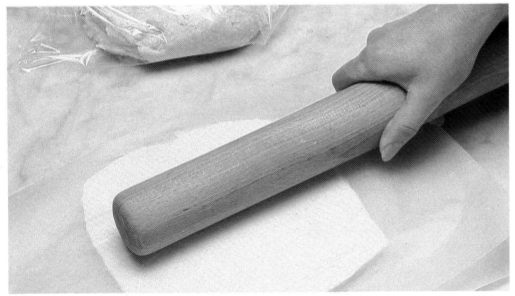

2 **Étaler le beurre.** Sortez la pâte du réfrigérateur. Posez une feuille de papier sulfurisé sur votre plan de travail, placez le beurre froid sur celle-ci et couvrez-le d'une seconde feuille de papier sulfurisé. Le papier empêchera le beurre de coller au rouleau à pâtisserie et à votre plan de travail. A l'aide du rouleau, étalez le beurre en un carré d'environ 1,5 cm d'épaisseur.

3 **Étaler la pâte.** Sortez la pâte du sac en plastique, posez-la sur votre plan de travail légèrement fariné. Étalez-la en un carré d'environ 1 cm d'épaisseur, assez grand pour que ses extrémités puissent recouvrir et envelopper le carré de beurre. Étalez cette pâte uniformément, par petits coups de rouleau légers et rapides.

7 **Plier la pâte.** Ramenez le tiers supérieur de la pâte au centre de celle-ci. Repliez le tiers inférieur par-dessus pour former trois couches de pâte *(ci-dessus)*. Soudez les bords de la pâte en les pressant avec le rouleau à pâtisserie.

8 **Terminer le feuilletage.** Répétez les opérations 6 et 7, de sorte que les plis de la pâte soient toujours sur les côtés Marquez la pâte de l'empreinte de vos deux doigts pour indiquer que vous l'avez étalée deux fois. Enveloppez-la, laissez-la refroidir 30 minutes et répétez les opérations 6, 7 et 8, en marquant à chaque fois la pâte. □

La pâte à strudel : une finesse inégalable

La pâte à strudel possède une qualité unique : une résistance extraordinaire, qui lui permet d'être étirée jusqu'à une minceur extrême. Enroulée plusieurs fois autour d'une garniture *(page 84)*, la pâte donnera après cuisson un cylindre croquant et doré, léger à souhait.

En pâtisserie, on cherche d'une manière générale à éviter l'élasticité, mais en ce qui concerne le strudel, cette règle n'est pas appliquée. Les ingrédients — farine, beurre, œufs et eau — sont utilisés à température ambiante ; le beurre est fondu et la pâte, au lieu d'être travaillée en douceur, est pétrie fortement, voire battue. La pâte que l'on obtient ainsi est solide et élastique *(recette page 166)*. Quand on la laisse reposer dans un récipient tiède *(opération 4)*, celle-ci perd un peu de son aspect spongieux mais garde toute sa résistance. Elle devient plus facile à étaler et à étirer. La farine ordinaire, dite de boulanger, qui contient une proportion de gluten importante donnant à la pâte son élasticité, est particulièrement recommandée pour le strudel. On peut cependant la mélanger avec une farine tamisée, qui rendra la pâte plus facile à travailler. Si on utilise uniquement de la farine très fine, une cuillerée de vinaigre ou de jus de citron ajoutée aux ingrédients renforcera l'action du gluten.

Il est nécessaire de faire subir à la pâte un pétrissage vigoureux : au fur et à mesure, vous sentirez qu'elle devient moins collante, de plus en plus résistante et finalement douce et soyeuse.

Après avoir étalé la pâte, vous pourrez l'étirer entre vos mains sur un linge fariné *(opération 7)*, qui permet de la soulever et de la manipuler plus facilement.

Plus on étire la pâte, plus elle devient fine. Si vous avez des ongles longs, travaillez les poings fermés, pour ne pas la déchirer. Toutefois, si cela se produisait, ne vous inquiétez pas : la pâte enroulée plusieurs fois autour de sa garniture empêchera toute fuite.

1 **Rassembler les ingrédients.** Tamisez la farine et le sel dans un récipient et cassez les œufs à part. Faites fondre le beurre et laissez-le refroidir. Mélangez aux œufs l'eau tiède et le beurre fondu *(ci-dessus)* et battez le mélange à la fourchette jusqu'à ce qu'il soit homogène. Ajoutez une cuillerée de vinaigre ou de jus de citron.

2 **Mélanger les ingrédients.** Creusez un puits au milieu de la farine et remplissez-le avec le mélange beurre-œufs. Travaillez du bout des doigts, en ramenant toujours la farine au centre *(ci-dessus)* : le mélange doit être léger et collant. Si besoin est, ajoutez de l'eau tiède.

5 **Préparer la pâte pour l'étaler.** Recouvrez la table d'un linge propre et saupoudrez-le de farine afin que la pâte n'adhère pas. Posez la boule de pâte au centre. Pour lui conserver son humidité, enduisez légèrement la pâte de beurre fondu avec un pinceau.

6 **Étaler la pâte.** Commencez à étaler la pâte en hauteur *(ci-dessus)*, jusqu'à ce qu'elle atteigne à peu près 5 mm d'épaisseur, puis déplacez-vous autour de la table et étalez-la dans l'autre sens jusqu'à ce qu'elle ait 3 mm d'épaisseur. Si elle commence à sécher, brossez-la avec du beurre fondu.

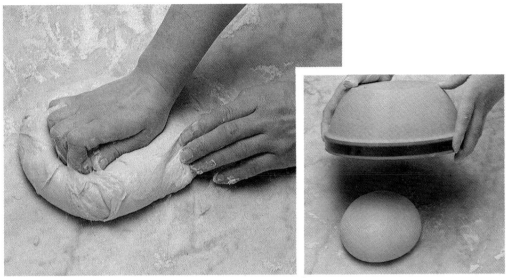

3 **Former une boule de pâte.** En inclinant le récipient d'une main et en le faisant tourner lentement sur lui-même, raclez-en les parois pour rassembler la pâte sous vos doigts. Lorsque celle-ci sera assez homogène pour se détacher du récipient, formez-en une boule et posez-la sur votre plan de travail, que vous aurez légèrement fariné.

4 **Pétrir la pâte.** Pressez fortement la boule avec votre paume, en poussant vers l'avant *(ci-dessus)*, puis ramenez la pâte vers vous et répétez l'opération. Pétrissez jusqu'à ce que la pâte ne colle plus, pendant environ 15 minutes. Donnez-lui la forme d'une boule lisse. Ébouillantez un bol, essuyez-le et renversez-le sur la boule de pâte. Laissez-la reposer 30 minutes.

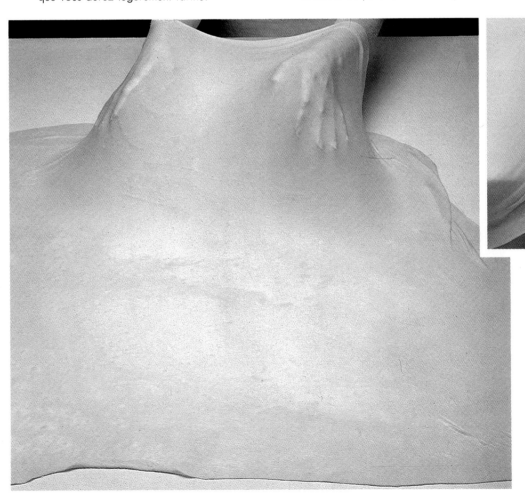

7 **Étirer la pâte.** Farinez-vous les mains et glissez-les — les paumes tournées vers le plan de travail — sous la pâte. En commençant au centre et en revenant vers les bords les plus proches, éloignez vos mains l'une de l'autre jusqu'à ce que la pâte soit presque transparente au-dessus de vos doigts. Au fur et à mesure que vous l'étirerez, elle prendra de plus en plus d'ampleur et débordera de la table. Déplacez-vous autour de celle-ci, en étirant une portion de pâte à chaque fois. Un rebord plus épais se formera autour de la pâte étirée : vous pourrez le couper aux ciseaux. □

La pâte à choux : une cuisson en deux temps

La pâte à choux contient de la farine, du beurre, de l'eau et beaucoup d'œufs *(recette page 166)*. Si pour la plupart des pâtes le beurre glacé et l'eau froide sont de rigueur, pour la pâte à choux, en revanche, on fait bouillir l'eau et le beurre avant de leur ajouter la farine. Au contact du liquide brûlant, la farine forme une masse épaisse à laquelle on incorpore les œufs pour obtenir un mélange mou et léger. La pâte à choux est trop collante pour être abaissée : il faut la dresser sur la plaque de cuisson à l'aide d'une poche à douille ou d'une cuillère.

Au four, grâce à l'humidité transformée en vapeur et à l'air incorporé avec les œufs, la pâte triple de volume, tandis que l'intérieur reste creux. Vous vous régalerez en servant ce dessert léger simplement saupoudré de sucre glace, ou surmonté d'un savoureux mélange de chocolat et de crème *(page 10)*. Garnis de glace ou de crème, les petits choux, ronds ou longs, sont utilisés pour les pâtisseries des pages 86 à 90.

1 Préparer les ingrédients. Prenez une casserole à fond épais, versez-y l'eau et mettez-la à feu doux. Ajoutez le beurre *(ci-dessus)*. Tamisez la farine et le sel sur du papier sulfurisé.

2 Faire bouillir l'eau. Quand le beurre a fondu, augmentez le feu pour amener l'eau à ébullition. Éteignez aussitôt : une ébullition prolongée entraînerait une évaporation assez forte pour altérer les proportions des ingrédients.

5 Ajouter les œufs. Laissez refroidir quelques minutes, pour que les œufs ne cuisent pas au contact de la pâte. Cassez les œufs dans un bol et versez-les dans la casserole *(ci-dessus, à gauche)*, en battant à la cuillère pour bien les incorporer. Le pouvoir d'absorption varie selon les farines : pour ne pas avoir une pâte trop liquide, certains cuisiniers battent le dernier œuf légèrement.

3   **Ajouter la farine.** Faites glisser la farine et le sel du papier sulfurisé dans le liquide chaud *(ci-dessus)*. Ajoutez-les d'un seul coup : en plusieurs fois, la farine formerait des grumeaux.

4   **Mélanger la farine.** Battez aussitôt le mélange *(ci-dessus, à gauche)* et continuez jusqu'à la fusion complète des ingrédients. Mettez la pâte à feu doux pour éliminer tout excès d'humidité. Cessez de remuer lorsque la pâte forme une masse compacte qui se détache aisément des parois de la casserole *(ci-dessus, à droite)*, au bout de 1 minute environ. Retirez la casserole du feu.

6   **Remplir une poche à douille.** Battez jusqu'à ce que le mélange soit homogène *(ci-contre)*. Dressez les choux à la poche à douille. Pour la remplir facilement, repliez-en un tiers et garnissez le reste avec une cuillère *(ci-dessus)*. Dépliez la poche et fermez-la. □

4
Tartes et tourtes
Des écrins savoureux
pour toutes sortes de garnitures

Les pâtes sablées, brisées ou feuilletées que nous avons évoquées dans les chapitres précédents constituent une base idéale pour toutes sortes de pâtisseries, où parfums, saveurs et textures se marient et forment un éventail de tartes, tartelettes, *pies*, tourtes et autres croûtes. Le *pie* anglo-saxon consiste généralement en un écrin de pâte profond, destiné à recevoir une garniture à une ou plusieurs couches, tel le *lemon-pie* présenté ci-contre, devenu chez nous tarte meringuée au citron.

Il existe, en revanche, différentes sortes de tourtes ; certaines dissimulent leur contenu sous un seul couvercle de pâte, comme la tourte à la rhubarbe *(page 64)*, d'autres ont leur garniture comprise entre deux couches de pâte, comme dans la tourte aux pommes *(page 66)*. La tarte, en général, est une simple couche de pâte garnie de fruits ou de crèmes diverses, mais on peut la recouvrir de croisillons décoratifs, comme la tarte aux épinards à la crème *(page 71)*. On peut aussi la renverser et elle devient alors, comme à la page 68, une garniture de poires au vin rouge recouverte d'une pâte brisée à l'œuf.

Les tartes et les tourtes des pages suivantes ont pour support une pâte brisée mais, dans bien des cas, celle-ci peut être remplacée par une pâte feuilletée qui, lorsqu'elle est utilisée comme couvercle, donne d'incomparables dômes de feuillets dorés.

La garniture d'une tarte ou d'une tourte s'ajoute soit avant, soit après la cuisson du fond. Quand on l'ajoute avant, elle peut empêcher le fond de cuire suffisamment si elle est liquide, et le rendre pâteux. Dans ce chapitre, vous trouverez quelques conseils pour pallier cet inconvénient. Vous pouvez, par exemple, émietter sur la pâte du pain ou du biscuit qui absorberont les vapeurs de cuisson, ou l'enduire d'une mince couche de blanc d'œuf ; mais la méthode la plus efficace consiste à cuire le fond à blanc avant de le garnir *(page 72)*.

Les tartes et les tourtes gagneront un fini brillant si vous les badigeonnez de blanc d'œuf et les saupoudrez de sucre avant de les enfourner. Du jaune d'œuf battu avec un peu d'eau ou de lait les teintera d'un or profond *(page 71)* tandis qu'un vernis de gelée d'abricots ou de groseilles fera ressortir les couleurs vives d'une tarte aux fruits.

Une portion de tarte meringuée révèle son contenu secret : une savoureuse combinaison d'œufs, de beurre, de sucre et de citron qui garnit un écrin précuit de pâte brisée, également parfumée au citron. Les crêtes blanches de la meringue ont doré au four.

63

Les secrets d'une tourte aux fruits

Avec des fruits frais, saupoudrés de sucre et recouverts d'un couvercle de pâte, vous pourrez faire la plus simple des tourtes. Comme il n'y a pas de pâte en dessous, tous les fruits conviennent, qu'ils soient juteux ou fermes. Ici, la tourte est garnie de rhubarbe *(recette page 136)*, mais les prunes, les fruits rouges et les pommes, utilisés seuls ou avec d'autres, donnent également d'excellents résultats.

Comme la garniture diminue en cuisant, il faut mettre beaucoup de fruits dans un plat profond, en les disposant en dôme pour donner à la tourte une jolie forme arrondie.

La pâte utilisée pour le couvercle, ici une pâte brisée *(page 50)*, rétrécit légèrement pendant la cuisson car son humidité s'évapore à la chaleur du four. Pour que le couvercle ne se détache pas du plat et ne tombe pas dans la garniture, fixez-le solidement à un cordon de pâte collé tout autour du plat *(opération 2)*. La vapeur qui se dégagera des fruits bombera et durcira la croûte.

1 Découper la pâte. Lavez et coupez la rhubarbe. Préparez des bols de sucre et d'eau, et la pâte brisée. Abaissez-la sur 5 mm d'épaisseur en la laissant dépasser de 5 cm autour du plat. Formez le couvercle en découpant à 1 cm environ autour de la tourtière renversée. Découpez une seconde fois la pâte à environ 2,5 cm de la première coupe pour former le cordon *(ci-dessus)*.

4 Ajuster le couvercle. Avec les doigts, pressez fermement le couvercle sur le cordon de pâte. Faites tomber l'excédent en tenant votre couteau la lame tournée vers le haut et vers l'extérieur *(ci-dessus)*. Laissez le bord dépasser légèrement afin de prévenir le rétrécissement de la pâte à la cuisson.

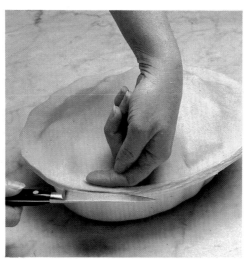

5 Souder les bords. Pour que le couvercle et le cordon ne se séparent pas dans le four, tenez votre couteau horizontalement et tapez autour du plat avec la lame, contre le bord, en pressant fermement le couvercle vers le bas avec votre index *(ci-dessus)*.

6 Décorer le bord. Avec le côté non tranchant de la lame du couteau, découpez autour du plat pour obtenir un bord dentelé *(ci-dessus)*. Vous pouvez aussi, si vous le désirez, tailler des feuilles ou toute autre décoration dans les rognures de pâte; humectez-les et disposez-les sur le couvercle.

2 **Fixer le cordon.** Retournez le plat. Humectez-en le bord au pinceau avec de l'eau. Pressez fermement le cordon de pâte contre le bord du plat *(ci-dessus)*, en faisant chevaucher les extrémités. Alternez dans la tourtière les couches de rhubarbe et de sucre.

3 **Couvrir la garniture.** Avec le pinceau, humectez le cordon de pâte *(ci-dessus)* pour que le couvercle de la tourte adhère bien. Repliez le couvercle en deux et posez-le sur une moitié du plat garni. Dépliez-le et recouvrez entièrement le plat *(ci-contre)*.

7 **Dorer la tourte.** Pour avoir une belle croûte vernissée, battez un œuf et enduisez-en le couvercle avec un pinceau. Saupoudrez de sucre en poudre et mettez la tourte au four préchauffé à 190° (5 au thermostat) pendant 45 minutes environ.

8 **Servir la tourte.** Sortez la tourte du four et saupoudrez-la à nouveau de sucre. Servez-la chaude ou froide, avec de la crème fraîche ou de la glace. Mettez dans l'assiette de chaque convive une part de croûte puis, à côté, de la rhubarbe et du jus de cuisson que vous retirerez à la cuillère. □

Une tradition anglaise : l'apple pie

Un *pie* réussi ne doit être ni détrempé ni pâteux. Il suffit de quelques précautions pour parvenir à ce résultat. En premier lieu, choisissez une garniture qui ne rendra pas trop de liquide à la cuisson : les pommes à chair ferme utilisées ici *(recette page 129)*, une crème épaisse, ou bien du *mincemeat*, par exemple.

Pour plus de sûreté, vous pouvez enduire au pinceau votre fond de pâte d'une légère couche de blanc d'œuf battu qui l'empêchera d'absorber l'humidité de la garniture. Dans le même but, vous saupoudrerez les fruits d'un peu de farine au moment de garnir.

Enfin, quelques légères incisions pratiquées dans la couche de pâte qui recouvre le *pie* permettront aux vapeurs de cuisson de s'échapper. Une pâte brisée, un feuilletage classique ou une pâte demi-feuilletée *(recettes pages 165, 166 et 167)* conviennent. Pour l'*apple pie* traditionnel préparé ci-contre, nous avons choisi une pâte brisée toute simple.

Au moment d'enfourner la tourte, vous pouvez la passer au blanc d'œuf battu et la saupoudrer de sucre semoule, ce qui lui donnera un aspect brillant. En revanche, pour obtenir un couvercle plus mat, tamisez un peu de sucre glace sur le dessus après la cuisson.

1 **Préparer la garniture.** Mettez la farine, le sel, le sucre et les épices, ici noix de muscade et cannelle, dans un récipient. Ajoutez les pommes, que vous aurez pelées, épépinées et émincées. Mélangez délicatement le tout avec les doigts.

2 **Séparer la pâte.** Divisez la pâte brisée en 2 : une moitié pour le couvercle et l'autre pour le fond. Enveloppez une moitié dans un film de plastique *(ci-dessus)* ou une feuille d'aluminium, pour l'empêcher de sécher.

5 **Foncer le moule avec la base du pie.** Pressez fortement la pâte contre les bords avec vos doigts. Essayez de ne pas l'étirer ni la déchirer ; vous réparerez les éventuels incidents avec de petits morceaux de pâte.

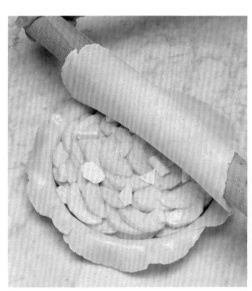

6 **Garnir et couvrir le pie.** Recouvrez le fond du pie avec les pommes et parsemez celles-ci de petits morceaux de beurre. Si elles sont douces, arrosez-les d'un peu de jus de citron et ajoutez le zeste. Avec un pinceau à pâtisserie, humectez d'eau le rebord du pie. Recouvrez la garniture avec un cercle de pâte de 5 mm d'épaisseur.

3 Étaler la pâte en cercle. Farinez votre plan de travail afin que la pâte n'y colle pas. Étalez celle-ci fermement au rouleau à pâtisserie, dans un sens; ensuite, faites tourner la masse d'un quart de tour et étalez encore. Continuez à étaler et à faire tourner la pâte jusqu'à obtention d'un cercle d'environ 5 mm d'épaisseur.

4 Évaluer la dimension du cercle de pâte. Vous saurez si votre cercle de pâte a atteint les dimensions requises en posant le moule dessus et en vous en servant comme modèle : il doit y avoir assez de pâte pour couvrir le fond du moule et déborder sur les côtés (*ci-dessus, à gauche*). Ensuite, soulevez la pâte en l'enroulant doucement autour du rouleau à pâtisserie puis déroulez-la au-dessus du moule (*ci-dessus, à droite*).

7 Souder la bordure. Coupez l'excédent de pâte. Tournez la lame du couteau vers l'extérieur pour ménager un léger surplomb de pâte autour du moule. Vous souderez les bords en les pinçant fermement du bout des doigts (*ci-dessus*). Incisez le dessus du pie pour que la vapeur puisse s'échapper.

8 Faire cuire et servir le pie. Faites cuire le pie au four préchauffé à 220° (7 au thermostat) de 10 à 15 minutes puis à 180° (4 au thermostat) de 40 à 45 minutes, jusqu'à ce qu'il soit ferme et brun doré. Laissez-le refroidir avant de le découper. Vous pouvez servir le pie tiède ou froid et l'accompagner de crème fraîche ou de crème anglaise. □

La tarte renversée

Pour faire cuire une tarte renversée, il suffit de poser une couche de pâte sur une garniture de fruits précuits et de retourner l'ensemble au moment de servir. N'importe quelle pâte peut convenir, à l'exception de la pâte à choux ou de la pâte à strudel, et l'on peut utiliser la plupart des fruits: des pommes, des pêches, des abricots ou des poires (recettes pages 130 à 132), par exemple. Ces derniers doivent rester assez fermes pour s'harmoniser avec la consistance croustillante de la pâte. Les pommes sont, en général, émincées et sautées dans un peu de beurre et de sucre. Les abricots ou les pêches peuvent être cuits de la même façon ou pochés dans un sirop de sucre (page 8). Ici, on a poché des poires dans du vin rouge sucré pendant 1 heure environ puis on les a fait cuire sous un couvercle de pâte brisée (page 50). Le vin parfume les fruits et leur donne une couleur pourpre. De plus, son acidité naturelle ralentit le ramollissement des poires et les préserve pendant leur cuisson. Malgré cette précaution, il vaut mieux employer des fruits dont la chair est ferme: trop mûrs, ils risqueraient de se décomposer.

Choisissez un bon vin, jeune, coloré, ayant beaucoup de corps: la cuisson mettra son bouquet en valeur et sa qualité se révélera dans votre dessert.

Pour que la garniture ne soit pas trop liquide, transférez le vin qui a servi au pochage dans une casserole et faites-le réduire à feu vif pour obtenir un sirop épais (opération 5, page de droite). Versez de nouveau le sirop épaissi sur les poires, couvrez celles-ci de pâte, et enfournez la tarte. Utilisez de préférence le même récipient pour pocher les poires et cuire la tarte: en transvasant les poires, vous risqueriez de les briser.

Afin que le jus de la garniture n'imprègne pas la pâte ni ne la détrempe, démoulez la tarte au dernier moment; servez-la chaude ou froide, accompagnée, si vous le désirez, de crème fraîche.

1 **Préparer les poires.** Prenez des poires fermes et légèrement vertes, un bon vin rouge, du sucre et des épices, ici de la cannelle. Avec un petit couteau pointu, coupez les poires en 2, pelez-les et épépinez-les. Mettez une rangée de fruits dans une sauteuse, côté arrondi en dessous.

2 **Couvrir les poires de vin.** Disposez le reste des poires au centre de la sauteuse, côté arrondi en dessous, de façon que les fruits forment un dessin symétrique au démoulage. Saupoudrez de cannelle et de sucre. Couvrez les poires de vin.

6 **Préparer le couvercle de pâtisserie.** Abaissez la pâte, ici une pâte brisée, et formez un cercle légèrement plus grand que le récipient contenant les poires, de 5 mm d'épaisseur environ. Piquez la pâte à la fourchette pour que la vapeur puisse s'échapper. Formez un repli tout autour de la pâte et aplatissez-le avec une fourchette.

7 **Couvrir les poires.** Soulevez doucement le disque de pâte et posez-le sur les poires, le bord replié contre elles. Faites cuire la tarte au four préchauffé à 190° (5 au thermostat) pendant 40 minutes environ, jusqu'à ce que la pâte soit brun doré.

3 **Pocher les poires.** Mettez la sauteuse à feu vif. Portez le vin à ébullition puis couvrez le récipient, baissez le feu, et laissez frémir les poires pendant 1 heure environ, jusqu'à ce qu'elles soient tendres. Vérifiez la cuisson en piquant délicatement une poire de la pointe d'un couteau *(ci-dessus)*.

4 **Préparer le sirop.** En retenant les poires avec le couvercle, videz le liquide du pochage dans une petite casserole *(ci-dessus)*. Mettez de côté la sauteuse contenant les poires. Posez la casserole sur le feu, faites bouillir en remuant avec une cuillère en bois. Baissez le feu si le liquide déborde.

5 **Faire réduire le sirop.** Continuez la cuisson du sirop environ 10 minutes, jusqu'à ce qu'il soit épais et ait réduit d'au moins deux tiers. Ensuite, versez le sirop uniformément sur les poires.

8 **Servir la tarte.** Sortez la tarte du four et laissez-la légèrement refroidir. Pour la démouler, posez un grand plat de service sur le récipient *(ci-dessus)* et retournez ensemble plat et récipient. Si votre sauteuse est munie d'un manche qui vous empêche de bien centrer la tarte sur le plat, poussez celle-ci de la main. Servez aussitôt. □

Plusieurs tailles pour une même tarte

Une tarte aux fruits n'a pas nécessairement besoin d'être cuite dans un moule. Grâce à la technique expliquée ci-contre, vous pourrez faire une tarte selon votre inspiration, aussi petite que vous le souhaitez ou aussi grande que la plaque de votre four. Étalez la pâte à votre gré en carré, en rectangle ou en cercle. Posez-la ensuite sur une plaque à four et pliez le bord pour retenir la garniture *(opération 1)*. Ici, on utilise une pâte sablée mais une pâte brisée ou des restes de pâte feuilletée conviennent aussi *(pages 50-57)*. Les pommes coupées en tranches sont nappées de gelée d'abricots lorsqu'elles sont cuites *(recette page 129)*.

D'autres fruits — cerises fraîches ou au sirop, prunes ou poires, par exemple — donneront un résultat aussi alléchant.

Vous pouvez également tartiner votre pâte de crème d'amandes *(recette page 93)*, de confiture ou de compote de fruits avant de disposer la couche de fruits.

1 **Mettre la pâte en forme.** Étalez la pâte sablée en un large cercle de 3 à 6 mm d'épaisseur. Transférez-la sur une plaque beurrée et relevez les bords tout autour sur une hauteur de 2,5 cm environ. Repliez ces bords sur eux-mêmes et pincez-les fermement, pour obtenir une bordure solide de 1 cm de haut environ.

2 **Disposer les pommes émincées.** Avec un couteau pointu, coupez les pommes en 2, pelez-les, épépinez-les et coupez-les en tranches de 3 à 6 mm d'épaisseur. Disposez ces dernières en cercles, en partant du bord de la tarte jusqu'à ce que le fond soit entièrement recouvert. Faites chevaucher les fruits car ils vont rétrécir à la cuisson.

3 **Ajouter le sucre.** Saupoudrez les tranches de pommes de sucre pour les adoucir et leur donner une belle couleur ambrée après la cuisson. Mettez la tarte au four préchauffé à 180° (4 au thermostat) 1 heure environ, jusqu'à ce que les pommes soient caramélisées.

4 **Napper la tarte.** Pour donner à la tarte un fini brillant, préparez une gelée de fruits, ici d'abricots. Badigeonnez-en les pommes avec un pinceau, pendant qu'elles sont encore chaudes, de façon à les recouvrir complètement *(ci-dessus)*.

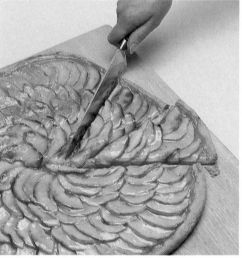

5 **Servir la tarte.** Glissez sous la tarte une spatule de métal assez longue ou une pelle à tarte. Inclinez légèrement la plaque du four et passez la spatule sous le fond de pâte afin de bien le détacher. Soulevez la tarte, posez-la sur une planche à découper ou bien un plat de service et découpez-la. Servez-la chaude, tiède ou froide. □

La tarte aux légumes : un dessert surprenant

On obtient une tarte délicieuse en garnissant un fond de pâte de crème fraîche, de sucre et d'œufs que l'on parfume ensuite à la vanille, ou que l'on peut mélanger avec divers épices, fruits ou légumes tels que des carottes, du potiron ou des épinards.

La tarte présentée ci-contre *(recette page 139)* se compose d'épinards blanchis, hachés et revenus au beurre puis mélangés à la crème sucrée aux œufs additionnée de raisins secs, de pignons et d'un zeste de citron.

Lorsque l'on prépare une tarte ordinaire, pour être sûr d'avoir un fond de pâte croustillant, on le fait précuire soit partiellement, soit complètement *(page 72)*; pour une tarte recouverte de croisillons, comme celle-ci, en revanche, il faut tout faire cuire en même temps, car les bandes de pâte crue n'adhéreraient pas aux bords d'un fond de tarte déjà cuit. Ici, le fond et les bandes sont en pâte brisée, mais une pâte sablée ou une pâte feuilletée conviendraient tout aussi bien *(pages 52-55)*.

1 Préparer les épinards. Ôtez les queues des épinards et lavez-les dans plusieurs eaux. Faites-les blanchir de 1 à 2 minutes afin de réduire leur volume. Égouttez-les, passez-les à l'eau froide pour arrêter la cuisson, et pressez-les pour qu'ils rendent l'excès d'eau. Hachez-les et faites-les revenir dans du beurre.

2 Préparer la garniture. Foncez un moule avec la pâte de votre choix, ici de la pâte sablée. Réservez-en un peu pour les croisillons. Rassemblez les autres ingrédients — raisins secs macérés dans du cognac, pignons, noix de muscade, zeste de citron et sucre. Battez les œufs et la crème fraîche dans un saladier *(ci-dessus)*.

3 Parfumer la garniture. Mélangez les épinards à la crème aux œufs. Ajoutez les autres ingrédients en fouettant *(ci-dessus)*. Continuez de fouetter le mélange en raclant les parois du saladier, jusqu'à ce que tous les ingrédients soient bien mêlés. Versez la garniture dans le fond de tarte.

4 Faire des croisillons de pâte. Étalez la pâte que vous avez réservée en un rectangle d'une épaisseur de 3 mm. Coupez celui-ci en bandes de 1 à 2 cm de large, et posez-les sur la garniture. Coupez la pâte qui dépasse. Collez les bandes en les humectant à l'eau. Dorez la surface de la tarte à l'œuf battu avec un peu d'eau.

5 Cuire et servir la tarte. Faites cuire la tarte au four préchauffé à 170° (3 au thermostat) de 50 minutes à 1 heure jusqu'à ce qu'elle soit bien dorée. Vérifiez la cuisson en enfonçant un couteau au milieu de la garniture : la lame doit ressortir sèche et propre. Laissez légèrement refroidir la tarte et servez-la tiède. □

Cuire à blanc un fond de tarte

En précisant vos fonds de pâte, vous pouvez être sûr d'avoir une base croustillante pour toutes vos garnitures, cuites ou crues. Tous les fonds, qu'ils soient en pâte sablée, brisée ou demi-feuilletée *(recettes pages 165 et 166)*, peuvent être cuits à blanc. Selon la garniture utilisée, on les fait cuire complètement ou partiellement. Si cette dernière est cuite à part, comme pour une tarte meringuée au citron *(page 76)*, ou bien s'il s'agit de fruits crus, comme dans la préparation de la page suivante, vous pouvez précuire la pâte complètement avant de la garnir.

En revanche, une précuisson partielle s'impose lorsque vous devez cuire à même la pâte une garniture très liquide, celle d'un gâteau au fromage blanc *(page 74)*, par exemple. Si la pâte était entièrement cuite d'avance, elle brunirait trop et risquerait de brûler. Partiellement cuite, elle prendra une belle couleur dorée tout en formant un fond ferme que la garniture ne détrempera pas. Toutefois, si la pâte commençait à brûler avant que la garniture ait fini de cuire, protégez-la avec du papier d'aluminium.

Lorsqu'on met un fond de pâte non garni à four chaud, l'air emprisonné dans la pâte la fait gonfler. Si on ne la pique pas à la fourchette pour que l'air puisse s'échapper *(page suivante, en haut, à droite)*, elle se bossellera en cuisant. Il faut donc garnir le fond de papier d'aluminium ou sulfurisé, comme ici, ainsi que de pois cassés *(opération 2)*, de haricots secs ou de riz. Si vous avez des moules à tarte de tailles différentes, une autre méthode consiste à maintenir le fond de pâte sous un moule plus petit posé directement dessus. Préchauffez le four à environ 180° (4 au thermostat) pour une pâte brisée, 190° (5 au thermostat) pour une pâte sablée et 220° (7 au thermostat) pour une pâte feuilletée.

1 Chemiser de papier. Foncez un moule à tarte : ici on utilise une pâte sablée *(page 52)* abaissée sur une épaisseur de 3 à 6 mm. Découpez un carré de papier sulfurisé plus grand que le moule. Pressez-le contre le fond de pâte et contre les bords en le plissant.

2 Étaler les pois cassés. Recouvrez le papier de pois cassés, de haricots secs ou de riz, sur une épaisseur de 1 cm au moins. Répartissez les pois uniformément sur toute la surface et contre les bords.

3 Précuire partiellement la pâte. Faites cuire le fond de tarte 15 minutes : les bords doivent être légèrement dorés. Retirez papier et pois et renfournez le fond vide 5 minutes pour le colorer. Garnissez-le et remettez-le au four jusqu'à ce que la garniture soit cuite.

4 Précuire totalement la pâte. Faites cuire le fond de tarte 15 minutes : les bords doivent être légèrement colorés et fermes. Retirez papier et pois et renfournez 15 minutes pour assécher et colorer la pâte. Sortez le fond et laissez-le refroidir avant de le garnir.

Des tartelettes aux fruits frais

La méthode indiquée page ci-contre pour précuire les grands fonds de tarte est moins commode pour les tartelettes préparées ici *(recette page 132)*. Mais vous obtiendrez le même résultat en piquant la pâte de tout petits trous *(opération 2)* qui permettent à l'air de s'échapper. A la cuisson, les trous se refermeront et la garniture ne risquera pas de traverser la pâte. Vous pouvez aussi maintenir votre pâte en empilant les uns sur les autres 4 ou 5 moules à tartelette foncés de pâte. Placez un moule vide dans la tartelette du dessus et mettez au four une dizaine de minutes. Sortez les moules, déboîtez-les et remettez-les quelques instants au four pour achever de les cuire.

Quelle que soit la taille de votre fond, vous éviterez que la pâte soit détrempée par sa garniture en recouvrant le fond d'une mince couche de confiture ou d'un mélange absorbant de chapelure et d'épices avant de garnir; on utilise ici des fruits frais, glacés au sirop *(page 9)* pour les faire briller.

1 **Foncer les moules.** Abaissez votre pâte, ici une pâte sablée, sur une épaisseur d'environ 3 mm. Avec un emporte-pièce, découpez des ronds de pâte de la taille de vos moules. Foncez chaque moule en appuyant avec les pouces du milieu vers les bords pour chasser l'air emprisonné sous la pâte *(ci-dessus)*.

2 **Piquer la pâte.** Posez les tartelettes sur une plaque chemisée de papier et piquez le fond, bords compris, avec les dents d'une fourchette. Mettez-les au four préchauffé à 190° (5 au thermostat) une quinzaine de minutes, jusqu'à ce que les fonds soient dorés.

3 **Ajouter la chapelure.** Sortez la plaque du four et laissez refroidir les fonds. Renversez chaque moule en le secouant doucement pour faire tomber le fond dans votre main. Placez les fonds sur une grille et parsemez-les de chapelure: ici, elle est parfumée d'un mélange de cardamome, muscade et sucre.

4 **Garnir les fonds.** Remplissez les fonds de fruits frais entiers ou en morceaux, ici des framboises, des fraises et des raisins blancs pelés et épépinés. Au pinceau, glacez les fruits avec des sirops aux mêmes parfums *(ci-dessus)* et servez. □

Le gâteau au fromage blanc

Pour faire le gâteau connu sous le nom de *cheesecake* aux États-Unis, on peut utiliser n'importe quel fromage blanc frais. Dans la préparation ci-contre *(recette page 138)*, la garniture est constituée de fromage à la crème, mais elle serait tout aussi délicieuse avec du fromage blanc, de la brousse, de la *ricotta* ou un mélange de ces divers fromages frais. On ajoute ensuite des œufs, de la crème fraîche vanillée, du sucre et un zeste de citron et on lie le tout avec un peu de farine. Pour corser légèrement le goût, on peut remplacer la crème fraîche par de la crème aigre, du yogourt ou du babeurre. Pour varier, ajoutez à la garniture des raisins secs, des fruits secs ou confits, des épices, des noix ou du miel *(recettes pages 137 et 138)*.

Pour certains gâteaux au fromage blanc, on utilise une croûte de timbale et pour d'autres un fond de tarte. Ici la croûte de timbale est en pâte sablée *(recette page 165)*, parfumée au zeste de citron, mais vous pouvez la remplacer par une pâte brisée ou encore par du biscuit émietté mélangé avec du beurre et du sucre.

Si vous utilisez une pâte brisée, l'épaisseur du fromage blanc empêchera le fond de cuire complètement. Si toute la pâte est précuite, les bords brûleront avant que la garniture ne soit prête : pour que le fond de pâte et la garniture soient à point en même temps, précuisez uniquement la base de la timbale *(page 72)* dans un moule à fond détachable, comme ici *(page 22)*; lorsqu'elle a refroidi, ajoutez-lui des bords de pâte non cuite *(opération 2)*.

Quand le gâteau au fromage blanc est cuit, laissez-le refroidir avant de le démouler et de le mettre au réfrigérateur. Servez-le nature, comme ici, surmonté d'un glaçage aux fruits *(page 9)* ou encore de fruits frais comme des fraises ou de l'ananas, par exemple.

1 **Précuire la base de la timbale.** Préparer votre pâte sablée. Partagez-la en deux. Mettez-en une moitié sur le fond beurré d'un moule à fond détachable. Abaissez-la sur une épaisseur de 3 à 6 mm. Piquez-la avec une fourchette pour empêcher la formation de bulles d'air et assurer une cuisson égale. Mettez la pâte au four préchauffé à 200° (6 au thermostat) pendant 15 minutes, jusqu'à ce qu'elle commence à dorer.

4 **Incorporer les œufs.** Pour que les œufs entiers et les jaunes soient incorporés à l'appareil de façon homogène, ajoutez-les un par un, en battant vigoureusement *(ci-dessus)*. Quand vous avez mis tous les œufs, ajoutez la crème fraîche en remuant et continuez à battre jusqu'à ce que le mélange soit lisse et satiné.

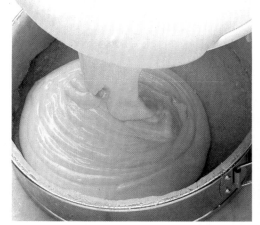

5 **Remplir le fond.** Versez la garniture dans la timbale de pâte *(ci-dessus)*. Faites dorer légèrement le gâteau au fromage blanc au four préchauffé à 230° (8 au thermostat) une quinzaine de minutes. Baissez la température jusqu'à 100° (¼ au thermostat) et laissez cuire une heure environ, jusqu'à ce que les bords soient bien colorés.

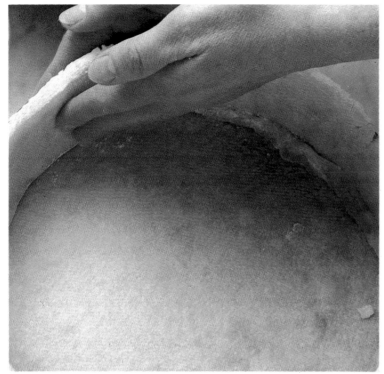

2 **Terminer la timbale.** Beurrez le tour du moule. Abaissez la seconde moitié de pâte en deux bandes de la même largeur que le tour du moule, soit 8 cm environ, car une seule bande de pâte risquerait de se casser. Fixez-les à l'intérieur du moule et pressez le bord inférieur contre le fond précuit pour assurer une parfaite adhésion *(ci-dessus)*. Égalisez le bord supérieur.

3 **Préparer la garniture.** Mettez la pâte au réfrigérateur. Préparez des œufs entiers, des jaunes d'œufs et de la crème. Dans un grand saladier, mélangez du sucre vanillé, de la farine et le zeste râpé d'un citron et d'une orange. Dans un autre saladier, mettez le fromage à la crème et fouettez-le au mixer ou, comme ici, à la cuillère en bois, jusqu'à ce qu'il soit mousseux. Ajoutez-lui le contenu du premier saladier *(ci-dessus)* et mélangez.

6 **Démouler le gâteau.** Laissez le gâteau au moins 2 heures dans son moule pour qu'il refroidisse. Séparez le fond et le tour du moule *(ci-dessus)*. Pour enlever le fond, insérez une spatule sous le gâteau et faites-le glisser sur le plat. Mettez-le à rafraîchir au réfrigérateur avant de servir. ☐

Une tarte meringuée au citron

Une épaisse couche de meringue *(page 15)* rapidement passée au four pour qu'elle dore tout en restant moelleuse termine bien des tartes de façon savoureuse.

Vous pouvez recouvrir ainsi soit un fond de pâte cuit à blanc et garni ensuite *(page 72)*, comme dans la tarte au citron préparée ici *(recette page 144)*, soit une tarte ordinaire à la crème ou aux fruits.

Dans tous les cas, fouettez les blancs d'œufs et le sucre au tout dernier moment et n'ajoutez votre meringue que lorsque la garniture a refroidi. Montés trop longtemps à l'avance, vos blancs retomberaient et se sépareraient; en outre, la meringue dressée sur une garniture chaude n'adhérerait pas bien.

Pour garnir le fond de tarte, on fait épaissir au bain-marie un mélange de zeste et de jus de citron, d'œufs, de sucre et de beurre *(opération 2)*. Lorsque la garniture refroidie est bien prise, on en remplit un fond de tarte précuit, ici une pâte brisée *(page 50)* parfumée au sucre et au citron. Avant de le garnir, parsemez le fond de chapelure épicée : elle lui donnera du goût et le gardera croustillant en absorbant l'humidité de la garniture.

Vous pouvez procéder de la même façon pour les tartes au citron vert, à l'orange et même au pamplemousse, et également garnir votre fond d'un mélange de crème parfumée et de fruits pochés — abricots ou cerises, par exemple — avant d'ajouter la meringue.

Pour cuire la meringue, mettez la tarte à four moyen jusqu'à ce que le dessus soit légèrement doré, soit de 10 à 15 minutes. Vérifiez constamment la cuisson pour ne pas trop cuire la meringue; une température trop élevée ou une cuisson trop longue durcissent les blancs d'œufs qui finissent par brûler.

Pour bien colorer votre meringue, saupoudrez-la de sucre en poudre ou semoule avant de la cuire. Une poignée d'amandes effilées éparpillée sur le dessus de la tarte, avant ou après la cuisson, forme un agréable contraste de textures.

1 Préparer la garniture et le fond. Mélangez les œufs, le beurre, le zeste de citron et le sucre et, dans un autre saladier, la chapelure, le sucre et les épices, ici de la cardamome pilée. Sur une plaque, posez un moule à fond détachable garni de pâte. Formez un rebord. Précuisez ce fond *(page 72)* et saupoudrez-le de chapelure.

2 Cuire la garniture. Dans une grande casserole, recouvrez un trépied de 2,5 cm d'eau que vous ferez frémir à feu doux. Dans une petite casserole que vous poserez sur le trépied, ajoutez le jus des citrons au mélange de zestes râpés, sucre, œufs et beurre. Laissez cuire 30 minutes environ en remuant jusqu'à ce que l'appareil soit crémeux.

5 Décorer et cuire la tarte. Avec un couteau flexible, étalez la meringue sur votre tarte en la faisant déborder un peu car elle se rétractera légèrement à la cuisson. Passez le couteau sur la surface de la meringue et soulevez-le brusquement, à plusieurs reprises, pour former des crêtes qui doreront au four. Saupoudrez de sucre et mettez au four préchauffé à 180° (4 au thermostat) de 10 à 15 minutes, jusqu'à ce que le dessus prenne couleur.

3 **Faire prendre la garniture.** Retirez la casserole du feu et versez le mélange dans un saladier pour qu'il refroidisse. Lorsqu'il est revenu à la température ambiante, enveloppez le récipient dans un plastique et mettez l'appareil 30 minutes au réfrigérateur.

4 **Garnir et recouvrir la tarte.** Détachez les bords de la tarte du tour du moule en insérant entre les deux une lame de couteau. Retirez le cercle. Faites glisser le fond sur un grand plat. A la cuillère, garnissez-le d'appareil au citron en laissant libre un petit rebord de pâte pour y fixer la meringue. Battez les blancs d'œufs et le sucre en neige bien ferme et recouvrez la garniture d'une épaisse couche de meringue *(encadré ci-dessous)*.

Une appétissante couronne de meringue

Dresser la meringue. Si vous voulez un chapeau plus original, fixez au bout de votre poche une douille cannelée et remplissez la poche aux deux tiers de meringue. Dressez des coquilles de meringue sur le tour de la tarte. Continuez en cercles vers l'intérieur, jusqu'à ce que toute la garniture soit recouverte. Saupoudrez de sucre et passez au four pour dorer la meringue.

6 **Découper et servir la tarte meringuée.** Servez la tarte chaude au sortir du four ou mettez-la à rafraîchir pendant 1 heure environ au réfrigérateur. Coupez-la en parts. Il est recommandé de la consommer le jour même. □

5
Les pâtisseries fines
Les grands classiques
à réaliser chez soi

Les propriétés spécifiques des diverses pâtes évoquées dans les pages 49 à 61 servent d'inspiration aux assemblages classiques de ce chapitre. En raison de sa fermeté, la pâte brisée a souvent un rôle de support dans les pâtisseries complexes. Mais on peut très bien associer des pâtes qui gonflent en cuisant — la pâte feuilletée, la pâte à strudel, ou bien la pâte à choux, par exemple — avec des crèmes, des fruits, des amandes ou de la meringue pour former un séduisant contraste de couleurs, de saveurs et de textures.

La pâte feuilletée ou demi-feuilletée convient à tout un éventail de créations délicieuses. On peut la cuire au four garnie de fruits, de confiture ou de pâte d'amandes *(recettes pages 161 et 162),* ou lui donner des formes diverses et la précuire avant de la garnir. Lorsque la pâte feuilletée cuit à blanc, elle atteint sa hauteur et sa légèreté maximum et on peut alors l'accommoder de multiples façons. Un fond rectangulaire divisé en compartiments donnera un plateau à remplir d'une sélection de fruits et de crèmes, qui s'ordonneront en un remarquable dessin. Des anneaux de pâte feuilletée recouverts de meringue et passés au four formeront une corbeille pour un mélange de fruits coupés — pommes, bananes, oranges — ou pour des fraises légèrement sucrées *(page 82).*

La pâte à strudel est d'un usage plus spécialisé. Etirée en une feuille mince et transparente, elle cuit toujours avec sa garniture, soit enroulée autour, soit en couches alternées, mais celle-ci peut être d'une grande diversité: des pommes cuites épicées ou un mélange de raisins secs et de graines de pavot sont traditionnels; sur la photo ci-contre, elle entoure un délicieux mélange de crème et de fromage blanc *(page 84).*

Quant à la pâte à choux, on la garnit fréquemment de crème fouettée, de crème glacée ou de crème pâtissière. Dès que vous savez accommoder les choux, vous pouvez réaliser de simples religieuses nappées de fondant et de crème au beurre *(page 86)* ou le somptueux croquembouche, recouvert d'un entrelacs de fils de caramel *(page 90).* Comme le Saint-Honoré *(page 88),* gâteau dans lequel une couronne de petits choux enferme de la crème fouettée, le croquembouche repose sur une base croustillante de pâte sablée.

Les feuilles croustillantes du strudel encore chaud que l'on découpe ici enferment une moelleuse garniture au fromage, parfumée de raisins secs et de citron. Pour que la pâtisserie ait cette belle couleur dorée, on l'a badigeonnée de beurre fondu avant la cuisson. Une légère couche de sucre glace lui donne cet aspect craquelant.

Les mérites de la pâte feuilletée

Cuites à part pour qu'elles soient croustillantes puis garnies de crèmes diverses, les pâtes feuilletées *(pages 54 à 57)* font les gâteaux les plus savoureux. On peut leur donner des formes variées avant de les garnir ou les cuire à plat pour les couronner ensuite de fruits, de crème pâtissière, de crème chantilly ou de crème d'amandes *(recettes pages 149 et 150)*.

Pour faire les cornets à la crème préparés ici *(ci-contre, en haut; recette page 150)*, on enroule de minces couches de pâte autour de moules coniques, en anneaux concentriques qui chevauchent. Avant d'enfourner, on mouille le bord de chaque bande pour coller les anneaux et former un cône rigide. La pâte demi-feuilletée convient tout à fait à ce genre de gâteau: elle est légère mais ne gonfle pas tant que la pâte feuilletée classique, qui serait ici trop volumineuse.

La pâte feuilletée classique est, en revanche, un meilleur choix pour le millefeuille, superposition de minces feuillets de pâte alternant avec des couches de crème pâtissière et de crème chantilly et couronnée de sucre glace *(ci-contre, en bas; recette page 149)*. Seule la pâte feuilletée classique peut produire assez de feuillets pour justifier le nom excessif de ce gâteau légendaire.

Néanmoins, il ne faut pas multiplier les feuillets à l'excès car le millefeuille serait trop difficile à manger. Pour que la pâte monte de façon uniforme sans se boursoufler, piquez-la à la fourchette avant de la cuire. Les petits trous permettront à une partie de l'humidité de s'échapper pendant la cuisson; la pâte gardera sa texture caractéristique sans trop gonfler. Afin que le beurre reste ferme et la pâtisserie craquante, on fait refroidir la pâte avant de la cuire. Toute pâte cuite doit aussi refroidir complètement avant d'être garnie. Une pâte chaude ferait fondre la plupart des garnitures et en absorberait assez pour devenir molle. Même froide, une pâtisserie garnie s'amollira vite: garnissez-la juste avant de la servir.

Cornets à la crème chantilly et aux pistaches

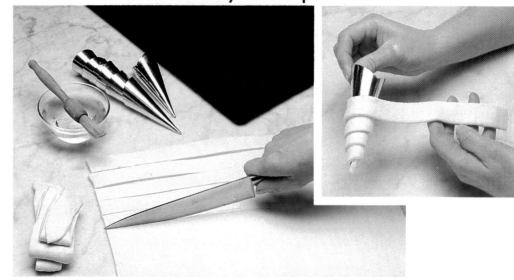

1 **Mettre les cornets en forme.** Abaissez la pâte demi-feuilletée en un rectangle de 3 mm d'épaisseur. Découpez des bandes de 1 cm de large sur 30 à 35 cm de long environ. Humidifiez à l'eau le bord de chaque bande. Enroulez chaque bande autour d'un moule en forme de cornet, côté sec contre le moule, et coupez l'excès de pâte.

Millefeuille à la crème pâtissière

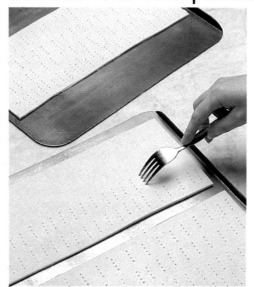

1 **Faire cuire la pâte.** Abaissez la pâte feuilletée en un rectangle de 3 mm d'épaisseur. Découpez-le en trois parts égales. Piquez-les à la fourchette *(ci-dessus)*. Couvrez-les d'un torchon et mettez-les au réfrigérateur 30 minutes. Faites cuire la pâte à 220° (7 au thermostat) pendant 20 minutes.

2 **Égaliser les couches de pâte.** Laissez les rectangles de pâte refroidir puis superposez-les. Avec un grand couteau, égalisez les bords *(ci-dessus)*. Si vous désirez une garniture légère, mélangez de la crème pâtissière *(page 13)* avec de la crème chantilly.

2 **Dorer la pâtisserie.** Sur une plaque
à four beurrée, rangez les cornets
de façon qu'ils ne se déroulent pas.
Mettez-les au réfrigérateur pendant
1 heure. Avec un pinceau, badigeonnez
le dessus des cornets à l'œuf battu
avec un peu de lait. Faites cuire au
four préchauffé à 220° (7 au thermostat)
pendant 25 minutes environ.

3 **Garnir les cornets.** Démoulez les cornets
et remettez-les dans le four éteint afin
qu'ils sèchent. Laissez-les refroidir sur
une grille. Rassemblez les ingrédients
de la garniture, ici de la confiture
d'abricots, de la crème chantilly
et des pistaches hachées. Remplissez
chaque cornet d'une cuillerée de
confiture *(ci-dessus)*.

4 **Compléter la garniture.** Munissez
votre poche d'une douille étoilée.
Remplissez-la de crème chantilly.
Maintenez chaque cornet l'ouverture
en haut, remplissez-le de crème jusqu'au
bord. Couronnez le tout de quelques
pistaches hachées. ☐

3 **Composer le gâteau.** Posez un rectangle de pâte sur un plat
de service. A la spatule, étalez dessus la moitié de la crème;
couvrez-le d'un deuxième rectangle et étalez le reste
de la crème. Posez le troisième rectangle au sommet *(ci-dessus,
à gauche)*. Pour faire un glaçage léger, versez un peu de sucre
glace dans une petite passoire et promenez-la en la tapotant
avec les doigts au-dessus de la pâtisserie *(ci-dessus, à droite)*.

4 **Terminer la décoration.** Chauffez au
rouge une petite brochette de métal.
Pour imprimer un motif sur le
millefeuille, posez la brochette en
travers du gâteau en lignes parallèles
(ci-dessus). La brochette doit rester en
contact avec le sucre une seconde à
peine, juste pour le caraméliser. ☐

Les feuilletés aux fruits

La pâte feuilletée précuite fournit des fonds de tartes de toutes formes et de toutes dimensions, prêts à être garnis de fruits, de crème fraîche ou de crème pâtissière. Mais une pâte qui aurait gonflé au maximum serait trop fragile pour cet usage. Aussi, afin qu'elle lève de façon uniforme, on doit la piquer à la fourchette avant de la mettre au four.

Pour le vol-au-vent préparé ici *(ci-contre, en haut; recette page 150)*, la pâte feuilletée a été façonnée en corbeille. Un cercle de pâte en forme le fond tandis que les parois sont constituées par une série d'anneaux qui se chevauchent. Des couches de meringue maintiennent les différentes parties de la corbeille; un rapide passage au four affermit la meringue et la brunit légèrement. Plus vous accumulerez d'anneaux, plus la corbeille sera profonde : ici, trois anneaux suffisent pour contenir des fraises légèrement sucrées.

Quant au plateau de fruits assortis *(ci-contre, en bas; recette page 151)*, on a disposé des bandes de pâte feuilletée autour d'une base rectangulaire. D'autres bandes de pâte subdivisent le plateau en compartiments, dont chacun sera rempli après cuisson avec des fruits divers ou de la crème. On badigeonne toutes les bandes de pâte avec de l'œuf pour qu'elles adhèrent mieux et on les place sur le fond rectangulaire avant de les faire cuire. On pique seulement le fond à la fourchette pour l'empêcher de trop lever. Les bandes, en revanche, devront lever au maximum afin que les garnitures soient bien séparées.

Le plateau peut être aussi grand que vous le voulez, du moment qu'il tient dans votre four. Le nombre des cloisons est également variable. Ici on a divisé le plateau en huit compartiments que l'on a garnis, après qu'ils ont refroidi, de cerises pochées, d'abricots et de crème pâtissière glacée *(page 13)*.

Vol-au-vent aux fraises

1 **Découper la pâte.** Étalez une abaisse de pâte feuilletée *(page 56)* d'une épaisseur de 3 mm. A l'aide d'une assiette, découpez quatre cercles de pâte *(page 64)*; posez-les sur une plaque non beurrée. Avec une assiette plus petite, ôtez le centre des trois cercles. Les anneaux doivent mesurer 2 cm de large. Piquez la pâte et réfrigérez-la de 20 à 30 minutes. Faites-la cuire au four préchauffé à 220° (7 au thermostat) de 20 à 25 minutes.

Plateau de fruits assortis

1 **Former le plateau.** Abaissez la pâte feuilletée sur une épaisseur de 1 cm; découpez un large rectangle, mettez-le sur une plaque non beurrée et piquez-le. Coupez la pâte qui reste en bandes de 2,5 cm de large. Badigeonnez le tour du plateau avec un œuf battu et mettez le rebord de pâte en place. Faites ensuite des cloisons géométriques.

2 **Préparer les fruits.** Dorez la pâtisserie à l'œuf et faites-la cuire de 30 à 35 minutes, jusqu'à ce qu'elle ait levé. Laissez refroidir sur une grille. Équeutez et dénoyautez les cerises. Coupez, dénoyautez et pochez les abricots dans un sirop de sucre *(page 8)*, 10 minutes. Égouttez-les, pelez-les *(ci-dessus)* et posez-les sur une serviette en papier.

2 **Assembler la corbeille.** Préparez la meringue *(page 14).* Posez le fond de pâte sur la plaque du four. Avec une spatule, dressez dessus un cercle de meringue aussi large que les anneaux de pâte feuilletée. Placez le premier anneau, enduisez-le de meringue et superposez ainsi tous les anneaux jusqu'à ce que la corbeille soit finie.

3 **Décorer le bord de la corbeille.** Remplissez une poche à douille avec le reste de la meringue et dressez-en tout le tour de la corbeille. Saupoudrez la meringue de sucre. Faites cuire la corbeille au four préchauffé à 200° (6 au thermostat) pendant environ 10 minutes, jusqu'à ce que la meringue devienne légèrement blonde.

4 **Garnir la corbeille.** Lavez et équeutez les fraises, mettez-les dans un récipient. Pour rehausser leur parfum, saupoudrez-les de sucre glace et remuez-les doucement. Laissez-les reposer de 10 à 15 minutes et, avec une cuillère, déposez-les dans la corbeille, en retenant l'excès de jus qui détremperait la pâtisserie. ☐

3 **Étaler la crème.** Dans une casserole, pochez les cerises de 5 à 7 minutes dans un sirop de sucre puis égouttez-les et laissez-les refroidir sur une serviette en papier. Préparez deux glaçages en utilisant les deux sirops de pochage *(encadré page 9)* et laissez-les refroidir. Remplissez un compartiment du plateau sur deux de crème pâtissière glacée et lissez-la.

4 **Disposer les fruits.** Mettez les moitiés d'abricots et les cerises dans les compartiments vides du plateau. Avec un pinceau à pâtisserie, enduisez chaque section de fruits de son glaçage. Pour mieux apprécier le contraste entre la pâtisserie croustillante, la crème froide et les fruits fraîchement cuits, servez la tarte aussitôt après l'avoir découpée en portions rectangulaires. ☐

Deux utilisations pour une même pâte

Lorsque vous aurez fait de la pâte à strudel et que vous l'aurez étirée en une feuille transparente (page 59), il vous sera facile de l'enrouler autour d'une garniture pour en faire un strudel (page ci-contre, en haut) ou de la découper en rectangles que vous napperez de fruits secs hachés, et que vous superposerez pour obtenir un baklava. Le baklava préparé ci-dessous se compose d'une pâte appelée filo, semblable à la pâte à strudel, mais faite à partir de farine grossière et sans œufs, que l'on trouve sous forme de feuilles toutes prêtes dans les magasins moyen-orientaux.

Pour enrouler le strudel plusieurs fois sur lui-même, ce qui donnera ses feuillets à la pâtisserie, on se sert d'un linge fariné (opération 3). La garniture utilisée ici comprend de la crème aigre et du fromage blanc dans lesquels on incorpore un zeste de citron, du beurre, des œufs, du sucre et des raisins secs, mais d'autres garnitures à base de pommes, de noisettes, de graines de pavot ou de chocolat (recettes pages 153 à 155) donnent également d'excellents résultats. Afin d'absorber l'humidité de la garniture, vous pourrez couvrir la pâte d'une couche de chapelure avant de la garnir. Ici nous avons pris une précaution supplémentaire en saupoudrant aussi de la semoule sur la garniture et la chapelure (opération 2, ci-dessus).

Ne soyez pas effrayé à l'idée de manipuler une très grande surface de pâte à strudel, comme celle utilisée pour la préparation ci-contre, ainsi qu'en page 78. En fait, la plupart des pâtissiers estiment qu'une grande surface de pâte est plus facile à manier qu'une petite; si le strudel roulé est trop long pour votre plaque à four, courbez-le simplement en fer à cheval; à moins que vous ne préfériez le couper en deux, comme ici, ou en plusieurs morceaux.

Si vous utilisez de la pâte à strudel pour faire du baklava (à droite), découpez la pâte étirée en rectangles à la dimension de votre moule, et nappez ces rectangles de beurre fondu et de fruits secs hachés: amandes, noix, pistaches ou noisettes. Une fois cuite, la pâtisserie sera imbibée de miel ou de sirop de sucre. Vous pourrez aussi parfumer le sirop avec de l'eau de rose, des clous de girofle, ou des rondelles de citron (recettes pages 152 et 154).

Strudel au fromage blanc

1 **Préparer la garniture.** Battez le beurre, le sucre et les jaunes d'œufs dans un saladier (ci-dessus). Incorporez la crème aigre, les raisins, le zeste de citron, la farine et le sel. Laissez épaissir environ 15 minutes. Tamisez le fromage blanc et mélangez-le à la préparation. Battez et incorporez les blancs d'œufs en neige ferme.

2 **Étaler la garniture.** Faites une pâte à strudel et étirez-la sur un linge. Badigeonnez-en toute la surface de beurre fondu pour l'empêcher de se dessécher et maintenir chaque couche bien séparée. Saupoudrez-la de chapelure et mettez de la semoule au milieu de la pâte en laissant les bords libres. Étalez la garniture.

Baklava au miel et aux noisettes

1 **Assembler la pâte.** Coupez de la pâte à strudel ou filo, comme ici, pour garnir un grand moule; il vous en faudra environ 20 feuilles. Superposez-en 10 dans le moule beurré. Badigeonnez chaque feuille de beurre fondu et intercalez entre celles-ci quelques rognures de pâte également badigeonnées de beurre.

2 **Étaler les noisettes.** Hachez menu les noisettes. Éparpillez-en deux tiers environ sur la pâte (ci-dessus). Ajoutez le reste des feuilles de pâte beurrées et répartissez sur les seconde et quatrième couches le reste de noisettes et les rognures de pâte.

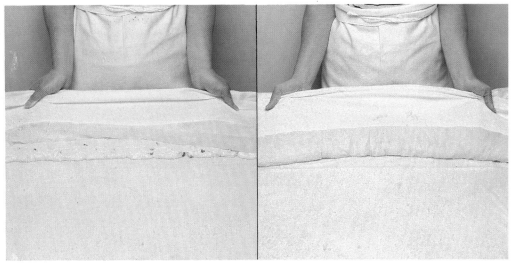

3 **Enrouler la pâte.** Avec les deux mains, soulevez le linge et ramenez le bord de la pâte par-dessus la garniture (ci-dessus, à gauche). Si la garniture est très molle, pressez bien les bords de la pâte pour qu'il n'y ait pas de fuites. Tirez le linge — et la pâte — vers vous, en le soulevant peu à peu pour que la pâte s'enroule progressivement sur elle-même (ci-dessus, à droite). A l'aide du linge, faites doucement glisser le strudel roulé sur une plaque à four beurrée.

4 **Cuire et servir le strudel.** Coupez le strudel, s'il le faut, pour qu'il entre dans votre four. Badigeonnez-le avec du beurre fondu et faites-le cuire au four préchauffé à 200° (6 au thermostat) pendant 40 minutes environ. Sortez-le du four, saupoudrez-le de sucre glace tamisé et servez-le chaud. □

3 **Inciser le baklava.** Incisez la pâtisserie et laissez-la refroidir 2 heures. Badigeonnez la surface de beurre fondu et mettez au four à 230° (8 au thermostat); baissez la température à 180° (4 au thermostat) et faites cuire 7 minutes. Baissez à 170° (3 au thermostat) et laissez cuire 30 minutes.

4 **Préparer le sirop.** Sortez la pâtisserie du four et laissez-la refroidir. Faites bouillir l'eau et le miel dans une casserole à fond épais (ci-dessus) et laissez le mélange épaissir quelques minutes. Ôtez la casserole du feu.

5 **Terminer le baklava.** Versez le sirop chaud sur la pâtisserie (ci-dessus). Découpez celle-ci en losanges le long des incisions et laissez-la absorber le sirop quelques heures. Couvert d'un film de plastique ou d'une feuille d'aluminium, le baklava se conservera jusqu'à une semaine au frais. □

Éclairs ou churros : dessert ou petit déjeuner

Les choux, ronds ou longs, sont dressés à la poche à douille et cuits au four jusqu'à ce que la pâte *(page 60)* soit gonflée et dorée. Sous l'action de la chaleur, l'humidité transformée en vapeur forme des cavités à l'intérieur des choux que vous pourrez garnir de crème chantilly, pâtissière *(page 13)* ou de glace, parfumées, selon votre goût, à la vanille, au praliné, au chocolat ou au café *(recette page 155)*.

Une pâte à choux dorée extérieurement, mais molle à l'intérieur, retombera et durcira en refroidissant. Pour bien éliminer toute l'humidité, sortez les choux du four dans les dernières minutes de cuisson et percez-les avec la pointe d'un couteau *(opération 2)*. Remettez-les au four pour terminer la cuisson et sécher l'intérieur. Les choux cuits à point doivent être légers et fermes au toucher.

Ici, on dresse sur une plaque des bâtonnets de pâte pour faire des éclairs. Vous pouvez leur donner un aspect brillant en dorant le dessus et les côtés avec un mélange de jaune d'œuf et de lait, mais assurez-vous qu'il n'en coule pas sur la plaque car cela ferait adhérer votre pâte et l'empêcherait de gonfler. Une fois cuits, les éclairs sont partagés en deux et garnis *(opération 3)* de crème pâtissière. On peut ensuite les napper de caramel, de glaçage ou, comme ici, d'un fondant au chocolat *(pages 8, 15 et 92)*.

La pâte à choux supporte une autre cuisson que celle du four : plongée dans un bain de friture *(encadré page de droite)*, elle cuira si vite que la vapeur n'aura pas le temps de la gonfler complètement. Vous aurez donc une pâte croustillante.

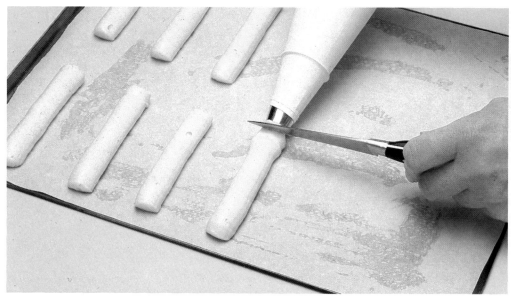

1 **Dresser les éclairs.** Pour que la pâte ne colle pas, chemisez une plaque beurrée de papier sulfurisé. Fixez au bout de votre poche une douille unie de 1 cm, remplissez-la aux deux tiers et dressez la pâte à choux en bâtonnets de 7 à 10 cm ; coupez les extrémités au couteau *(ci-dessus)*. Espacez les éclairs de 4 cm.

2 **Cuire les éclairs.** Mettez la plaque au four préchauffé à 200° (7 au thermostat). Au bout de 15 minutes environ, baissez la température à 190° (5 au thermostat) ; laissez cuire encore 10 minutes jusqu'à ce que les éclairs soient dorés. Sortez-les et percez les deux bouts avec un couteau *(ci-dessus)*. Remettez 5 minutes au four.

3 **Garnir les éclairs.** Préparez la garniture de crème pâtissière et le glaçage, ici du fondant au chocolat que vous tiendrez au chaud dans un bain-marie pour qu'il ne durcisse pas. Quand les éclairs ont refroidi, fendez-les et garnissez-les à la cuillère *(ci-dessus)*. Refermez-les et placez-les sur une grille.

Beignets à l'espagnole

En plongeant votre pâte à choux dans un bain d'huile au goût neutre, comme l'huile d'arachide utilisée ici, vous obtiendrez des *churros*, friandises délicieusement croustillantes que l'on déguste en Espagne au petit déjeuner. Parfumez votre pâte à la vanille, au rhum ou au jus de citron *(recette page 157)*. Ici, la pâte tombe directement de la poche à douille dans la friture, mais vous pouvez tout simplement vous servir d'une cuillère.

Au contact de l'huile, la pâte gonfle et l'extérieur devient craquant et doré. Pour une cuisson rapide et sans risque, la température de l'huile doit se situer entre 180 et 190°. Servez-vous d'un thermomètre à friture ou bien faites un essai en laissant tomber un peu de pâte dans la friture: si elle crépite à son contact, l'huile est assez chaude. Pour maintenir une température égale, ne cuisez que peu de pâte à la fois.

1 **Frire la pâte à choux.** Dans une casserole à fond épais, mettez 7 cm d'huile et portez-la à 180-190°. Garnissez votre poche d'une douille unie et remplissez-la de pâte. Faites tomber dans l'huile des bâtonnets de 20 à 30 cm de long, en coupant la pâte au ras de la douille.

2 **Servir les churros.** Laissez frire de 5 à 7 minutes. Sortez les *churros* et égouttez-les sur un papier absorbant. Continuez jusqu'à ce qu'il ne vous reste plus de pâte. Saupoudrez les *churros* de sucre glace ou en poudre, comme ici, et servez chaud ou froid.

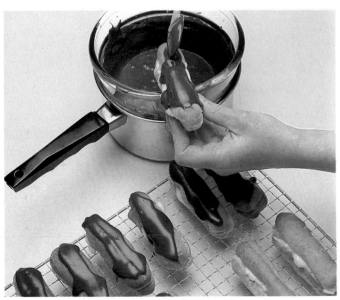

4 **Glacer les éclairs.** A la cuillère, nappez chaque éclair de fondant. Récupérez ce qui coule avec une cuillère ou un couteau. Disposez les éclairs sur un plat *(ci-contre)* et servez. □

Un délicieux mélange de pâte à choux et de crème

Dès que vous aurez appris à dresser des choux à la poche à douille et à les cuire *(page 86)*, il vous sera facile d'en faire des pâtisseries de toutes sortes.

Ainsi, deux choux garnis de crème pâtissière posés l'un sur l'autre et couronnés de fondant *(encadré page de droite)* vous donneront la classique religieuse; d'autres, garnis de crème glacée et couverts d'une crème au chocolat chaude *(page 10)*, deviendront profiteroles au chocolat *(recette page 157)*. Vous pouvez également dresser la pâte à choux en un grand cercle, couper en deux cette couronne une fois cuite et la remplir de crème fouettée sucrée ou de crème pâtissière *(recette page 166)*.

Pour le Saint-Honoré préparé ici *(ci-contre; recette page 156)*, on assemble des petits choux et une couronne de pâte à choux, le tout reposant sur un fond de pâte sablée *(page 52)*. Lorsqu'elle est cuite, la couronne est remplie de crème pâtissière — ici, on l'a épaissie avec un peu de gélatine et aérée avec du blanc d'œuf battu — puis surmontée de choux garnis de crème et nappés de caramel.

Une poche à douille munie d'une douille ordinaire permet de dresser aisément les couronnes de choux. Ici, on l'a également utilisée pour les petits choux afin de leur donner une forme régulière, mais il existe une méthode plus simple, quoique moins précise, qui consiste à puiser la pâte à la cuillère et à la laisser tomber en boules sur la plaque du four.

Pour garnir les petits choux sans les couper en deux, remplissez la poche à douille de crème et insérez la pointe de la douille à la base de chaque chou *(opération 2)*. Pressez la poche d'un geste ferme et régulier, et la crème pénètrera au creux de la pâtisserie. Plongez alors dans le caramel la base de chaque chou *(page 8)* pour qu'il adhère bien à la couronne.

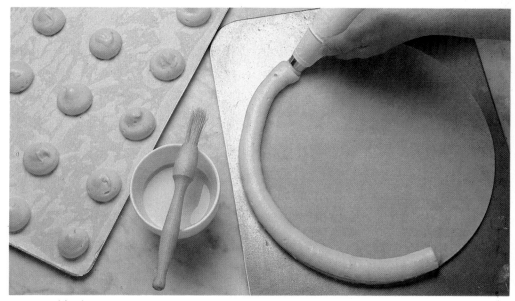

1 **Assembler les pâtes.** Avec une douille de 2 cm de diamètre, dressez 15 petits choux sur une plaque à four beurrée; faites cuire au four préchauffé à 200° (6 au thermostat) de 15 à 20 minutes. Pendant ce temps, étalez une pâte sablée de 5 mm d'épaisseur environ et coupez-en un cercle de 25 cm de diamètre. Posez-le sur une plaque, piquez-le et dressez autour une couronne de pâte à choux *(ci-dessus, à droite)*. Dorez-la à l'œuf battu avec du lait. Mettez au four à 200° (6 au thermostat) 30 minutes.

4 **Confectionner le Saint-Honoré.** Dans une petite casserole à fond épais, faites un caramel d'une belle couleur ambrée *(page 8)*; ôtez la casserole du feu. Trempez la base de chaque chou dans le caramel puis fixez-le à la couronne de pâte à choux *(ci-dessus)*. Si le caramel se durcit avant que vous ayez fini, replacez la casserole sur le feu pour qu'il fonde à nouveau. Trempez les choux et disposez-les jusqu'à ce que vous ayez achevé le cercle. Versez le reste du caramel à la cuillère sur les petits choux.

2 **Garnir les choux.** Quelques minutes avant la fin de la cuisson, piquez à la fourchette la couronne de pâte à choux; laissez s'achever la cuisson et sortez la pâte du four. Faites une crème pâtissière *(page 13)*. Mettez-en environ un tiers à glacer dans un récipient, puis garnissez-en les choux.

3 **Préparer la crème.** Dans une casserole à feu doux, faites fondre un peu de gélatine dans de l'eau froide. Mêlez-la au reste de crème pâtissière chaude. Battez des blancs d'œufs, additionnés de sucre, jusqu'à ce qu'ils soient fermes. Versez par petites quantités la crème sur les blancs d'œufs.

Pour les gourmets

5 **Terminer et servir le Saint-Honoré.** A l'aide d'une cuillère, remplissez l'intérieur du gâteau de crème pâtissière jusqu'au niveau des choux. En guise de décoration, vous pouvez dessiner de légers sillons sur la crème du bout de la cuillère. Le Saint-Honoré est plus savoureux lorsqu'il est mangé immédiatement, mais on peut le garder au frais pendant quelques heures. Utilisez un couteau bien aiguisé pour le couper en parts *(ci-dessus)*. □

Faire cuire des petits choux. Dressez à la poche à douille deux séries de choux sur une plaque chemisée et beurrée *(opération 1, page de gauche)*; les premiers auront environ 2,5 cm de diamètre, les secondes 5 cm. Faites-les cuire et garnissez-les de crème pâtissière *(opération 2, à gauche)*. Plongez-les dans du fondant — ici parfumé au café, comme la crème pâtissière — et mettez-les à refroidir sur une grille. Posez chaque petit chou sur un gros et décorez-les d'une collerette de crème au beurre.

Le croquembouche : une merveilleuse folie

Le croquembouche présenté ici est l'une des pâtisseries les plus impressionnantes qui soient. Cette appellation est à elle seule une excellente évocation de ce savoureux édifice de petits choux à la crème, nappé de caramel ambré *(recette page 155).*

Cette pièce montée est moins fragile qu'il n'y paraît. Une fois cuits, les choux sont fourrés de crème pâtissière *(page 88)* ou, comme ici, de crème fouettée sucrée *(page 13).* Pour monter votre pièce, trempez chaque chou dans un sirop de sucre ayant atteint le stade du caramel blond *(page 8)* et disposez-les en couches superposées. En refroidissant, le caramel durcira et les choux seront ainsi solidement maintenus.

Vous pouvez dresser le croquembouche directement sur un plat de service ou bien sur un fond précuit qui peut être soit en meringue, soit en pâte brisée ou sablée *(recettes pages 165 et 166),* comme ici. Pour la décoration, formez avec une fourchette un fin entrelacs de fils de caramel autour de la pièce montée *(opération 3).* Vous pouvez aussi coller des étoiles sur le croquembouche ou y fixer des cerises confites, glacées au caramel.

1 Commencer par le bas. Placez sur un plat un fond de pâte précuite *(page 72)* d'environ 20 cm de diamètre. Faites cuire et garnissez environ 150 petits choux *(page 88).* Plongez la moitié de chaque chou dans du caramel *(page 8)* placé dans un bain-marie chaud et posez-le sur le fond de pâte.

2 Dresser la pièce montée. Garnissez tout le bas de la pièce montée de petits choux glacés au sirop et continuez à superposer des couches de choux, chaque fois un peu plus petites, pour obtenir un cône. Si le caramel se solidifie en cours d'opération, réchauffez le bain-marie.

3 Décorer et servir le croquembouche. Avec une fourchette, formez des fils de caramel et nappez-en la pièce montée jusqu'à ce qu'elle soit entièrement couverte d'un fin entrelacs *(à gauche).* Servez en commençant par le haut ; avec une cuillère et une fourchette, détachez délicatement les choux, un par un ou deux par deux *(ci-contre).* □

Anthologie de recettes

Les rédacteurs et les conseillers techniques de cet ouvrage ont sélectionné à votre intention 195 recettes de gâteaux et pâtisseries déjà éditées. Dans tous les cas, ils ont arrêté leur choix sur des recettes très faciles à réaliser, préparées avec des ingrédients frais, de bonne qualité et d'une grande variété : depuis les pâtisseries aromatiques au miel du Moyen-Orient jusqu'aux tartes et tourtes aux fruits de nos grands-mères.

Cette Anthologie, qui embrasse les quatre derniers siècles, présente des recettes de 128 auteurs dont certains, comme Pierre de Lune et Nicolas de Bonnefons, sont des précurseurs du XVIIe siècle de la grande cuisine française. Bon nombre de ces recettes sont extraites de livres rares et épuisés appartenant à des collections privées et quelques-unes n'avaient encore jamais été éditées en français.

Certaines recettes anciennes ne donnant aucune indication de quantité, il nous a semblé opportun de les préciser. Nous les avons parfois fait précéder d'une note d'introduction en italique et avons substitué aux termes archaïques leur équivalent moderne. Afin de respecter les lois du genre et de préserver le caractère original des recettes, nous avons limité dans l'ensemble ces modifications au minimum, en développant cependant les explications qui nous paraissaient trop succinctes. De plus, le lecteur ou la lectrice aura toujours la possibilité de se reporter à la première partie de l'ouvrage où les différents modes de préparation sont détaillés et illustrés. L'index et le glossaire sur lesquels s'achève le présent ouvrage lui permettront également de préciser le sens des termes techniques et d'identifier les ingrédients peu connus. Pour des raisons d'ordre pratique, nous avons regroupé les recettes en suivant l'ordre des chapitres de la première partie, c'est-à-dire en commençant par les garnitures et les glaces et en poursuivant avec les gâteaux, les tartes et tourtes et les pâtisseries fines. A l'intérieur de chaque catégorie, les recettes sont groupées selon leurs ingrédients. Les préparations de base — pâtes brisée, sablée, feuilletée et demi-feuilletée, pâtes à biscuits, crème pâtissière — figurent à la fin de l'Anthologie. Les suggestions de présentation des plats ne sont évidemment données qu'à titre indicatif.

Au début de chaque recette, les ingrédients et leurs proportions sont énumérées suivant leur ordre d'utilisation, la liste s'ouvrant sur l'ingrédient dont le nom apparaît dans le titre ou sur le principal ingrédient. Les quantités qui sont exprimées en cuillerées doivent toujours s'entendre cuillerées "rases".

Garnitures et glaçages

Pâte d'amandes

Almond Paste

On recouvre en général les gâteaux riches avec de la pâte d'amandes — souvent appelée massepain — avant de les enduire d'une glace royale ou au sucre. On colore et on parfume cette pâte avant de la mouler en formes diverses pour la décoration. Vous pouvez remplacer les jaunes d'œufs par un œuf entier ou par des blancs d'œufs. Le jaune donne une pâte plus riche et plus jaune alors que les blancs font une pâte plus blanche et plus fragile. Vous pouvez aussi utiliser les jaunes pour la pâte d'amandes et les blancs pour la glace royale. Cette quantité de pâte suffit pour enduire le dessus et les côtés d'un gâteau de 20 cm de diamètre.

Pour 750 g de pâte d'amandes

Amandes mondées et pilées	350 g
Sucre glace et sucre semoule (ou 350 g de sucre glace)	175 g de chaque
Citron, jus passé	½
Eau de fleurs d'oranger	¾ de cuillerée à café
Extrait de vanille	¾ de cuillerée à café
Jaune(s) d'œuf(s)	1 ou 2

Tamisez le sucre glace dans une terrine et mélangez avec les amandes pilées et le sucre semoule. Ajoutez les jus de citron, l'eau de fleurs d'oranger, l'extrait de vanille et une quantité suffisante de jaune d'œuf pour lier les ingrédients en une pâte malléable mais sèche. Pétrissez cet appareil jusqu'à ce que la pâte d'amandes soit lisse.

MME ISABELLA BEETON
MRS. BEETON'S EVERYDAY COOKERY

La crème au beurre

Cette crème peut être allégée avec de la meringue italienne *(page 109)*. A noter: il est préférable d'utiliser la crème immédiatement, mais vous pouvez la préparer la veille et la conserver au bas du réfrigérateur dans un bol hermétiquement fermé. Évitez un froid excessif qui la ferait « grainer » et la rendrait inutilisable.

Pour 500 g de crème

Beurre fin	250 g
Sucre en morceaux	125 g
Eau	10 cl
Jaunes d'œufs	5
Extrait de café ou de vanille liquide (ou 90 g de chocolat à croquer fondu au bain-marie, ou 1 cuillerée à soupe de pralin en poudre *(page 94)*, ou 1 cuillerée à soupe d'alcool fin: rhum, kirsch, grand-marnier)	1 cuillerée à soupe

Disposez le beurre coupé en morceaux dans une terrine afin qu'il se ramollisse; versez le sucre dans la casserole ainsi que l'eau, faites cuire sur feu vif jusqu'à obtention d'un sirop cuit au filet, puis ôtez la casserole du feu. Disposez les jaunes d'œufs dans l'autre terrine et versez-y lentement le sirop en mélangeant avec le fouet; puis fouettez vivement, jusqu'à complet refroidissement; la préparation devient mousseuse et légère. Travaillez ensuite le beurre ramolli, afin qu'il prenne la consistance d'une pommade lisse. Puis versez la crème sur le beurre en tournant sans arrêt le mélange jusqu'à ce que la crème devienne brillante et assez ferme. Incorporez ensuite le parfum choisi; la crème est alors prête à être utilisée.

JEAN KELLER
LES PÂTISSERIES ET LES BONBONS

Fondant

Fondant Icing

Pour faire un fondant au chocolat, ajoutez 3 cuillerées à soupe environ de chocolat râpé ou 2 cuillerées à soupe de cacao, selon le goût. Pour un fondant au café, ajoutez 2 cuillerées à soupe d'essence de café, selon le goût.

Pour 45 cl de fondant

Sucre en poudre	500 g
Eau	15 cl
Glucose (ou 1 pincée de bicarbonate de soude)	1½ cuillerée à café

Faites fondre le sucre dans l'eau à feu doux, ajoutez le glucose ou le bicarbonate de soude, portez rapidement à ébullition et laissez cuire à 115°. Versez le sirop obtenu sur une plaque de marbre huilée ou humectée, laissez-le légèrement tiédir (si vous le travaillez quand il est très chaud, il deviendra granuleux) et travaillez avec une spatule en métal en gardant la masse rassemblée le plus possible. Quand la pâte est suffisamment froide, pétrissez-la bien à la main puis enveloppez-la dans du papier et mettez-la dans une boîte en fer.

Pour utiliser le fondant, mettez-le dans une terrine placée jusqu'à mi-hauteur dans une casserole d'eau chaude et remuez à feu doux jusqu'à ce qu'il ait la consistance d'une crème épaisse. Ajoutez le parfum et le colorant de votre choix. Laissez tiédir avant d'utiliser.

MME ISABELLA BEETON
MRS. BEETON'S EVERYDAY COOKERY

Frangipane

Pour 1 litre de crème

Amandes mondées et hachées menu	4 cuillerées à soupe
Jaunes d'œufs	8
Œuf entier	1
Farine	200 g
Sucre en poudre	150 g
Sel	
Lait	60 cl
Beurre coupé en petits morceaux	200 g
Bâton de vanille fendu et coupé	½

Mettre dans une casserole les jaunes d'œufs et l'œuf entier, la farine, le sucre, un grain de sel. Broyer avec une cuillère en bois sur feu doux; mouiller avec le lait; passer à la passoire fine; remettre le tout dans la casserole; ajouter 50 g de beurre, les amandes et la vanille.

Tourner l'appareil sur feu doux jusqu'à ce qu'il commence à se lier; le retirer alors, le travailler fortement, pour le lisser; lui donner quelques bouillons, sans le quitter; le retirer tout à fait, et lui mêler le reste de beurre cuit à la noisette.

URBAIN DUBOIS
CUISINE DE TOUS LES PAYS

Glace royale

La quantité exacte de blancs d'œufs requise pour cette glace dépend du calibre des œufs et de la surface du gâteau à glacer. Pour enduire un gâteau de mariage ou pour un glaçage lisse et fin, la consistance peut être plus fluide que pour un glaçage plus épais.

Vous pouvez conserver cette glace royale pendant une semai-

ne au réfrigérateur à condition de la recouvrir de deux films de plastique, le premier bien appliqué sur la glace, le second sur la terrine.

Pour 30 cl de glace environ

Sucre glace	500 g
Blancs d'œufs	2½
Citron, jus passé	½

Dans une terrine, travaillez les trois quarts du sucre avec les blancs d'œufs et le jus de citron pendant 15 minutes environ si vous procédez à la main ou avec une spatule en bois et 8 minutes environ si vous utilisez un mixer.

Quand l'appareil est homogène, clair, blanc et relativement léger, ajoutez le reste de sucre et battez encore pendant 2 minutes. Si l'appareil n'est pas assez ferme, ajoutez un peu de sucre glace. Si vous travaillez au mixer, ne mélangez pas trop pour qu'il y ait le moins de poches d'air possible.

Quand la glace est prête, couvrez-la d'un linge humidifié pour empêcher la formation d'une peau et pour qu'elle ne se dessèche pas. Battez-la vigoureusement avant de l'utiliser.

WILLIAM BARKER
THE MODERN PATISSIER

Ganache soufflé

Pour 50 cl de ganache environ

Chocolat amer	125 g
Chocolat de ménage	125 g
Crème fraîche épaisse	25 cl
Rhum ambré	1 cuillerée à soupe

Dans une casserole, mélangez la crème et les deux sortes de chocolat. Amenez à ébullition à feu doux ou modéré, en remuant pour que le chocolat fonde sans brûler. Au premier bouillon, enlevez du feu. Laissez refroidir en remuant de temps en temps jusqu'à ce que l'appareil durcisse et épaississe. Mettez-le dans le bol du mixer, versez le rhum et mélangez de 4 à 5 minutes à vitesse très élevée. La garniture s'éclaircira et doublera pratiquement de volume.

Utilisez-la immédiatement sinon elle durcira rapidement et vous ne pourrez plus l'étaler.

JACQUES PÉPIN
LA TECHNIQUE

Le pralin

Pour 400 g de pralin

Sucre en poudre	200 g
Jus de citron	½ cuillerée à café
Eau	10 cl
Amandes mondées et légèrement grillées	200 g

Dans le poêlon, disposez le sucre, le jus de citron et l'eau. Faites cuire sur feu moyen. Remplissez un bol d'eau froide et tenez-le à disposition près du plan de cuisson; trempez le pinceau dans le bol. Hachez les amandes grossièrement et réservez-les. Surveillez la cuisson du sucre et à l'aide du pinceau, éliminez les impuretés et les cristallisations qui se forment sur les parois du poêlon. Lorsque le sucre prend une coloration de caramel clair (grand cassé), jetez-y les amandes hachées et mélangez avec la cuillère en bois. Attendez que l'ébullition reprenne, puis ôtez du feu et versez le caramel sur le marbre huilé. Laissez refroidir complètement, puis cassez-le en morceaux et broyez ces derniers au mortier jusqu'à obtention d'une pâte homogène. Le pralin est prêt.

A noter: le pralin sert à enrichir les crèmes pâtissière, Chantilly, au beurre (Paris-Brest, choux pralinés, etc.), et intervient dans de nombreuses recettes de confiserie. Il se conserve plusieurs mois dans une boîte hermétique...

JEAN KELLER
LES PÂTISSERIES ET LES BONBONS

Glaçage au sucre

Glacé Icing

Pour faire un glaçage au café, remplacez ½ cuillerée à café d'eau par la même quantité d'essence de café. Pour un glaçage au citron ou à l'orange, remplacez toute l'eau, ou seulement une partie, par du jus de citron ou d'orange passé.

Pour 15 cl de glaçage

Sucre glace	125 g
Eau chaude	1 cuillerée à soupe

Tamisez le sucre glace dans un bol placé au-dessus d'une casserole d'eau chaude. Incorporez progressivement l'eau chaude en remuant jusqu'à ce que tout le sucre soit dissous et que la glace soit homogène et chaude. Ne la laissez pas trop chauffer car elle perdrait son brillant. Ajoutez le parfum et le colorant de votre choix, goutte après goutte. La glace doit être assez épaisse pour napper le dos d'une cuillère. Si elle est trop liquide, ajoutez du sucre et si elle est trop épaisse, délayez-la avec un peu d'eau. Quand elle a la consistance désirée, laissez-la tiédir et utilisez-la immédiatement.

Avec cette quantité, vous glacerez le dessus d'un gâteau de 15 à 20 cm de diamètre.

MME ISABELLA BEETON
MRS. BEETON'S EVERYDAY COOKING

Mincemeat

Pour cuire le *mincemeat,* ajoutez un peu d'eau chaude s'il est trop sec et parsemez chaque gâteau de quelques raisins secs entiers. Vous pouvez remplacer le bœuf bouilli par du cœur ou bien du rôti du bœuf.

Pour 7 litres de mincemeat

Bœuf à braiser désossé	2,500 kg
Sel	
Graisse de rognon de bœuf	1,500 kg
Raisins de Malaga épépinés et hachés	2 kg
Raisins de Corinthe lavés et épongés	2 kg
Cédrat émincé	500 g
Pommes acides épluchées, évidées et hachées menu	4 kg
Cannelle en poudre	60 g
Clous de girofle pilés	30 g
Gingembre en poudre	30 g
Noix de muscade râpées	4
Citrons, zeste râpé et jus passé	2
Poivre	1 cuillerée à café
Sucre en poudre	1 kg
Jus de pomme réduit de moitié sur le feu, jus de groseille ou de raisin	1 litre
Mélasse ou sirop	1 litre
Sirop de fruits en conserve (facultatif)	
Beurre	125 g

Couvrez le bœuf d'eau et faites-le bouillir. Ôtez l'écume qui monte à la surface au moment de l'ébullition, couvrez et laissez frémir en ajoutant de l'eau chaude de temps en temps, jusqu'à ce que la viande soit tendre. Découvrez, salez la viande et laissez-la bouillir en la retournant de temps en temps jusqu'à ce que l'eau se soit presque toute évaporée. Enlevez du feu et laissez refroidir une nuit. Le lendemain, ôtez les os, le cartilage et les parties filandreuses et hachez très finement le reste de viande avec la graisse de rognon de bœuf. Mettez ce hachis dans une casserole avec tous les raisins secs, le cédrat, les pommes, les épices, les citrons, 1 cuillerée à soupe de sel, le poivre et le sucre.

Dans une casserole émaillée, portez à ébullition le jus de pomme, de groseille ou de raisin avec la mélasse ou le sirop, le sirop de fruits en conserve et le beurre et versez le tout dans la casserole contenant le reste des ingrédients. Mélangez.

Mettez ce *mincemeat* dans des récipients en terre que vous placez au frais. Quand il est refroidi, couvrez-le de 3 mm de mélasse et fermez hermétiquement: vous le conserverez ainsi pendant deux mois.

THE BUCKEYE COOKBOOK: TRADITIONAL AMERICAN RECIPES

Gâteaux et cakes

Bûche de Noël aux châtaignes

Pour rouler et décorer une bûche, reportez-vous aux explications données aux pages 32-33.

Pour une bûche de 20 cm environ (10 personnes environ)

Jaunes d'œufs	4
Sucre en poudre	80 g
Farine	80 g
Blancs d'œufs battus en neige ferme	3
Beurre fondu	20 g

Garniture aux châtaignes :

Châtaignes blanchies, cuites pendant 20 minutes dans 45 cl de lait avec 60 g de sucre et ½ cuillerée à café d'extrait de vanille	1 kg
Beurre manié	100 g
Jaunes d'œufs	2
Chocolat de ménage fondu dans 4 cuillerées à soupe d'eau	150 g
Crème chantilly ou sucre glace	

Travailler les jaunes d'œufs, le sucre, dans une terrine avec une spatule en bois jusqu'à ce que le mélange blanchisse, y verser la farine en pluie, les blancs d'œufs battus en neige ferme en soulevant la pâte, non en la tournant, le beurre fondu. Recouvrir la plaque allant au four d'un papier sulfurisé beurré, y verser l'appareil régulièrement en lui donnant 1,5 cm d'épaisseur. Cuisson à four chaud (préchauffé à 220°, 7 au thermostat) de 8 à 10 minutes. Retourner la tôle sur un zinc ou sur un marbre, papier dessus. Décoller le papier, recouvrir le biscuit d'une serviette pour qu'il garde sa souplesse sans durcir, qu'il puisse se rouler et qu'il reste moelleux. Le laisser complètement refroidir.

Faire une purée avec les châtaignes cuites dans laquelle vous incorporez le beurre manié, les jaunes d'œufs, 100 g de chocolat fondu. Étendez ¾ de l'appareil sur le biscuit, le rouler en formant une bûche, recouvrez et décorez avec le dernier quart et le reste de chocolat fondu.

Striez avec une fourchette. Taches de neige : soit crème chantilly, soit sucre glace. Feuilles de houx ou de gui : laissez parler votre fantaisie. Vous pouvez aussi fourrer votre bûche de confiture de châtaignes ou de marrons, liée au feu sans faire bouillir, avec 2 jaunes d'œufs.

ZETTE GUINAUDEAU-FRANC
LES SECRETS DES FERMES EN PÉRIGORD NOIR

Biscuit roulé aux noisettes, à la crème fouettée

Hazelnut Roll with Whipped-Cream Filling

Les noisettes en poudre remplacent la farine dans ce biscuit roulé inhabituel. Vous pouvez les acheter toutes prêtes ou les pulvériser vous-même au mixer et les faire sécher toute une nuit sur une plaque à four.

Pour un biscuit de 42 cm de long (8 à 10 personnes)

Noisettes en poudre	175 g
Œufs, blancs séparés des jaunes et battus en neige	7
Sucre en poudre	200 g
Levure en poudre	2 cuillerées à café
Sucre glace	
Crème fraîche épaisse	35 cl
Rhum	1 cuillerée à soupe

Huilez une plaque à biscuits ou à four, couvrez-la d'une feuille de papier sulfurisé que vous laissez dépasser aux extrémités et huilez à nouveau. Réservez.

Dans le bol du mixer, battez les jaunes d'œufs à vitesse moyenne. Ajoutez progressivement le sucre et battez de 5 à 7 minutes, jusqu'à ce que le mélange épaississe et fasse le ruban. Incorporez la levure préalablement mélangée avec les noisettes en battant à faible vitesse.

Incorporez le quart des blancs en neige pour alléger le mélange puis ajoutez délicatement le reste. Étalez l'appareil obtenu sur la plaque préparée et faites-le cuire 15 minutes au four préchauffé à 180° (4 au thermostat).

Couvrez le biscuit de serviettes en papier pour empêcher la formation d'une croûte et laissez-le tiédir 10 minutes. Ôtez les serviettes, détachez le biscuit des extrémités de la plaque et saupoudrez-le généreusement de sucre glace.

Sur une table ou sur une planche, disposez deux bandes de papier sulfurisé à cheval l'une sur l'autre et saupoudrez-les de sucre glace. Renversez la plaque dessus puis soulevez-la pour libérer le biscuit et enlevez le papier.

Dans une terrine placée dans de la glace, fouettez la crème, ajoutez 2 cuillerées à soupe de sucre glace et incorporez le rhum. Étalez cette crème sur le biscuit et enroulez-le dans le sens de la largeur en vous aidant du papier. Dressez le biscuit sur une planche de service allongée et retirez tout le papier. Tamisez le sucre glace avant de servir.

JULIE DANNENBAUM
JULIE DANNENBAUM'S CREATIVE COOKING SCHOOL

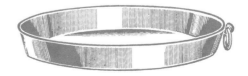

Gâteau roulé aux framboises

Hallonrulltårta

Pour un gâteau de 25 cm de long (6 personnes environ)

Œufs	3
Sucre en poudre	160 g environ
Farine tamisée	50 g
Levure en poudre	1 cuillerée à café

Garniture à la framboise:

Framboises	750 g
Crème fraîche épaisse fouettée ferme	35 cl
Sucre en poudre	

Préchauffez le four à 220° (7 au thermostat). Tapissez une plaque à biscuits d'une feuille de papier d'aluminium beurrée. Battez les œufs avec 100 g de sucre jusqu'à ce que le mélange épaississe et blanchisse. Incorporez la farine mélangée avec la levure. Travaillez la pâte jusqu'à ce qu'elle soit homogène. Étalez-la en rectangle finement et uniformément sur la plaque et faites cuire de 5 à 6 minutes. Saupoudrez le gâteau du reste de sucre et renversez-le sur une grille garnie de papier sulfurisé. Laissez-le refroidir sous la plaque.

Réservez une poignée de framboises pour la décoration et mélangez le reste avec la moitié de la crème. Sucrez selon le goût et tartinez le gâteau froid de cette garniture. Enroulez-le dans le sens de la longueur. Nappez du reste de crème et décorez avec les framboises réservées.

GOREL KRISTINA NASLUND
SWEDISH BAKING

Gâteau roulé aux fraises

Strawberry Roll

Pour un gâteau de 42 cm de long (8 personnes environ)

Fraises émincées	350 g
Œufs, blancs séparés des jaunes et battus en neige	5
Sucre en poudre	150 g
Extrait de vanille	1 cuillerée à café
Farine	3 cuillerées à soupe
Sucre glace	2 cuillerées à soupe
Crème fraîche épaisse fouettée	35 cl
Fraises entières pour la décoration	

Huilez une plaque à biscuits, foncez-la d'une feuille de papier sulfurisé et huilez-la.

Battez les jaunes d'œufs avec 60 g de sucre jusqu'à ce que le mélange épaississe et blanchisse. Ajoutez la vanille puis incorporez délicatement la farine et les blancs en neige. Étalez cet appareil sur la plaque préparée et faites cuire au four préchauffé à 180° (4 au thermostat) pendant 15 minutes, jusqu'à ce que le gâteau soit ferme au toucher. Dégagez les bords, saupoudrez le gâteau de la moitié du reste de sucre et renversez-le sur 2 feuilles de papier sulfurisé à cheval l'une sur l'autre, côté sucré en dessous. Ôtez soigneusement le papier du fond et saupoudrez du reste de sucre.

Incorporez d'abord le sucre glace aux deux tiers de la crème fouettée puis les fraises émincées. Recouvrez le gâteau de cette garniture et enroulez-le. Décorez-le sur toute la longueur avec le reste de crème fouettée couchée en rosaces à la poche à douille et posez une fraise entière sur chaque rosace. Vous pouvez préparer ce gâteau le matin et le garder au réfrigérateur jusqu'au moment de servir.

JULIE DANNENBAUM
MENUS FOR ALL OCCASIONS

La bûche de Noël

Pour cette recette, le biscuit (recette page 167) est cuit sur une plaque à biscuit peu profonde de 20 cm sur 30 au four préchauffé à 230° (8 au thermostat) pendant 20 minutes environ. Pour rouler et décorer la bûche, reportez-vous aux explications données à la page 32.

Pour une bûche de 30 cm de long (10 personnes)

Biscuit roulé rectangulaire, cuit	1
Crème au beurre *(page 92)*	500 g
Extrait de vanille	½ cuillerée à café
Chocolat à croquer	70 g
Sirop de sucre préparé en faisant bouillir 60 g de sucre en poudre dans 10 cl d'eau 5 minutes et parfumé avec 1 cuillerée à café d'extrait de vanille ou 1 cuillerée à soupe de kirsch	10 cl
Sucre glace	
Pâte d'amande *(page 92)* colorée avec du vert d'épinards (facultatif)	

Préparez le biscuit roulé, laissez-le refroidir. Pendant ce temps, confectionnez 500 g de crème au beurre, prélevez 100 g de cette crème, versez-la dans un bol, ajoutez la vanille liquide et mélangez soigneusement. Réservez cette crème au beurre vanillée pour la décoration. Faites fondre le chocolat à croquer au bain-marie. Lorsqu'il est fondu et tiède, incorporez-le à l'aide de la spatule aux 400 g de crème au beurre. Étalez le biscuit sur le plan de travail, mouillez-le avec le sirop de sucre et laissez-le bien s'imbiber. Garnissez-le ensuite à l'aide de la palette, avec ⅓ de crème au beurre chocolatée lissée en une couche bien régulière.

Roulez le biscuit, et à l'aide d'un couteau tranchant procédez à la coupe, légèrement biseautée, de ses extrémités. Prélevez deux noix de crème au beurre vanillée et disposez-les sur la bûche en les aplatissant très légèrement: elles évoqueront ultérieurement des coupes de branches. Équipez la poche avec une douille plate cannelée, et garnissez-la avec la crème au beurre chocolatée restant. Recouvrez-en toute la bûche dans le sens de la longueur, en masquant les noix de crème au beurre pour figurer l'écorce, excepté les extrémités biseautées. Plaquez sur ces dernières, à l'aide de la palette, une fine couche de crème au beurre vanillée qui représentera le cœur de la bûche. Portez le gâteau au réfrigérateur et lorsque vous constaterez que la crème s'est affermie et ne « colle » pas au doigt, sortez la bûche, trempez la lame d'un couteau dans l'eau chaude et faites rapidement une large encoche à l'emplacement des noix de crème au beurre vanillée qui feront alors figure de nœuds sur le corps de la bûche. Achevez la décoration en poudrant la bûche de sucre glace et en l'ornant selon votre goût d'un rameau de lierre ou de feuilles de houx en pâte d'amande verte ou en crème au beurre de la même couleur. Posez la bûche sur un rectangle de carton rigide recouvert d'un napperon et réservez-la au frais avant de servir.

JEAN KELLER
LES PÂTISSERIES ET LES BONBONS

Le Succès

Si vous voulez alterner les disques de meringue avec des disques de génoise, comme dans la recette de la page 34, triplez la quantité de crème au beurre pralinée de manière à pouvoir enduire les disques supplémentaires.

Pour un gâteau de 20 cm de diamètre (8 personnes environ)

Amandes en poudre	100 g
Sucre semoule	60 g
Sucre glace	75 g
Blancs d'œufs	4
Crème au beurre *(page 92)*	350 g
Pralin *(page 94)*	50 g
Amandes mondées et hachées	

Ôtez la plaque du four. Beurrez-la et farinez-la, puis faites chauffer le four en réglant le thermostat sur 3 (c'est-à-dire four moyen, 170°).

Dans une terrine, mélangez le sucre semoule, 60 g de sucre glace et les amandes en poudre. Dans le cul de poule, montez les blancs d'œufs en neige très ferme à l'aide du fouet à blancs puis incorporez peu à peu le mélange sucre-amandes à l'aide de la spatule. Évitez des mouvements trop vifs qui risqueraient de faire retomber les blancs. Lorsque la préparation est homogène, garnissez-en la poche équipée d'une douille lisse de 2 cm et dressez deux disques d'environ 20 cm de diamètre sur la plaque du four. Procédez en partant d'un point central et constituez une spirale dont les bords se touchent. Enfournez et laissez cuire pendant une heure environ sur feu moyen. Surveillez la cuisson et réduisez le feu

si la pâte se colore trop rapidement. Après cuisson, laissez refroidir les disques de pâte avant de les décoller.

Pendant ce temps, confectionnez la crème au beurre et incorporez à cette dernière le pralin réduit en poudre. Garnissez un des disques d'une couche de crème de 1 centimètre environ, posez dessus l'autre disque, cerclez le gâteau d'une couche de crème régulière. Saupoudrez le succès de sucre glace puis appliquez les amandes hachées sur le tour du gâteau. Cette pâtisserie se conserve très bien au frais et peut être préparée la veille sans rien perdre de sa saveur.

JEAN KELLER
LES PÂTISSERIES ET LES BONBONS

Gâteau à la Bennich

Pour un gâteau de 18 cm de diamètre (6 personnes environ)

Amandes en poudre	100 g
Sucre semoule	140 g
Blancs d'œufs battus en neige	4
Crème au beurre :	
Sucre semoule	100 g
Crème fraîche épaisse	4 cuillerées à soupe
Jaunes d'œufs	4
Beurre	150 g
Amandes grillées et effilées	

Incorporez les amandes et le sucre aux blancs en neige. Faites cuire dans 2 moules à manqué beurrés au four préchauffé à 150° (2 au thermostat) 30 minutes, en vérifiant la cuisson à la lame de couteau qui doit ressortir propre. Démoulez les gâteaux sur des grilles pour les faire refroidir.

Pour la crème au beurre, battez le sucre avec la crème fraîche et les jaunes d'œufs dans une casserole, à feu doux, jusqu'à ce que l'appareil épaississe, sans le laisser bouillir. Enlevez la casserole du feu et laissez refroidir avant d'incorporer le beurre. Enduisez un des gâteaux d'un peu de crème au beurre, couvrez avec l'autre et étalez le reste de crème dessus. Saupoudrez d'amandes grillées effilées.

INGA NORBERG
GOOD FOOD FROM SWEDEN

La Hawaïenne

Pour un gâteau de 20 cm de diamètre (6 personnes environ)

Noix de macadamia ou amandes mondées non salées très finement hachées	115 g
Farine	70 g
Levure en poudre	½ cuillerée à café
Beurre à température ambiante	60 g
Blancs d'œufs	4
Sel	1 pincée
Sucre en poudre	100 g

Crème au rhum :

Noix de macadamia ou amandes mondées non salées, pulvérisées dans un mortier ou au mixer	85 g
Beurre	85 g
Sucre glace	115 g
Rhum ambré	4 cuillerées à soupe
Pistaches mondées et concassées	7 ou 8

Beurrez généreusement un moule profond. S'il n'a pas de fond amovible, foncez-le avec un morceau de papier sulfurisé beurré. Tamisez la farine avec la levure. Travaillez le beurre avec les noix ou les amandes hachées jusqu'à ce que le mélange soit très crémeux et ajoutez la farine.

Battez les blancs d'œufs en neige avec le sel. Saupoudrez de sucre et continuez à battre jusqu'à obtention d'un appareil bien ferme. Incorporez le quart de cet appareil dans le mélange aux noix pour l'alléger puis ajoutez délicatement le reste. Remplissez le moule préparé.

Faites cuire au four préchauffé à 190° (5 au thermostat) de 20 à 25 minutes, jusqu'à ce que le gâteau ait bien monté, se détache du moule et soit légèrement doré. Mettez le moule sur une grille. Au bout de 10 minutes, décollez le gâteau de la paroi du moule avec la lame d'un couteau et démoulez-le en enlevant le papier, le cas échéant.

Pour faire la crème, incorporez le beurre, le sucre et la moitié du rhum aux noix et aux amandes pulvérisées.

Quand le gâteau est entièrement refroidi, coupez-le en deux couches égales. Arrosez les surfaces coupées du reste de rhum puis étalez le tiers environ de la crème sur une des couches. Pressez fermement la seconde couche par-dessus et enduisez uniformément le gâteau du reste de crème. Parsemez le tour de pistaches hachées. La Hawaïenne se conserve bien 1 ou 2 jours au réfrigérateur. Sortez-la et laissez-la à température ambiante 30 minutes avant de la servir pour que la crème soit onctueuse.

SIMONE BECK ET MICHAEL JAMES
NEW MENUS FROM SIMCA'S CUISINE

Gâteau meringué aux pêches

Meringue Cake with Peaches

Pour un gâteau de 20 cm de diamètre (8 personnes)

Pêches pelées et coupées en dés	2
Beurre	125 g
Sucre en poudre	300 g
Œufs, jaunes séparés des blancs	4
Lait	4 cuillerées à soupe
Extrait de vanille	½ cuillerée à café
Farine tamisée avec 2 cuillerées à café de levure en poudre	125 g
Sel	1 pincée
Cerneaux de noix ou de noix de pécan hachés	30 g
Crème fraîche épaisse fouettée	25 cl
Sucre glace	2 cuillerées à soupe

Graissez deux moules à manqué et foncez-les de papier sulfurisé. Préchauffez le four à 180° (4 au thermostat).

Dans le bol du mixer, battez le beurre en crème, ajoutez lentement 100 g de sucre et continuez à battre jusqu'à ce que le mélange soit clair et mousseux. Incorporez les jaunes d'œufs un par un puis versez le lait et la vanille. Ajoutez la farine et battez lentement jusqu'à obtention d'une préparation épaisse. Raclez les parois du bol et continuez à battre pendant 2 minutes au moins. Répartissez la préparation dans les deux moules et lissez la surface avec une spatule.

Battez les blancs d'œufs en neige avec le sel. Ajoutez le reste de sucre, cuillerée à soupe par cuillerée à soupe, sans cesser de battre, jusqu'à ce que l'appareil ait la consistance de la guimauve. Étalez-le sur la préparation placée dans les moules et saupoudrez-en un seulement de noix hachées. Faites cuire 30 minutes.

Pour monter le gâteau, fouettez la crème, ajoutez le sucre

glace et incorporez les pêches. Placez le gâteau sans noix sur un plat de service, côté meringué en dessous. Étalez toute la crème fouettée aux pêches dessus et couvrez avec le second gâteau, côté noix au-dessus. Mettez au frais avant de servir.

JULIE DANNENBAUM
MENUS FOR ALL OCCASIONS

Gâteau Saint Georges

Pastel Sant Jordi

Spécialité espagnole originaire de Barcelone.

Pour un gâteau de 20 cm sur 10 (16 personnes environ)

Œufs, jaunes séparés des blancs	6
Sucre en poudre	160 g
Farine	200 g

Garniture:	
Cacao en poudre	1 cuillerée à soupe
Beurre	200 g
Sucre glace	300 g

Battez les blancs d'œufs en neige avec le sucre. Battez légèrement les jaunes et incorporez-les aux blancs. Ajoutez la farine et travaillez délicatement le tout de manière que les blancs ne se liquéfient pas. Versez l'appareil obtenu dans un moule préalablement graissé de saindoux. Faites cuire au four préchauffé à 200° (6 au thermostat) pendant 40 minutes, jusqu'à ce que le dessus soit bien doré. Sortez le gâteau du four, démoulez-le et faites-le refroidir sur une grille.

Pendant ce temps, préparez la garniture. Avec un batteur, travaillez le beurre jusqu'à ce qu'il mousse. Ajoutez le sucre glace et le cacao et continuez à battre jusqu'à obtention d'une crème fine. Coupez le gâteau en trois dans le sens de la hauteur et superposez les tranches obtenues en les tartinant d'une couche de garniture, à l'exception de la dernière. Mettez au réfrigérateur. Saupoudrez d'un peu de sucre glace juste avant de servir.

MARIA DEL CARMEN CASCANTE
150 RECETAS DE DULCES DE FÁCIL PREPARACIÓN

Gâteau Progrès

Ce gâteau, qui dissimule sa richesse sous un aspect et une saveur d'une simplicité trompeuse, fut inventé par Bruno Comin, chef pâtissier du restaurant new-yorkais « Four

Seasons ». Si vous ne trouvez pas d'amandes en poudre, pulvérisez au mixer des amandes mondées (sans en mettre trop à la fois): vous obtiendrez un résultat aussi bon.

Pour un gâteau de 22 cm sur 15 (8 personnes environ)

Blancs d'œufs	10
Sucre en poudre	400 g
Fécule de maïs	30 g
Amandes en poudre	750 g
Pralin *(page 94)*	60 g
Chocolat amer fondu	40 g
Amandes grillées et effilées	30 g

Crème au beurre pralinée:	
Pralin	60 g
Beurre ramolli	250 g
Sucre en poudre	200 g
Eau	8 cl
Jaunes d'œufs battus en omelette	5
Kirsch	

Battez les blancs d'œufs avec le sucre. Quand le mélange est épais, ajoutez la fécule. Incorporez délicatement la poudre d'amandes à la main. Avec une poche à douille ou une spatule, couchez 3 fines couches rectangulaires de cet appareil sur une plaque à four garnie de papier sulfurisé beurré. Faites cuire 30 minutes au four préchauffé à 100° (¼ au thermostat). Quand vous sortirez ces meringues du four, elles seront molles. Renversez-les sur des grilles et laissez-les refroidir avant d'enlever le papier.

Pendant que les meringues cuisent, préparez la crème au beurre. Mélangez le sucre et l'eau dans une casserole et remuez sur feu doux jusqu'à dissolution totale du sucre. Amenez à ébullition et continuez la cuisson sans remuer jusqu'au petit boulé (115°). Versez le sirop obtenu dans les jaunes d'œufs en mince filet, sans cesser de battre. Battez jusqu'à refroidissement: la préparation deviendra claire et épaisse. Laissez-la entièrement refroidir puis incorporez le beurre, le pralin et une goutte de kirsch.

Étalez le quart de la crème sur une des meringues. Couvrez d'une autre meringue que vous tartinez également d'un quart de crème. Répétez cette opération avec la dernière meringue et étalez le reste de crème sur tout le gâteau.

Mélangez le pralin avec le chocolat fondu et mettez 1 heure au réfrigérateur. Travaillez cette préparation avec une cuillère en bois puis donnez-lui la forme d'un rouleau que vous aplatissez et que vous couchez sur le gâteau, en diagonale. Saupoudrez d'amandes, en veillant à ne pas en mettre sur le rouleau de chocolat.

CHARLOTTE ADAMS
THE FOUR SEASONS COOKBOOK

Quatre-quarts

Pound Cake

Les véritables quatre-quarts se font sans levure: c'est l'air que l'on introduit en battant les ingrédients et celui contenu dans les blancs en neige qui les fait monter.

Pour un moule à pain de 500 g (6 personnes environ)

Beurre	125 g
Sucre en poudre	125 g
Farine tamisée	125 g
Œufs, blancs séparés des jaunes et battus en neige	2

Battez le beurre en crème et travaillez-le avec le sucre en pommade. Ajoutez les jaunes d'œufs un par un en battant avant d'incorporer le second. Ajoutez la farine puis les blancs battus en neige et versez cet appareil dans un moule à pain préparé. Faites cuire au four préchauffé à 180° (4 au thermostat) pendant 45 minutes environ, jusqu'à ce que le quatre-quarts se détache du moule. Le gâteau se fendillera en surface sous l'effet de la pression interne de la vapeur. Laissez-le refroidir dans le moule et attendez 24 heures au moins avant de le couper en tranches.

MADELEINE KAMMAN
THE MAKING OF A COOK

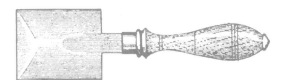

Gâteau d'amandes

Vous pouvez piler les amandes au mixer ou dans un robot ménager et les mélanger ensuite à la main ou au mixer avec le reste des ingrédients.

Pour un gâteau de 20 cm de diamètre (6 personnes environ)

Amandes douces mondées	175 g
Citron, zeste râpé	1
Œufs légèrement battus	3
Farine	175 g
Beurre ramolli	175 g
Sucre en poudre	175 g

Pilez les amandes douces avec le zeste de citron dans un mortier. Incorporez progressivement le reste des ingrédients; pilez le tout jusqu'à obtention d'une pâte épaisse. Beurrez le fond d'une tourtière, remplissez-la avec la pâte uniformément étalée et faites cuire au four préchauffé à 170° (3 au thermostat) pendant 1 heure environ.

NOUVEAU MANUEL DE LA CUISINIÈRE BOURGEOISE ET ÉCONOMIQUE

Quatre-quarts

Old Cape Pound Cake

Vous pouvez remplacer l'écorce de mandarine séchée par le zeste râpé d'une demi-orange.

Pour un gâteau de 30 cm de diamètre (10 à 12 personnes)

Beurre ramolli	500 g
Sucre semoule	500 g
Œufs, jaunes séparés des blancs et bien battus	12
Farine	500 g
Ecorce de mandarine séchée mélangée avec de la cannelle et de la muscade râpée	1 cuillerée à café
Biscuits à la cuillère émiettés	60 g

Battez le beurre en crème et incorporez le sucre, les jaunes d'œufs battus, la farine, les épices bien mélangées et les blancs en neige. Beurrez généreusement un moule et saupoudrez-le de miettes de biscuits. Versez l'appareil dans le moule, couvrez de papier beurré et faites cuire au four préchauffé à 180° (4 au thermostat) pendant 2 heures, jusqu'à ce que le quatre-quarts se détache du moule.

HILDAGONDA J. DUCKITT
HILDA'S «WHERE IS IT?» OF RECIPES

«Pa de-pessic»

Pour un gâteau de 22 cm sur 22 (6 à 8 personnes)

Sucre en poudre	250 g
Œufs, blancs séparés des jaunes et montés en neige ferme	8
Vanille en poudre (ou 1 cuillerée à café d'extrait de vanille)	1 pincée
Citron, zeste râpé	1
Farine	120 g
Maïzena	120 g
Beurre fondu et refroidi	50 g

Travailler le sucre, les jaunes d'œufs et les parfums jusqu'à ce que le mélange blanchisse. Ajouter progressivement une cuillerée à soupe de farine, une cuillerée à soupe de maïzena jusqu'à épuisement de ces ingrédients. Mêler le beurre à peine fondu. Ajouter les blancs. Allumer le four.

Préparer un moule carré de 4 à 5 cm de hauteur et 22 cm de côté. Le beurrer. Verser la pâte dans ce moule. Cuire à four moyen (préchauffé à 180°, 4 au thermostat) à mi-hauteur du four, pendant 30 à 35 minutes.

ELIANE THIBAUT COMELADE
LA CUISINE CATALANE

Gâteau marbré

Pour un gâteau de 20 cm de diamètre (6 à 8 personnes)

Partie blanche :

Blancs d'œufs	4
Sucre en poudre	250 g
Beurre	125 g
Farine	250 g
Levure en poudre	2 cuillerées à café
Sel	½ cuillerée à café
Lait	10 cl
Extrait de vanille	1 cuillerée à café

Partie brune :

Beurre	125 g
Cassonade	125 g
Jaunes d'œufs	4
Mélasse	15 cl
Bicarbonate de soude	½ cuillerée à café
Farine	250 g
Levure en poudre	2 cuillerées à café
Sel	½ cuillerée à café
Muscade râpée	½ cuillerée à café
Cannelle et gingembre en poudre	1 cuillerée à café de chaque
Lait	4 cuillerées à soupe

Pour la partie blanche, fouetter les blancs d'œufs ferme, ajouter la moitié du sucre. Crémer le beurre avec le reste du sucre. Tamiser la farine, la levure et le sel ; l'ajouter au beurre, alternant avec le lait ; aromatiser. Mélanger les blancs en les pliant dans la pâte.

Pour la partie brune, crémer le beurre avec la cassonade, ajouter les jaunes d'œufs battus, la mélasse dans laquelle le bicarbonate de soude a été dissous à feu doux, la farine tamisée avec la levure, le sel, les épices. Alterner avec le lait. Déposer les pâtes par cuillerées dans un moule beurré, les déposant de manière à former une pâte marbrée.

Cuire au four préchauffé à 180° (4 au thermostat) pendant une heure ou plus.

SOCIÉTÉ SAINT-THOMAS D'AQUIN
LA CUISINE ACADIENNE (ACADIAN CUISINE)

Gâteau Victoria

Victoria Sandwich

On sépare traditionnellement les deux couches de ce gâteau par de la confiture et on le saupoudre de sucre glace.

Pour un gâteau de 20 cm de diamètre (8 personnes environ)

Beurre	125 g
Sucre semoule	125 g
Œufs battus	2
Eau chaude	1 cuillerée à soupe
Farine	125 g
Levure en poudre	1 cuillerée à café

Battez le beurre avec le sucre jusqu'à ce que le mélange soit mousseux. Ajoutez progressivement les œufs puis l'eau chaude et battez vigoureusement. Incorporez la farine tamisée avec la levure jusqu'à ce que l'appareil s'étale bien.

Remplissez 2 moules à manqué bien graissés et farinés. (N'oubliez pas de les foncer de papier sulfurisé pour faciliter le démoulage.) Faites cuire au four préchauffé à 180° (4 au thermostat) pendant 20 minutes environ, jusqu'à ce que les gâteaux soient spongieux au toucher. Laissez-les refroidir avant de les superposer.

MISS READ
MISS READ'S COUNTRY COOKING

Gâteau aux graines de carvi

Seed Cake

Pour un gâteau de 18 cm de diamètre (6 personnes environ)

Graines de carvi	2 cuillerées à café
Beurre	125 g
Sucre semoule	150 g
Œufs	2
Farine tamisée	150 g
Fécule de maïs	30 g
Levure en poudre	½ cuillerée à café
Cerises confites hachées menu	40 g
Extrait de vanille	½ cuillerée à café

Battez le beurre avec le sucre jusqu'à ce que le mélange blanchisse puis incorporez les œufs un par un. Ajoutez progressivement la farine, la fécule, la levure, les graines de carvi, les cerises et la vanille. Versez l'appareil dans un moule garni de papier sulfurisé ou d'aluminium et faites-le cuire au four préchauffé à 170° (3 au thermostat) pendant 1 heure 15 minutes, en vérifiant la cuisson à la lame de couteau qui doit ressortir propre. Démoulez et faites refroidir sur une grille.

FREDA MURRAY
LACOCK TEA TIME RECIPES

Le gâteau de la mère

Pastel de la madre

Pour un gâteau de 20 cm de diamètre (6 personnes environ)

Sucre en poudre	200 g
Beurre	100 g
Œufs	2
Farine tamisée avec 2 cuillerées à café de levure en poudre	250 g
Muscat	25 cl
Confiture de fraises	250 g

Faites légèrement chauffer une casserole sur feu doux puis enlevez-la du feu et mettez-y le sucre et le beurre. Battez régulièrement jusqu'à ce que le mélange soit crémeux puis ajoutez les œufs et continuez à battre pendant 5 minutes environ, jusqu'à ce que le mélange soit mousseux. Ajoutez la farine et la levure puis, 1 minute après, le muscat. Faites cuire dans un moule beurré et fariné au four préchauffé à 180° (4 au thermostat) pendant 35 minutes, jusqu'à ce que le dessus du gâteau soit ferme au toucher. Laissez-le refroidir avant de le démouler. Tartinez-le de confiture de fraises.

CANDIDO LOPEZ
EL LIBRO DE ORO DE LA GASTRONOMIA

Cake de Dundee

Dundee Cake

Pour un gâteau de 20 cm de diamètre (8 personnes environ)

Beurre	175 g
Sucre semoule	175 g
Œufs	4
Amandes pilées	60 g
Farine	300 g
Sel	½ cuillerée à café
Levure	1 cuillerée à café
Raisins de Corinthe, de Smyrne et de Malaga	125 g de chaque
Ecorce confite hachée	60 g
Amandes mondées et coupées en 2	30 g

Battez le beurre avec le sucre jusqu'à ce que le mélange soit clair et mousseux puis incorporez les œufs un par un avec les amandes. Tamisez la farine avec le sel et la levure et ajoutez-les progressivement avec les raisins secs et l'écorce confite. Mettez l'appareil obtenu dans un moule préalablement foncé, lissez la surface et disposez les demi-amandes par-dessus.

Préchauffez le four à 240° (9 au thermostat) et enfournez le gâteau à mi-hauteur. Baissez immédiatement la températu-

re à 170° (3 au thermostat) et laissez cuire 1 heure 30 minutes. Sortez délicatement le cake et tendez l'oreille : s'il « ronronne » c'est qu'il cuit encore. Remettez-le alors au four et écoutez de temps en temps, jusqu'à ce que le « ronron » cesse. Vérifiez la cuisson à la lame de couteau qui doit ressortir propre.

JANET MURRAY
WITH A FINE FEELING FOR FOOD

Galette des rois

Twelfth Night Cake

Au Théâtre Royal de Londres, à Drury Lane, on célèbre l'Épiphanie avec un gâteau riche et du Negus (boisson composée de vin, d'eau chaude, d'épices et de sucre), en portant un toast « à la mémoire de l'acteur et ancien pâtissier Robert Baddeley ». Celui-ci légua en effet 100 livres sterling à investir à 3 % pour offrir cette petite fête à tous les acteurs du théâtre (où il joua lui-même). Cette cérémonie a eu lieu tous les ans, sauf pendant la guerre, depuis sa mort, en 1794.

Pour une galette de 20 cm de diamètre (10 à 12 personnes)

Farine	250 g
Levure en poudre	15 g
Sel	1 pincée
Muscade râpée	1 pincée
Beurre	250 g
Sucre semoule	250 g
Œufs	4
Raisins de Corinthe tamisés avec un peu de farine	500 g
Ecorce confite émincée	125 g
Amandes mondées et hachées	60 g
Cognac	5 cuillerées à soupe
Sucre glace tamisé	500 g
Blancs d'œufs légèrement battus	2
Petit citron, jus passé	1
Assortiment de fruits candis	

Tamisez la farine avec la levure, le sel et la muscade. Battez le beurre avec le sucre semoule jusqu'à ce que le mélange soit clair et mousseux et incorporez les œufs entiers avec un peu de la préparation tamisée. Incorporez le reste de cette préparation tamisée et ajoutez les raisins secs, l'écorce confite, les amandes et le cognac.

Versez l'appareil obtenu dans un moule préalablement graissé et foncé et faites un creux au centre. Faites cuire au four préchauffé à 170° (3 au thermostat) pendant 3 heures environ, en vérifiant la cuisson à la lame de couteau qui doit ressortir propre. Quand la galette est cuite, éteignez le four et attendez un peu avant de la sortir et de la démouler sur une grille pour la faire refroidir.

Dans une terrine, mettez le sucre glace et ajoutez les blancs d'œufs et le jus de citron par petites quantités, sans cesser de battre avec une cuillère en bois, jusqu'à obtention d'un appareil épais, homogène et blanc. Glacez la galette et lissez la surface avec la lame d'un couteau préalablement trempée dans de l'eau chaude. Avant que la glace ait eu le temps de prendre, décorez avec les fruits candis que vous pressez légèrement. Laissez la glace durcir avant de servir.

GERTRUDE MANN
A BOOK OF CAKES

Gâteau de Noël traditionnel

Traditional Christmas Cake

Pour un gâteau de 22 cm de diamètre (8 à 10 personnes)

Ecorce confite hachée	175 g
Cerises confites coupées en 4	175 g
Raisins de Smyrne et de Corinthe	500 g de chaque
Raisins de Malaga	350 g
Amandes mondées et hachées	125 g
Farine	300 g
Beurre	300 g
Cassonade fine	300 g
Orange, zeste râpé	1
Citron, zeste râpé	1
Mélasse noire	1 cuillerée à soupe
Œufs battus	6
Sel, épices composées et muscade râpée	½ cuillerée à café de chaque
Rhum, cognac, whisky ou xérès	4 à 6 cuillerées à soupe

Dans une terrine, mélangez bien tous les fruits et les amandes dans une cuillerée à soupe de farine. Dans une autre terrine, battez le beurre avec la cassonade jusqu'à ce que le mélange soit clair et mousseux puis incorporez les zestes râpés et la mélasse. Ajoutez progressivement les œufs battus avec une pincée de farine pour empêcher la formation de grumeaux, sans cesser de battre avec une cuillère en bois. Ajoutez ensuite le reste de farine tamisée avec le sel et les épices, et une quantité suffisante de rhum pour obtenir une pâte qui fasse le ruban. Incorporez enfin les fruits et les amandes.

Garnissez avec cette pâte une timbale de 12 cm de profondeur bien graissée et foncée de 2 couches de papier sulfurisé. Nouez une bande de papier d'emballage tout autour des parois de la timbale pour assurer une protection supplémentaire. Creusez le centre de la pâte assez profondément de manière qu'après la cuisson, pendant laquelle le gâteau montera, la surface soit plate pour le glaçage. Couvrez de 2 couches de papier sulfurisé pour que le gâteau ne dore pas trop vite.

Faites cuire 20 minutes au four préchauffé à 170° (3 au thermostat), puis 40 minutes à 150° (2 au thermostat) et terminez à 140° (1 au thermostat) en comptant 5 heures de cuisson en tout. Le gâteau est cuit quand il ne «ronronne» plus. Vérifiez la cuisson à la lame de couteau qui doit ressortir propre. Laissez refroidir 1 heure avant de démouler.

MARGARET COSTA
MARGARET COSTA'S FOUR SEASONS COOKERY BOOK

Gâteau de Noël danois

Großmutters Wunderkuchen

Pour 2 gâteaux de 22 cm de diamètre (16 personnes environ)

Farine	400 g
Farine de seigle	400 g
Poivre, clous de girofle pilés, gingembre en poudre et cardamome pilée	½ cuillerée à café de chaque
Cannelle en poudre	2 cuillerées à café
Sel	1 pincée
Sucre en poudre	400 g
Miel	400 g
Beurre	60 g
Levure en poudre dissoute dans 3 à 4 cuillerées à soupe de lait chaud	1 cuillerée à soupe
Œufs légèrement battus	10
Raisins secs lavés et épongés	200 g
Pruneaux lavés, épongés et coupés en 4	200 g
Figues sèches lavées, épongées, épépinées et coupées en 4	150 g
Ecorce confite hachée	100 g
Amandes mondées et effilées	100 g

Tamisez la farine avec la farine de seigle, les épices et le sel. Mettez la moitié du sucre dans une casserole et faites-le roussir à feu doux, en remuant, jusqu'à ce qu'il commence à fondre. Ajoutez le miel et faites-le fondre avec le sucre. Quand ils sont liquides, incorporez le reste du sucre et les deux tiers du beurre. Laissez refroidir avant d'incorporer la levure délayée dans le lait, les œufs et la préparation des farines aux épices. Travaillez vigoureusement le tout. Incorporez enfin les fruits et les amandes, mélangez intimement et versez cet appareil dans deux moules graissés. Remplissez les moules jusqu'à mi-hauteur seulement pour que les gâteaux puissent monter. Faites-les cuire au four préchauffé à 170° (3 au thermostat) 1 heure 30 minutes. Vérifiez la cuisson à la lame de couteau qui doit ressortir propre. Laissez les gâteaux refroidir entièrement avant de les démouler. Vous les conserverez des mois dans une boîte en fer étanche.

GRETE WILLINSKY
KULINARISCHE WELTREISE

Gâteau aux raisins et à la pâte d'amandes

Simnel Cake

Pour un gâteau de 20 cm de diamètre (6 personnes environ)

Raisins de Corinthe tamisés avec un peu de farine	500 g
Farine	250 g
Crème de riz	60 g
Levure en poudre	1 cuillerée à café
Sel	
Beurre	250 g
Sucre semoule	250 g
Œufs	5
Ecorce confite hachée menu	125 g
Jaune d'œuf légèrement battu	1

Pâte d'amandes :

Amandes en poudre	500 g
Œufs battus	3
Sucre semoule	500 g
Extrait d'amandes	2 ou 3 gouttes
Cognac	1 cuillerée à soupe

Travaillez tous les ingrédients de la pâte d'amandes et pétrissez cette préparation jusqu'à ce qu'elle forme une boule lisse. Réservez.

Tamisez la farine avec la crème de riz, la levure et une pincée de sel. Mélangez le beurre et le sucre jusqu'à ce que l'appareil blanchisse et incorporez les œufs un par un, en ajoutant 1 cuillerée à soupe environ de la préparation tamisée pour empêcher la formation de grumeaux. Ajoutez le reste de la préparation tamisée et incorporez les raisins de Corinthe et l'écorce confite.

Mettez la moitié de cet appareil dans un moule à parois amovibles graissé. Étalez la moitié de la pâte d'amandes en une couche légère et uniforme puis ajoutez le reste de l'appareil. Faites cuire au four préchauffé à 180° (4 au thermostat) pendant 1 heure 30 minutes, jusqu'à ce que le gâteau se détache du moule.

Façonnez le reste de pâte d'amandes en un rouleau de 65 cm de long environ et rassemblez les extrémités pour former un cercle de la circonférence du gâteau. Posez ce cercle sur le gâteau, gravez un motif dessus avec les dents d'une fourchette et dorez-le au jaune d'œuf.

Remettez le gâteau au four à 150° (2 au thermostat) pendant 15 minutes environ, jusqu'à ce que la pâte soit légèrement dorée. Laissez refroidir quelques minutes avant de démouler.

Vous pouvez également faire cuire le gâteau sans pâte d'amandes. Dans ce cas, laissez-le refroidir une journée. Le lendemain, faites un disque avec les deux tiers de la pâte d'amandes et posez-le à la surface du gâteau que vous aurez préalablement badigeonné de blanc d'œuf battu. Divisez le reste de pâte en petites boules que vous appuyez tout autour du disque. Dorez le disque et les boules au jaune d'œuf battu et mettez au four préchauffé à 150° (2 au thermostat).

GERTRUDE MANN
A BOOK OF CAKES

Gâteau blanc du Tennessee aux fruits

Tennessee White Fruit Cake

Recette de « Nancy Nash » (Mme B. Franck Womack), rédactrice de la rubrique culinaire de la revue américaine « The Nashville Tennesseean Magazine ».

Pour un gâteau de 30 cm de diamètre (12 à 16 personnes)

Grosse noix de coco râpée	1
Ananas confit haché	500 g
Raisins de Smyrne hachés	500 g
Cerises rouges ou blanches confites, hachées	500 g
Cerises vertes confites, hachées	250 g
Ecorce de cédrat confit haché	250 g
Amandes en poudre	500 g
Noix de pécan pilées	500 g
Farine	350 g
Sucre en poudre	500 g
Beurre	350 g
Œufs	7
Babeurre	10 cl
Bicarbonate de soude	½ cuillerée à café
Sel	1 pincée
Noix de muscade râpée	1
Bourbon	20 cl
Grosse orange, jus passé	1
Vin blanc doux (facultatif)	6 cuillerées à soupe

Saupoudrez la noix de coco, les fruits, après en avoir réservé quelques-uns pour la décoration, les amandes et les noix de 250 g de farine. Battez le sucre avec le beurre jusqu'à ce que le mélange soit clair et mousseux et incorporez les œufs un par un en mélangeant intimement après chaque addition. Incorporez le babeurre, le bicarbonate de soude, le sel et le reste de farine. Mélangez intimement. Mélangez la muscade et le bourbon et versez-les dans la préparation avec le jus d'orange. Ajoutez les fruits, les amandes et les noix.

Beurrez un moule et foncez-le de deux couches de papier sulfurisé beurré. Versez l'appareil à 5 cm du haut du moule et couvrez de deux couches de papier sulfurisé beurré. Faites cuire au four préchauffé à 140° (1 au thermostat) pendant 3 heures environ. Une heure avant la fin de la cuisson, enlevez le papier et décorez le dessus du gâteau avec les fruits confits et secs réservés. Vérifiez la cuisson à la lame de couteau qui doit ressortir propre. Si le gâteau n'est pas cuit, couvrez-le d'une feuille de papier sulfurisé et continuez la cuisson jusqu'à ce que la lame ressorte propre. Sortez-le du four et laissez-le refroidir avant de démouler. Selon le goût, vous pouvez enfoncer une aiguille à brider en plusieurs endroits et verser du vin dans les trous ainsi formés.

MARION BROWN
THE SOUTHERN COOK BOOK

Le gâteau du tennis sur gazon

Lawn Tennis Cake

Le musée du tennis sur gazon de Wimbledon propose au public une recette analogue de Mrs Isabella Beeton.

Pour un gâteau de 18 cm de diamètre (6 personnes environ)

Beurre	125 g
Sucre semoule	90 g
Ecorce d'orange confite très finement hachée	30 g
Extrait de vanille	4 ou 5 gouttes
Cannelle en poudre	1 pincée
Farine	125 g
Farine de riz	30 g
Raisins de Smyrne pilés ou hachés	125 g
Cerises confites pilées ou hachées	125 g
Œufs, blancs séparés des jaunes et battus en neige	2
Marasquin ou crème de noyau	10 cl
Levure en poudre	1 cuillerée à café
Pâte d'amandes *(page 92)*	125 g
Sel	1 pincée
Glace au sucre *(page 94)*	
Cerises et angélique confites (facultatif)	

Battez le beurre en crème avec le sucre et ajoutez l'écorce confite, la vanille et la cannelle. Incorporez progressivement et délicatement le reste des ingrédients en terminant par les blancs en neige. Faites cuire dans un moule graissé et foncé de papier au four préchauffé à 180° (4 au thermostat), pendant 1 heure 30 minutes environ, en vérifiant la cuisson à la lame de couteau qui doit ressortir propre. Quand le gâteau

est complètement froid, abaissez la pâte d'amandes et couvrez-en le gâteau. Quand cette pâte a durci, glacez-le. Vous pouvez le décorer de cerises et d'angélique confites.

MAY BYRON
MAY BYRON'S CAKE BOOK

Gâteau noir

Black Bun

C'était le gâteau traditionnel écossais de la fête des Rois: on le sert désormais à Hogmanay à l'occasion du Nouvel An, depuis que les Réformateurs ont interdit la célébration de Noël et de l'Épiphanie.

Pour 2 gâteaux de 25 cm de diamètre (16 personnes environ)

Raisins de Corinthe lavés et séchés	1 kg
Raisins de Malaga épépinés	1 kg
Amandes mondées et hachées	250 g
Ecorce confite hachée	250 g
Farine tamisée	500 g
Sucre en poudre	125 g
Clous de girofle pilés ou cannelle en poudre	15 g
Gingembre en poudre	15 g
Quatre-épices	1 cuillerée à café
Poivre du moulin	½ cuillerée à café
Bicarbonate de soude	1 cuillerée à café
Babeurre ou œufs battus	30 cl environ
Cognac	1 cuillerée à soupe
Œuf(s) battu(s)	1 ou 2
Pâte brisée *(page 166)*	750 g

Dans une terrine contenant les raisins secs, les amandes et l'écorce confite, incorporez la farine préalablement mélangée avec le sucre, les épices et le bicarbonate de soude. Versez une quantité suffisante de babeurre ou d'œufs battus, pour mouiller la préparation, avec le cognac.

Abaissez les deux tiers de la pâte et foncez 2 moules (ou 1 moule de 35 cm de diamètre) graissés. Rognez les bords. Versez la préparation aux fruits dans le(s) moule(s) et lissez la surface. Abaissez le reste de pâte, couvrez la garniture, humectez les bords de pâte à l'eau froide et pressez fermement pour les souder. Avec une aiguille à brider, faites 4 trous dans chaque gâteau jusqu'au fond du moule. Piquez le couvercle sur toute la surface avec une fourchette et dorez à l'œuf battu. Faites cuire au four préchauffé à 180° (4 au thermostat) pendant 2 heures environ pour deux petits gâteaux ou 3 heures au moins pour un gros gâteau. Vérifiez la cuisson à la lame de couteau qui doit ressortir propre.

F. MARIAN McNEILL
THE SCOTS KITCHEN

Gâteau aux cerises

Cherry Cake

Pour un gâteau de 20 cm de diamètre (8 personnes environ)

Cerises confites coupées en 4	250 g
Beurre	250 g
Sucre semoule	250 g
Œufs légèrement battus	4
Farine	250 g
Levure en poudre	½ cuillerée à café
Ecorce de cédrat confite hachée	60 g
Amandes pilées	125 g
Citron, zeste râpé et jus passé	1

Travaillez le beurre avec le sucre, incorporez les œufs un par un et ajoutez la farine et la levure avec le dernier œuf. Mélangez les cerises avec l'écorce de cédrat et les amandes et ajoutez-les à la pâte avec le zeste et le jus du citron. Versez l'appareil dans un moule préparé et faites cuire au four préchauffé à 180° (4 au thermostat) pendant 2 heures environ, jusqu'à ce que le gâteau se détache du moule.

MARGARET BATES
TALKING ABOUT CAKES

Gâteau aux cerises et aux amandes

Cherry and Almond Cake

Pour un gâteau de 20 cm de diamètre (8 personnes environ)

Cerises confites, roulées dans un peu de farine	125 g
Amandes mondées et pilées	125 g
Beurre	250 g
Sucre semoule	250 g
Œufs	3
Farine	250 g
Sel	1 pincée
Levure en poudre	½ cuillerée à café
Extrait d'amandes	

Battez le beurre avec le sucre jusqu'à ce que le mélange soit clair et mousseux. Incorporez les œufs un par un, puis la farine, le sel et la levure et, enfin, les amandes pilées, les cerises et quelques gouttes d'extrait d'amandes. Faites cuire dans un moule préalablement foncé, au four préchauffé à 170° (3 au thermostat) pendant 1 heure 15 minutes, en vérifiant la cuisson à la lame de couteau qui doit ressortir propre. Démoulez sur une grille et laissez refroidir.

FREDA MURRAY
LACOCK TEA TIME RECIPES

Gâteau aux myrtilles

Blueberry Cake

Pour obtenir du lait aigre, ajoutez 2 cuillerées à café de jus de citron ou de vinaigre à du lait frais.

Pour un gâteau de 25 cm de diamètre (8 personnes environ)

Myrtilles	350 g
Beurre ramolli	60 g
Sucre en poudre	400 g
Œufs	2
Farine tamisée	300 g
Lait aigre	25 cl
Bicarbonate de soude	1 cuillerée à café

Travaillez le beurre avec le sucre jusqu'à ce que le mélange soit clair et mousseux. Incorporez progressivement les œufs, un par un, puis la farine, le lait et le bicarbonate de soude. Travaillez la préparation jusqu'à ce qu'elle soit homogène puis ajoutez les myrtilles. Graissez et farinez le moule ; remplissez-le avec cette pâte. Faites cuire au four préchauffé à 180° (4 au thermostat) pendant 1 heure 30 minutes, jusqu'à ce que le gâteau soit ferme au toucher.

THE LADIES AUXILIARY OF THE LUNENBURG HOSPITAL SOCIETY
DUTCH OVEN

Gâteau aux figues

Pastel de higos

Pour un gâteau de 25 cm sur 30 (6 personnes environ)

Figues sèches équeutées et coupées en petits morceaux	100 g
Lait	50 cl
Beurre coupé en petits morceaux	75 g
Farine tamisée avec 2 cuillerées à café de levure en poudre	450 g
Sucre en poudre	125 g
Rhum ambré	12 cl
Blancs d'œufs battus en neige	2

Faites chauffer le lait presque jusqu'à ébullition. Hors du feu, ajoutez le beurre. Quand le beurre fond, incorporez progressivement la farine puis le sucre, le rhum et les figues. Incorporez les blancs en neige. Versez l'appareil obtenu dans un moule rectangulaire peu profond, préalablement beurré et fariné, et lissez la surface. Faites cuire au four préchauffé à 180° (4 au thermostat) pendant 50 minutes, en vérifiant la cuisson à la lame de couteau qui doit ressortir propre.

CANDIDO LOPEZ
EL LIBRO DE ORO DE LA GASTRONOMIA

Gâteau à la rhubarbe

Rhabarberkuchen

Pour un gâteau de 25 cm de diamètre (8 personnes environ)

Rhubarbe coupée en tronçons de 2 cm	600 g
Beurre ramolli	150 g
Sucre en poudre	350 g
Farine	220 g
Levure	2 cuillerées à café
Sel	1 pincée
Œufs légèrement battus	3
Citron, zeste râpé et jus passé	1
Lait	4 cuillerées à soupe
Cannelle en poudre	1 cuillerée à café
Sucre glace	

Travaillez le beurre avec 150 g de sucre jusqu'à ce que le mélange soit clair et mousseux. Mélangez la farine avec la levure et le sel et incorporez le tout au mélange en alternant avec les œufs. Incorporez le zeste et le jus de citron puis le lait. Mettez la pâte dans un moule beurré à fond amovible.

Mélangez la rhubarbe avec la cannelle et le reste de sucre et étalez cette préparation sur la pâte. Faites cuire au four préchauffé à 190° (5 au thermostat) de 40 à 45 minutes, jusqu'à ce que la rhubarbe soit tendre et que le gâteau se détache du moule. Laissez-le entièrement refroidir avant de le démouler. Saupoudrez la surface de sucre glace.

HANS KARL ADAM
DAS KOCHBUCH AUS SCHWABEN

Gâteau aux carottes

Rüblitorte

Pour un gâteau de 20 cm de diamètre (8 personnes environ)

Carottes pelées et râpées	275 g
Œufs, blancs séparés des jaunes et battus en neige	5
Sucre en poudre	300 g
Citron, zeste râpé	½
Amandes mondées et pilées	300 g
Farine	60 g
Levure en poudre	1 cuillerée à café
Sel	1 pincée
Confiture, d'abricots de préférence, délayée dans 1 cuillerée à soupe d'eau	2 cuillerées à soupe
Petites carottes en massepain pour la décoration	8

Glace au citron :

Jus de citron	2 cuillerées à soupe
Sucre glace	160 g
Eau	1 cuillerée à soupe

Battez les jaunes d'œufs avec le sucre jusqu'à ce que le mélange soit mousseux. Ajoutez le zeste de citron, les amandes, les carottes puis la farine tamisée avec la levure et le sel. Incorporez les blancs en neige et versez l'appareil obtenu dans un moule bien graissé et fariné. Faites cuire au four préchauffé à 190° (5 au thermostat) pendant 50 minutes, en vérifiant la cuisson à la lame de couteau qui doit ressortir propre. Laissez le gâteau refroidir complètement.

Pour la glace, mélangez intimement le sucre avec le jus de citron et l'eau. Badigeonnez le gâteau froid de confiture délayée puis glacez-le. Décorez-le avec les carottes en massepain et conservez-le dans une boîte hermétique en fer au moins un jour avant de le servir.

EVA MARIA BORER
DIE ECHTE SCHWEIZER KÜCHE

Gâteau aux pommes et à la cannelle

Kaneläppelkaka

Pour un gâteau de 25 cm de diamètre (8 personnes environ)

Pommes épluchées, évidées et coupées en quartiers	3
Cannelle en poudre	2 cuillerées à café
Chapelure	4 cuillerées à soupe
Œufs	4
Sucre en poudre	250 g
Beurre fondu	250 g
Farine	175 g
Levure en poudre	1 cuillerée à café

Préchauffez le four à 180° (4 au thermostat). Beurrez une cocotte en fonte ou un moule et saupoudrez de chapelure.

Travaillez les œufs avec 200 g de sucre jusqu'à ce que le mélange épaississe et blanchisse. Ajoutez le beurre et la farine tamisée avec la levure. Mélangez intimement. Versez la pâte obtenue dans la cocotte ou dans le moule. Enduisez les quartiers de pommes du reste de sucre mélangé avec la cannelle et mettez-les sur la pâte.

Faites cuire de 30 à 35 minutes, jusqu'à ce que la surface soit dorée. Vérifiez la cuisson à la lame de couteau qui doit ressortir propre. Servez chaud ou à température ambiante.

GOREL KRISTINA NASLUND
SWEDISH BAKING

Gâteau au citron

Zitronenkuchen

Pour un gâteau de 20 cm de diamètre (8 personnes environ)

Citrons, zestes râpés	2
Beurre	175 g
Sucre en poudre	200 g
Œufs	3
Farine tamisée avec 2 cuillerées à café de levure en poudre	200 g
Farine de maïs	100 g
Lait	10 cl

Glace au citron :

Citron, jus passé	1
Sucre glace	200 g

Dans une terrine, battez le beurre en crème et incorporez le sucre puis les œufs et le jus de citron. Travaillez pendant 10 minutes, jusqu'à ce que le mélange soit crémeux. Ajoutez les farines, cuillerée à soupe par cuillerée à soupe, puis le zeste des citrons et versez progressivement le lait. Faites cuire dans un moule beurré au four préchauffé à 180° (4 au thermostat) pendant 45 minutes, jusqu'à ce que le dessus du gâteau soit légèrement doré.

Mélangez le sucre glace avec le jus de citron et étalez la glace obtenue sur le gâteau pendant qu'il est encore chaud.

HERMINE KIEHNLE ET MARIA HÄDECKE
DAS NEUE KIEHNLE-KOCHBUCH

Biscuit à l'orange sans œuf

Eggless Orange Sponge

Vous devez penser qu'un biscuit sans œuf, fait avec de la farine complète, doit être dur comme de la pierre. Je le craignais aussi ; mais après avoir essayé cette recette, j'ai été aussi étonnée que ravie par le gâteau léger et spongieux que j'avais obtenu. Pour faire le même biscuit au chocolat, remplacez l'orange par une cuillerée à soupe de cacao tamisé avec la farine et la levure et glacez le biscuit de chocolat.

Vous trouverez la crème de coco sous forme solide et blanche dans les magasins de diététique.

Pour un biscuit de 30 cm sur 20 (6 personnes environ)

Orange, zeste râpé et jus passé	½
Farine de blé complète	150 g
Levure en poudre	1 cuillerée à café
Beurre ramolli	100 g
Cassonade fine	100 g
Lait	12 cl

Glace sans sucre :

Crème de coco râpée	100 g
Eau bouillante	2 cuillerées à soupe
Miel	

Tamisez la farine avec la levure. Battez le beurre en crème avec le sucre et ajoutez délicatement les ingrédients tamisés et le zeste d'orange, en alternant avec le lait et le jus d'orange. Si l'appareil vous paraît légèrement grumeleux, battez-le vigoureusement et il redeviendra lisse. Faites cuire sur une plaque à biscuit graissée au four préchauffé à 180° (4 au thermostat) pendant 25 minutes, jusqu'à ce que le biscuit soit doré. Laissez-le refroidir sur la plaque.

Pour la glace, mélangez la crème de coco avec l'eau et un soupçon de miel et remuez jusqu'à ce que l'appareil soit crémeux. Glacez le biscuit et attendez que la glace ait pris avant de le couper en biscuits à la cuillère.

ROSE ELLIOT
BEANFEAST, NATURAL FOODS COOK BOOK

Mazurka à l'orange

Mazurek Pomarańczowy

Les *mazurki* sont les gâteaux de Pâques polonais traditionnels. On les fait cuire dans des moules de forme rectangulaire peu profonds.

Pour un gâteau de 20 cm sur 25 (15 à 18 personnes)

Oranges percées	4
Sucre glace	300 g
Farine	500 g
Levure en poudre	1 cuillerée à café
Sucre en poudre	150 g
Beurre	150 g
Jaunes d'œufs	2
Crème aigre	4 à 6 cuillerées à soupe
Amandes mondées et hachées	100 g

Couvrez les oranges d'eau, amenez à ébullition et faites cuire à feu doux pendant 5 minutes environ, jusqu'à ce qu'elles commencent à se ramollir. Retirez-les, laissez-les refroidir puis émincez-les et épépinez-les. Faites fondre le sucre glace dans l'eau de cuisson des oranges et laissez bouillir pendant 10 minutes environ, jusqu'à obtention d'un sirop. Faites pocher les tranches d'orange dans ce sirop pendant 10 minutes environ, jusqu'à ce que la peau soit tendre. Laissez-les refroidir dans le sirop.

Mélangez la farine, la levure et le sucre et amalgamez le beurre jusqu'à obtention d'une préparation friable. Travaillez avec les jaunes d'œufs et une quantité suffisante de crème aigre pour obtenir une pâte souple et malléable. Abaissez cette pâte, mettez-la dans un moule beurré et faites-la cuire au four préchauffé à 180° (4 au thermostat) pendant 1 heure environ, jusqu'à ce qu'elle soit légèrement dorée.

Démoulez le gâteau et placez-le à l'endroit sur une plaque à four farinée. Couvrez-le d'une couche de tranches d'orange pochées, en égouttant le sirop si besoin est. Parsemez d'amandes. Remettez le gâteau quelques minutes au four pour sécher les tranches d'orange. Servez froid.

J. DMOCHOWSKA-GORSKA
DOMOWE CIASTA I DESERY

Le Milla Sarladais

« Lou Millassou » de tante Rose

Certaines cuisinières suppriment la levure, séparent les jaunes, les mélangent à la pâte, battent les blancs en neige avant de les incorporer à l'appareil qui gonflera comme un soufflé et peut se manger chaud à la cuillère.

Pour un gâteau de 22 cm de diamètre (8 personnes environ)

Tranche de potiron	500 g
Farine de maïs	200 g
Levure en poudre (facultatif)	1 cuillerée à café
Sucre cristallisé	150 g
Sel	1 pincée
Beurre fondu (ou 2 cuillerées à soupe d'huile)	75 g
Œufs	5
Lait	50 cl
Rhum ou zeste râpé d'un citron (ou 1 paquet de sucre vanillé)	2 cuillerées à soupe
Sucre vanillé	

Cuire le potiron coupé en morceaux de 10 à 15 minutes dans 15 cl d'eau légèrement salée, le laisser égoutter, le passer finement. Mélanger cette purée un peu sèche à la farine de maïs, à la levure, au sucre, au sel, au beurre qui fondra dans la pâte tiède, aux œufs entiers, au lait, au parfum choisi. La pâte doit rester épaisse mais coulante.

Cuire le gâteau au four (préchauffé à 180°, 4 au thermostat) dans un moule à tarte à bords un peu hauts, largement beurré ou huilé, pendant 45 minutes; il prendra une belle couleur de cuivre rouge. Servir saupoudré de sucre vanillé.

ZETTE GUINAUDEAU-FRANC
LES SECRETS DES FERMES EN PÉRIGORD NOIR

Le gâteau du diable

Devil's Food Cake

Vous pouvez remplacer la meringue italienne par une crème au beurre parfumée au café (page 92). La levure donne un gâteau aéré: si vous le préférez plus dense, n'en utilisez pas. Pour cette recette, prenez le chocolat le plus noir possible.

Pour un gâteau de 20 cm de diamètre (6 personnes environ)

Cassonade fine	300 g
Beurre en pommade	175 g
Œufs	3
Eau bouillante	17 cl
Chocolat de ménage cassé en morceaux	90 g
Farine	300 g
Levure en poudre (facultatif)	2 pincées
Bicarbonate de soude	1½ cuillerée à café
Crème aigre	17 cl
Extrait de vanille	1 cuillerée à café

Meringue italienne:

Sucre en poudre	500 g
Café soluble en poudre (facultatif)	1 cuillerée à soupe
Eau	30 cl
Bicarbonate de soude	1 pincée
Blancs d'œufs battus en neige	2

Mélangez progressivement le sucre et le beurre et travaillez jusqu'à ce que l'appareil soit clair et mousseux. Ajoutez les œufs un par un, sans cesser de battre. Dans une casserole à fond épais, versez l'eau bouillante sur les morceaux de chocolat et remuez à feu doux jusqu'à ce que l'appareil soit lisse et épais. Laissez-le tiédir avant de l'incorporer au mélange au beurre et aux œufs. Tamisez la farine avec la levure, si vous en utilisez, et le bicarbonate de soude. Incorporez le tout à la pâte, en alternant avec la crème aigre et l'extrait de vanille.

Faites cuire dans 3 moules à manqué beurrés au four préchauffé à 190° (5 au thermostat) pendant 25 minutes environ, jusqu'à ce que les gâteaux se détachent du moule. Démoulez-les sur des grilles et laissez-les refroidir.

Pour la meringue italienne, mettez le sucre et le café soluble, selon le goût, dans une casserole avec l'eau et remuez à feu doux jusqu'à dissolution du sucre. Portez à ébullition sans remuer et faites cuire à 115°, jusqu'au petit boulé. Hors du feu, ajoutez le bicarbonate de soude et battez vigoureusement jusqu'à ce que le sirop se voile. Versez-le sur les œufs en neige sans cesser de fouetter vigoureusement, jusqu'à ce que la meringue épaississe et perde son aspect brillant. Appliquez-la immédiatement entre les couches du gâteau ainsi que sur le dessus et les côtés.

MARGARET COSTA
FOUR SEASONS COOKERY BOOK

Gâteau au chocolat

Pour un gâteau de 20 cm de diamètre (8 personnes environ)

Chocolat râpé	125 g
Œufs, blancs séparés des jaunes et battus en neige	5
Sucre en poudre	250 g
Beurre ramolli	125 g
Farine tamisée	125 g

Prendre les jaunes d'œufs et les battre avec le sucre en poudre (jusqu'à ce que le mélange fasse le ruban). Ajouter le beurre un peu fondu, le chocolat râpé, et bien battre le tout en ajoutant peu à peu la farine. Mélanger à cette pâte les blancs d'œufs battus en neige, et verser l'appareil dans une tourtière beurrée. Mettre à cuire au four (préchauffé à 180°, 4 au thermostat) durant 30 minutes (davantage, si nécessaire).

FERNAND POINT
MA GASTRONOMIE

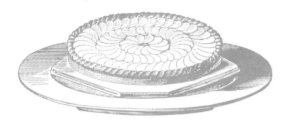

Gâteau allemand au chocolat

Schokoladentorte

Pour un gâteau de 18 cm de diamètre (6 à 8 personnes)

Chocolat de ménage	100 g
Beurre ramolli	100 g
Sucre glace	160 g
Œufs, blancs séparés des jaunes et battus en neige	7
Farine	150 g
Confiture d'abricots	60 g
Crème fraîche épaisse légèrement fouettée	12 cl
Pralines au chocolat	60 g

Dans un plat allant au feu, faites fondre le chocolat au four préchauffé à 170° (3 au thermostat). Dans une terrine contenant le beurre, incorporez le sucre glace, les jaunes d'œufs et le chocolat fondu. Travaillez pendant 20 minutes, jusqu'à ce que le mélange soit lisse et crémeux. Incorporez les blancs en neige et la farine.

Faites cuire dans un moule beurré et fariné, au four à 180° (4 au thermostat), pendant 40 minutes environ, jusqu'à ce que le gâteau se détache du moule. Vérifiez la cuisson à la lame de couteau qui doit ressortir propre. Laissez tiédir le gâteau 10 minutes avant de le démouler sur une grille pour le faire entièrement refroidir.

Coupez le gâteau en deux dans le sens de la hauteur, abricotez la couche du fond et étalez la moitié de la crème fouettée. Replacez la moitié supérieure du gâteau et couvrez avec le reste de crème. Garnissez de pralines au chocolat.

MARIA HAJKOVA
MÚČNIKY

Le Montmorency

Vous pouvez remplacer les cerises par une purée de figues fraîches ou par des pruneaux ou des abricots secs dénoyautés et hachés, mis à gonfler dans de l'eau avec un peu de kirsch et parfumés avec de la marmelade d'oranges. Pour mettre ce gâteau en valeur, il faut le préparer un jour, voire deux ou trois, à l'avance. Tous les parfums du chocolat et des fruits auront bien macéré et seront encore plus riches.

Pour un gâteau de 22 cm de diamètre (8 personnes environ)

Chocolat de ménage cassé en morceaux	400 g
Café soluble	2 cuillerées à soupe
Kirsch	10 cl
Œufs, jaunes séparés des blancs	4
Beurre à température ambiante	175 g
Farine	50 g
Sel	1 pincée
Sucre en poudre	125 g
Cerises dénoyautées	500 g

Tapissez un moule profond avec du papier sulfurisé puis beurrez-en uniformément l'intérieur.

Dans une casserole à fond épais, faites fondre 250 g de chocolat avec la moitié du café soluble et la moitié du kirsch à feu doux, en remuant de temps en temps jusqu'à obtention d'un appareil homogène. Hors du feu, incorporez les jaunes d'œufs un par un puis remettez la casserole sur le feu et remuez vigoureusement jusqu'à ce que les jaunes soient réchauffés et aient légèrement lié le chocolat. Hors du feu, ajoutez le beurre par cuillerées à soupe, en remuant jusqu'à ce que la préparation soit homogène. Incorporez la farine.

Battez les blancs d'œufs en neige avec le sel. Saupoudrez de 60 g de sucre et continuez à battre jusqu'à ce que l'appareil soit ferme et brillant. Incorporez délicatement la préparation chaude au chocolat dans cet appareil à meringue et versez le tout dans le moule préparé. Faites cuire au four préchauffé à 190° (5 au thermostat) de 25 à 30 minutes, jusqu'à ce que le gâteau ait monté, en vérifiant la cuisson à la lame de couteau qui doit ressortir avec une trace légèrement crémeuse. Ne le laissez pas trop cuire. Faites-le refroidir sur une grille 45 minutes au moins avant de le démouler. En refroidissant, il s'affaissera et la surface se craquèlera un peu.

Pendant que le gâteau cuit puis refroidit, mettez les cerises dans une casserole avec le reste de sucre et 2 cuillerées à soupe du reste de kirsch. Réservez-en quelques-unes pour la décoration, selon le goût. Faites cuire à feu modéré ou doux, à demi-couvert, de 30 à 40 minutes, en remuant de temps en temps. Dix minutes environ avant la fin de la cuisson, découvrez pour faire réduire les cerises en compote épaisse. Laissez-les refroidir puis hachez-les grossièrement. Renversez le gâteau sur un plat de service et enlevez le papier.

Avec une grande cuillère, tracez un cercle de 13 cm au centre du gâteau et évidez l'intérieur jusqu'à 15 cm du fond. Incorporez le gâteau prélevé aux cerises et remettez cette préparation dans le gâteau. Lissez la surface.

Dans une casserole à fond épais, faites fondre le reste de chocolat, de café et de kirsch avec 3 cuillerées à soupe d'eau en remuant de temps en temps, jusqu'à obtention d'une préparation homogène. Laissez tiédir avant de glacer la surface et les côtés du gâteau. Mettez-le au réfrigérateur et sortez-le 30 minutes avant de servir. Servez le Montmorency garni avec les cerises réservées.

SIMONE BECK ET MICHAEL JAMES
NEW MENUS FROM SIMCA'S CUISINE

Gâteau au chocolat à la Sacher

Sachertorte

Pour un gâteau de 22 cm de diamètre (8 personnes environ)

Chocolat de ménage	300 g
Beurre	200 g
Sucre en poudre	200 g
Œufs, blancs séparés des jaunes et battus en neige	10
Farine tamisée	150 g
Biscotte émiettée	50 g
Chapelure	
Marmelade d'abricots	

Battez le beurre en crème. Ajoutez le sucre en alternant avec les jaunes d'œufs et travaillez cette préparation pendant 30 minutes, jusqu'à ce qu'elle soit claire et mousseuse.

Dans une casserole ou dans une terrine, faites fondre 200 g de chocolat au bain-marie non bouillant. Incorporez la préparation au beurre. Ajoutez la farine et les miettes de biscotte puis les blancs en neige. Versez l'appareil obtenu dans un moule beurré et saupoudré de chapelure et faites cuire au four préchauffé à 180° (4 au thermostat) pendant 1 heure, jusqu'à ce que le gâteau se détache du moule. Laissez-le tiédir 10 minutes avant de le démouler sur une grille pour le faire entièrement refroidir.

Le lendemain, glacez à l'abricot le dessus et les côtés du gâteau. Laissez prendre. Faites fondre le reste de chocolat au bain-marie non bouillant et étalez-le uniformément sur la marmelade. Pour rendre le gâteau lisse et brillant, passez-le 1 ou 2 minutes au four préchauffé à 170° (3 au thermostat) après l'avoir glacé.

ELIZABETH SCHULER
MEIN KOCHBUCH

Forêt noire aux cerises

Schwarzwälder Kirschtorte

Pour un gâteau de 20 cm de diamètre (6 à 8 personnes)

Cerises aigres dénoyautées	750 g
Sucre en poudre	300 g
Œufs, blancs séparés des jaunes et battus en neige	4
Eau	6 cuillerées à soupe
Beurre	125 g
Farine	200 g
Farine de maïs	50 g
Levure en poudre	1 cuillerée à café
Cacao en poudre	50 g
Arack ou rhum	1 à 2 cuillerées à soupe
Crème fraîche épaisse fouettée et légèrement sucrée	50 cl
Copeaux de chocolat de ménage *(page 11)*	50 g

Dans une terrine, battez 250 g de sucre avec les jaunes d'œufs et l'eau pendant 20 minutes, jusqu'à ce que le mélange soit mousseux. Versez-y le beurre préalablement fondu. Tamisez les farines avec la levure et le cacao et incorporez lentement le tout au mélange aux œufs en remuant. Ajoutez les blancs en neige. Faites cuire dans un moule au four préchauffé à 180° (4 au thermostat) pendant 45 minutes, jusqu'à ce que le gâteau se détache du moule, en vérifiant la cuisson à la lame de couteau qui doit ressortir propre.

Laissez le gâteau refroidir ou, mieux encore, attendez jusqu'au lendemain. Ensuite, coupez-le en trois dans le sens de la hauteur. Imbibez la couche inférieure d'arack ou de rhum, posez les cerises aigres dessus et saupoudrez du reste de sucre. Couvrez de crème fouettée et parez la deuxième couche du gâteau. Étalez une autre couche de crème et couvrez avec la dernière tranche de gâteau. Enfin, enduisez de crème le gâteau monté et saupoudrez toute la surface (côtés compris) de copeaux de chocolat.

HERMINE KIEHNLE ET MARIA HÄDECKE
DAS NEUE KIEHNLE-KOCHBUCH

Gâteau au chocolat et aux amandes

Pour un gâteau de 18 cm de diamètre (6 personnes environ)

Chocolat de ménage	250 g
Amandes en poudre	125 g
Eau	5 cuillerées à soupe
Œufs, jaunes séparés des blancs	4
Sucre semoule	250 g
Beurre ramolli	125 g
Farine	75 g

Faire fondre le chocolat dans l'eau. Ajouter hors du feu les jaunes, puis le sucre, le beurre amolli, les amandes en poudre, la farine. Mettre en dernier lieu les blancs battus en neige. Cuire à four doux (préchauffé à 180°, 4 au thermostat) pendant 45 à 50 minutes dans un moule bien beurré.

GINETTE MATHIOT
JE SAIS FAIRE LA PÂTISSERIE

Gâteau de chocolat à la purée de pommes de terre

Mashed-Potato Chocolate Cake

Pour obtenir la quantité de purée nécessaire, faites cuire à l'eau deux pommes de terre moyennes jusqu'à ce qu'elles soient tendres et écrasez-les avec 4 cuillerées à soupe de lait chaud et 15 g de beurre.

Pour un gâteau de 22 cm de diamètre (8 personnes environ)

Chocolat de ménage fondu au bain-marie chaud mais non bouillant	90 g
Purée de pommes de terre tenue au chaud au bain-marie non bouillant	250 g
Beurre à température ambiante	125 g
Sucre en poudre	400 g
Bicarbonate de soude dissous dans 4 cuillerées à soupe d'eau	1 ½ cuillerée à café
Gros œufs, jaunes séparés des blancs et battus en omelette, blancs battus en neige	4
Farine	250 g
Levure en poudre	2 cuillerées à café
Sel	½ cuillerée à café
Lait	10 cl
Extrait de vanille	1 cuillerée à café

Glaçage au moka et au cacao :

Café noir très fort	5 cuillerées à soupe
Poudre de cacao	4 cuillerées à soupe
Beurre	75 g
Sucre glace	500 g
Sel	½ cuillerée à café
Extrait de vanille	1 cuillerée à café

Préchauffez le four à 190° (5 au thermostat). Beurrez et farinez deux moules à génoise.

Battez le beurre avec le sucre jusqu'à ce que le mélange soit clair et mousseux. Ajoutez la purée et le chocolat fondu chauds et mélangez intimement. Ajoutez le bicarbonate de soude, remuez bien et incorporez les jaunes d'œufs. Tamisez la farine avec la levure et le sel puis tamisez-les à nouveau au-dessus de la pâte, en alternant avec le lait et en battant avec une cuillère. Ajoutez l'extrait de vanille et incorporez délicatement les blancs en neige en dernier.

Répartissez également cet appareil entre les deux moules. Enfournez et laissez cuire 40 minutes environ, en vérifiant la cuisson à la lame de couteau qui doit ressortir propre. Démoulez et laissez refroidir entièrement sur des grilles avant de glacer.

Battez le beurre en crème jusqu'à ce qu'il soit très lisse. Tamisez le sucre glace avec le sel et le cacao et incorporez très progressivement le tout dans le beurre. Ajoutez le café et travaillez jusqu'à obtention de la consistance requise pour le glaçage. Aromatisez avec la vanille. Étalez le glaçage entre les deux couches de gâteau, et sur le dessus et les côtés.

JUNE PLATT
JUNE PLATT'S NEW ENGLAND COOK BOOK

Galette au chocolat

Pour une galette de 18 cm de diamètre (4 personnes environ)

Chocolat de ménage fondu	125 g
Beurre ramolli	60 g
Sucre en poudre	125 g
Œufs, blancs séparés des jaunes et battus en neige	3
Farine	2 cuillerées à soupe

Dans une terrine, battez le beurre avec le sucre jusqu'à ce que le mélange soit clair et mousseux. Incorporez progressivement les jaunes d'œufs, le chocolat, la farine et enfin les blancs en neige.

Beurrez un moule à tarte et versez-y l'appareil sur une épaisseur de 2,5 cm environ. Faites cuire 10 minutes au four préchauffé à 220° (7 au thermostat). Quand le dessus est bien doré, posez par-dessus un moule à tarte de mêmes dimensions que le premier, à l'envers, et retournez le tout pour que la galette se retrouve dans le second moule. Remettez 10 minutes au four. L'intérieur de la galette doit être tendre. Servez-la froide.

X.-M. BOULESTIN
SIMPLE FRENCH COOKING FOR AMERICAN HOMES

Gâteau au chocolat de la maréchale de Lannes

Pour faire fondre le chocolat, reportez-vous aux explications données à la page 10.

Pour un gâteau de 18 cm de diamètre (6 personnes environ)

Chocolat de ménage	300 g
Œufs, blancs séparés des jaunes et battus en neige	4
Sucre en poudre	200 g
Farine	100 g

Crème :

Eau	20 cl
Sucre semoule	100 g
Jaunes d'œufs	3
Beurre	400 g
Chocolat de ménage fondu dans 1 cuillerée à soupe d'eau	400 g

Glaçage :

Chocolat de ménage	200 g
Sucre glace	90 g
Beurre	15 g
Jaune d'œuf	1

Le biscuit : mettez dans une terrine les jaunes d'œufs et le sucre et battez jusqu'à ce que le mélange devienne blanc mousseux. Ajoutez le chocolat (que vous avez fait fondre au préalable avec 1 dé à coudre d'eau), la farine, les blancs d'œufs fouettés en neige. Mélangez bien le tout et versez l'appareil dans un moule beurré. Faites cuire 30 minutes environ à four moyen (préchauffé à 180°, 4 au thermostat). Le biscuit est cuit lorsque l'aiguille à piquer est sèche.

La crème : faites fondre dans un verre d'eau le sucre et mettez dans une casserole à feu doux, jusqu'à consistance de sirop bien lisse. Incorporez hors du feu les jaunes d'œufs en battant afin d'obtenir une crème légère. Laissez refroidir. Amenez en malaxant le beurre à consistance de pommade, incorporez-y le chocolat fondu et mélangez-y la crème précédemment obtenue, qui a eu le temps de refroidir.

Coupez le biscuit en 3 tranches horizontales et reconsti-

tuez-le en mettant entre chaque tranche une couche épaisse de crème. Le gâteau est ainsi monté.

Le glaçage : faites fondre le chocolat à feu doux dans une glace de sucre avec le beurre. Hors du feu, liez cette sauce avec le jaune d'œuf, et nappez le gâteau de façon qu'il ait un vernis également luisant.

LES PETITS PLATS ET LES GRANDS

Gâteau au chocolat et à la cannelle

Torta de chocolate

Recette chilienne adaptée de *El Cocinero Chileno*, initialement publié en espagnol en 1875.

Pour un gâteau de 22 cm de diamètre (8 personnes environ)

Chocolat de ménage fondu	175 g
Cannelle en poudre	4 cuillerées à café
Sucre en poudre	500 g
Clous de girofle pilés	1 cuillerée à café
Œufs, jaunes séparés des blancs	14
Pain noir râpé	175 g

Mélangez le sucre avec la cannelle, les clous de girofle et le chocolat. Incorporez les jaunes d'œufs un par un et travaillez vigoureusement pendant 1 heure, jusqu'à ce que le mélange épaississe et fasse le ruban. Incorporez les blancs d'œufs avec le pain râpé. Versez l'appareil obtenu dans un moule beurré. Mettez immédiatement au four préchauffé à 150° (2 au thermostat) et faites cuire 1 heure environ en vérifiant la cuisson à la lame de couteau qui doit ressortir propre. Laissez refroidir avant de démouler sur une assiette plate.

MARTHA VON ZOBELTITZ
DAS KASSEROL: ABSONDERLICHE GAUMENLETZEN AUS ALLER ZEIT

Gâteau néerlandais au chocolat
Holländische Shokoladentorte

Pour un gâteau de 20 cm de diamètre (6 personnes environ)

Chocolat de ménage ou amer râpé	120 g
Beurre ramolli	180 g
Sucre en poudre	180 g
Œufs, blancs séparés des jaunes et battus en neige	8
Cannelle en poudre	1 cuillerée à café
Petit citron, zeste râpé et jus passé	1
Amandes pilées (ou 125 g d'amandes pilées mélangées à 125 g de biscuits à la cuillère ou autres biscuits émiettés)	250 g

Garniture :

Lait	35 cl
Sucre en poudre	80 g
Jaunes d'œufs	3
Cacao	50 g
Beurre coupé en petits morceaux	45 g

Glace au chocolat :

Chocolat de ménage	90 g
Sucre en poudre	175 g
Eau	12 cl

Dans une terrine, travaillez le beurre avec le sucre et les jaunes d'œufs pendant 30 minutes environ, jusqu'à ce que le mélange soit mousseux. Faites fondre le chocolat avec 2 cuillerées à soupe d'eau chaude et incorporez-le par cuillerées au contenu de la terrine. Mélangez intimement. Ajoutez la cannelle, le zeste et le jus de citron et les amandes puis incorporez les blancs en neige.

Faites cuire dans un moule beurré au four préchauffé à 180° (4 au thermostat) pendant 1 heure environ, jusqu'à ce que le gâteau se détache du moule, en vérifiant la cuisson à la lame de couteau qui doit ressortir propre. Laissez le gâteau refroidir avant de le couper en 3 tranches horizontales.

Pour la garniture, mettez le lait, le sucre, les jaunes d'œufs, le cacao et le beurre dans une casserole ou dans une terrine placée au bain-marie et remuez jusqu'à obtention d'une crème épaisse. Étalez cette crème entre les couches de gâteau et superposez-les.

Pour la glace, faites fondre le chocolat au bain-marie. Dans une petite casserole, faites bouillir le sucre avec l'eau jusqu'au petit boulé. Laissez tiédir le sirop obtenu avant de l'incorporer au chocolat. Étalez cette glace sur tout le gâteau pendant qu'elle est encore chaude et qu'elle commence à épaissir.

HERMINE KIEHNLE ET MARIA HÄDECKE
DAS NEUE KIEHNLE-KOCHBUCH

Le gâteau au vinaigre de grand-mère
Granny's Vinegar Cake

Recette originaire de Kircudbrightshire, en Écosse.

Pour un gâteau de 22 cm de diamètre (8 personnes environ)

Vinaigre blanc distillé	3 cuillerées à soupe
Beurre	250 g
Farine	500 g
Levure en poudre	1 cuillerée à café
Sucre en poudre (ou cassonade)	250 g
Raisins de Corinthe	250 g
Raisins secs sans pépins ou épépinés	125 g
Œuf battu (facultatif)	1
Lait	17 cl
Bicarbonate de soude	1 cuillerée à café

Pétrissez le beurre avec la farine jusqu'à obtention d'une préparation friable. Ajoutez le sucre et tous les raisins secs puis éventuellement l'œuf. Dans un grand bol, mettez 15 cl de lait avec le vinaigre. Faites chauffer le reste de lait, ajoutez le bicarbonate de soude et remuez jusqu'à ce qu'il soit dissous. Incorporez rapidement cette préparation à la pâte. Faites cuire dans un moule graissé et fariné au four préchauffé à 190° (5 au thermostat) pendant 30 minutes, puis baissez la température à 150° (2 au thermostat) et laissez cuire encore 30 minutes, jusqu'à ce que le gâteau soit ferme au toucher.

PETITS PROPOS CULINAIRES I

Gâteau gallois aux grattons
Teisen Griwsion

On désigne sous le nom de grattons ou gratterons, en français, et de *criwsion* ou *creision,* en gallois, les résidus de la fonte de la graisse de porc. Au pays de Galles, on les mangeait avec du pain et du beurre, après les avoir secoués dans de la farine d'avoine et assaisonnés de sel et de poivre. On les employait également parfois à la place de la matière grasse habituelle dans les gâteaux. Cette recette est originaire de Swansea, dans le Glamorgan.

Pour un gâteau de 20 cm sur 16 (8 personnes environ)

Levain	500 g
Grattons	350 g
Sucre en poudre	275 g
Lait mélangé avec de l'eau	15 cl environ

Dans une terrine, mettez le levain, les grattons et 250 g de sucre et versez progressivement le lait et l'eau jusqu'à obtention d'une pâte molle, en commençant par travailler avec un couteau à lame arrondie et en terminant avec les doigts. Mettez la pâte sur une planche bien farinée et abaissez-la sur 2,5 cm environ d'épaisseur. Placez-la dans un moule peu profond et graissé, saupoudrez d'un peu de sucre et faites cuire au four préchauffé à 190° (5 au thermostat) pendant 30 minutes environ, jusqu'à ce que le gâteau sonne creux quand vous le tapotez et que le dessus soit bien doré.

S. MINWEL TIBBOTT
WELSH FARE

Gâteau aux pommes de terre

Poten Dato

Le *Poten Dato* était très répandu dans les régions galloises du Cardiganshire et du Pembrokeshire où les pommes de terre abondaient à l'automne. On le préparait en grandes quantités et on le faisait cuire dans un four mural en briques qu'on allumait au moins une fois par semaine pour cuire le pain. Comme les briques conservaient la chaleur pendant plusieurs heures, on avait coutume d'y mettre les gâteaux et les puddings et de les y laisser toute la nuit.

Vous pouvez modifier les quantités indiquées selon le goût, et ajouter jusqu'à 60 g de beurre si vous désirez obtenir un gâteau plus riche.

Pour un gâteau de 22 cm de diamètre

Pommes de terre cuites à l'eau et écrasées	600 g
Beurre coupé en petits morceaux	125 g
Sucre en poudre	60 g
Raisins de Corinthe	60 g
Farine	125 g
Epices composées	2 cuillerées à café
Sel	
Œuf battu	1
Lait	15 cl environ

Dans une terrine, écrasez les pommes de terre avec le beurre. Incorporez les ingrédients secs puis l'œuf et un peu de lait, jusqu'à obtention d'une préparation assez molle. Faites cuire dans un plat peu profond préalablement beurré au four préchauffé à 180° (4 au thermostat) pendant 45 minutes, jusqu'à ce que le dessus du gâteau soit doré. Servez chaud.

S. MINWEL TIBBOTT
WELSH FARE

Gâteau aux raisins de Smyrne

Betsy Cake

Le *Betsy Cake* se sert en Angleterre à la fin des moissons.

Pour un gâteau de 20 cm de diamètre (8 personnes environ)

Raisins de Smyrne	250 g
Beurre	125 g
Sucre en poudre	125 g
Sirop de sucre	1 cuillerée à soupe
Farine d'orge	250 g
Farine	250 g
Lait	25 cl
Levure en poudre	1½ cuillerée à café
Sel	½ cuillerée à café

Travaillez le beurre et le sucre jusqu'à ce que le mélange soit homogène. Ajoutez le sirop de sucre, puis la farine et le lait en alternant, les raisins secs, la levure et, enfin, le sel.

Pétrissez le tout et faites cuire dans un moule beurré de 1 heure 30 minutes à 2 heures environ au four préchauffé à 170° (3 au thermostat).

MME C.F. LEYEL
CAKES OF ENGLAND

Gâteau gallois

Cacen Gneifio neu Ddyrnu

Pour un gâteau de 20 cm de diamètre (6 personnes environ)

Graisse de lard fondue	250 g
Farine	375 g
Sucre en poudre	250 g
Raisins de Corinthe et de Malaga	250 g de chaque
Gros œufs battus	2
Bicarbonate de soude dissous dans 4 cuillerées à soupe d'eau tiède mélangée avec du babeurre	1 cuillerée à café
Babeurre	25 cl environ

Amalgamez la graisse et la farine et travaillez avec le sucre et les raisins secs. Incorporez progressivement les œufs battus, le bicarbonate de soude et une quantité suffisante de babeurre pour donner à la pâte une consistance assez molle. Faites cuire dans un moule graissé au four préchauffé à 180° (4 au thermostat) pendant 1 heure 30 minutes environ, en vérifiant la cuisson à la lame de couteau qui doit ressortir propre. Laissez tiédir 10 minutes avant de démouler le gâteau sur une grille pour le faire entièrement refroidir.

S. MINWEL TIBBOTT
WELSH FARE

Gâteau au cidre

Cider Cake

Recette originaire du Somerset, comté du Sud de l'Angleterre. Ce gâteau au parfum subtil de cidre est particulièrement bon avec une purée de pommes et beaucoup de crème fraîche, ou servi lors d'un pique-nique avec des pommes et du cidre.

Pour un gâteau de 18 cm (6 personnes environ)

Cidre	15 cl
Beurre	125 g
Sucre en poudre	125 g
Œufs battus	2
Farine	250 g
Bicarbonate de soude	1 cuillerée à café
Muscade râpée	1 cuillerée à café

Travaillez le beurre avec le sucre, ajoutez les œufs battus puis la moitié de la farine tamisée avec le bicarbonate de soude et la muscade. Versez le cidre et battez vigoureusement jusqu'à ce que l'acidité du cidre fasse mousser l'appareil. Incorporez le reste de farine. Faites cuire dans le moule carré bien graissé au four préchauffé à 180° (4 au thermostat) pendant 40 minutes, jusqu'à ce que le gâteau se détache du moule.

ELISABETH AYRTON
THE COOKERY OF ENGLAND

Gâteau au gingembre

Teisen Sinsir

Pour un gâteau de 25 cm de diamètre (10 personnes environ)

Gingembre en poudre	30 g
Mélasse	500 g
Beurre	125 g
Cassonade	60 g
Ecorce confite hachée	30 g
Œufs battus	2
Farine	500 g
Bicarbonate de soude	1 cuillerée à café
Lait	20 cl environ

Dans une casserole, faites fondre la mélasse avec le beurre et la cassonade à feu doux, et remuez jusqu'à ce que le mélange soit homogène.

Mélangez l'écorce et les œufs battus. Dans une terrine contenant les ingrédients secs, incorporez progressivement la préparation aux œufs puis celle à la mélasse et, enfin, une quantité suffisante de lait pour obtenir une pâte assez liquide. Versez cette pâte dans un moule peu profond et bien graissé.

Faites cuire au four préchauffé à 180° (4 au thermostat) pendant 45 minutes environ, en vérifiant la cuisson à la lame de couteau qui doit ressortir propre.

WALES GAS HOME SERVICE
A WELSH WELCOME

Le gâteau au gingembre de Lady Constance Howard

Lady Constance Howard's Ginger Cake

Pour un moule à pain de 1 kg (10 à 12 personnes)

Gingembre en poudre	2 cuillerées à soupe
Farine	600 g
Levure en poudre	1 cuillerée à café
Beurre	125 g
Sucre en poudre	125 g
Raisins secs	250 g
Œufs battus	2
Mélasse foncée	15 cl
Lait	15 cl

Mélangez la farine et la levure, amalgamez le beurre et ajoutez le sucre, le gingembre et les raisins secs. Incorporez la mélasse et le lait aux œufs puis mélangez intimement avec la pâte et versez immédiatement dans un moule à pain tapissé de papier sulfurisé beurré. Faites cuire 2 heures environ au four préchauffé à 180° (4 au thermostat), jusqu'à ce que le gâteau se détache du moule.

W.T. FERNIE
KITCHEN PHYSIC

Gâteau à la mélasse

Molasses Cake

Pour un gâteau de 25 cm de côté (12 à 16 personnes)

Mélasse	50 cl
Farine	1 kg
Beurre	250 g
Sucre en poudre	250 g
Gingembre en poudre	2 cuillerées à soupe
Bicarbonate de soude	1 cuillerée à soupe
Eau chaude	3 cuillerées à soupe
Lait aigre	25 cl

Travaillez la farine avec le beurre, dans une terrine, jusqu'à ce que la préparation soit lisse, puis incorporez le sucre et le gingembre. Délayez le bicarbonate de soude dans l'eau chaude et ajoutez-le à la préparation avec le lait aigre et la mélasse. Travaillez jusqu'à obtention d'une pâte assez collante. Si elle est un peu trop ferme, ajoutez un peu d'eau et si elle est trop molle, mettez un peu plus de farine. Faites cuire dans un moule beurré au four préchauffé à 190° (5 au thermostat) pendant 50 minutes en vérifiant la cuisson à la lame de couteau qui doit ressortir propre. L'intérieur du gâteau doit être de couleur très foncée.

OSCAR TSCHIRKY
THE COOKBOOK BY «OSCAR» OF THE WALDORF

Pain d'épices aux raisins secs

Raisin Gingerbread

Pour un pain d'épices de 22 cm sur 22 (6 personnes environ)

Raisins secs lavés et épongés	75 g
Sucre en poudre	150 g
Mélasse	15 cl
Eau bouillante	15 cl
Beurre	30 g
Bicarbonate de soude	1 cuillerée à café
Noix ou noix de pécan hachées	60 g
Œuf battu	1
Farine	175 g
Cannelle et gingembre en poudre	1 cuillerée à café de chaque
Clous de girofle pilés	2 pincées
Crème fraîche épaisse légèrement fouettée	25 cl

Préchauffez le four à 180° (4 au thermostat). Mélangez le sucre, la mélasse et l'eau bouillante. Incorporez le beurre et le bicarbonate de soude pendant que la préparation est encore chaude. Laissez refroidir. Ajoutez les raisins secs, les noix et l'œuf battu. Tamisez la farine avec les épices et incorporez le tout à la préparation.

Remplissez un moule carré bien beurré. Enfournez et laissez cuire de 35 à 40 minutes, jusqu'à ce que le centre du pain d'épices soit cuit.

Servez chaud ou froid, avec la crème fraîche.

JUNE PLATT
JUNE PLATT'S NEW ENGLAND COOK BOOK

Gâteaux à la bière

Porter Cakes

Pour 2 gâteaux de 18 cm de diamètre (10 à 12 personnes)

Bière brune anglaise	30 cl
Beurre	250 g
Sucre en poudre	350 g
Œufs battus	2
Raisins de Corinthe	750 g
Farine	500 g
Bicarbonate de soude	1 cuillerée à café
Epices composées	½ cuillerée à café

Faites fondre le beurre à feu très doux sans le laisser mousser. Hors du feu, incorporez le sucre, la bière et les œufs. Mettez le tout dans une terrine. Mélangez les raisins secs avec la farine et incorporez-les au contenu de la terrine. Ajoutez enfin le bicarbonate de soude et les épices composées. Travaillez vigoureusement pendant quelques minutes pour bien amalgamer tous les ingrédients. Répartissez l'appareil obtenu entre 2 moules et faites cuire au four préchauffé à 180° (4 au thermostat) pendant 2 heures au moins, en vérifiant la cuisson à la lame de couteau qui doit ressortir propre. Laissez tiédir 10 minutes avant de démouler les gâteaux sur une grille pour les faire entièrement refroidir.

ANN PASCOE
CORNISH RECIPES OLD AND NEW

Gâteau au miel ukrainien

Ukrainian Honey Cake

Pour un gâteau de 18 cm de diamètre (4 à 6 personnes)

Miel liquide, réchauffé au bain-marie non bouillant	25 cl
Gros œufs (ou 4 moyens) battus en omelette	3
Farine	175 g
Levure en poudre	1 cuillerée à café

Battez le miel chaud jusqu'à ce qu'il mousse et ajoutez les œufs, la farine et la levure. Faites cuire dans un moule peu profond beurré au four préchauffé à 190° (5 au thermostat) de 15 à 20 minutes. Vérifiez la cuisson au bout de 15 minutes: le gâteau est cuit quand il se détache du moule. Démoulez-le immédiatement sur du papier sulfurisé et laissez-le refroidir. Conservez-le dans une boîte en fer hermétique pendant au moins une journée avant de le servir.

BRITISH COLUMBIA WOMEN'S INSTITUTES
ADVENTURES IN COOKING

Gâteau au miel polonais à l'ancienne

Staropolski Piernik Świąteczny

Vous pouvez glacer et décorer ce gâteau avec du chocolat, mais même servi tel quel; il sera toujours le premier des gâteaux polonais traditionnels sur une table de Noël.

Pour un gâteau de 20 cm sur 25 (15 personnes environ)

Miel	500 g
Sucre en poudre	500 g
Beurre	250 g
Farine	1 kg
Œufs	3
Bicarbonate de soude dissous dans 12 cl de lait	3 cuillerées à café
Sel	½ cuillerée à café
Cannelle, clous de girofle, gingembre et cardamome en poudre	1 cuillerée à café de chaque
Noix hachées (facultatif)	30 g
Ecorce d'orange émincée et dorée dans 15 g de beurre avec 2 cuillerées à soupe de sucre en poudre (facultatif)	3 cuillerées à soupe
Confiture de prunes ou massepain	

Faites progressivement chauffer le miel avec le sucre et le beurre presque jusqu'à ébullition. Laissez refroidir. En travaillant avec les mains, ajoutez petit à petit la farine, les œufs, le bicarbonate de soude et le lait, le sel et les épices. Ajoutez les noix et l'écorce d'orange selon le goût. Roulez la pâte obtenue en boule, placez-la dans une terrine, couvrez-la avec une serviette et laissez-la reposer pendant plusieurs heures ou une nuit au frais.

Divisez la pâte en 3 parties, abaissez-les et foncez 3 moules rectangulaires. Faites-les cuire au four préchauffé à 180° (4 au thermostat) pendant 40 minutes, jusqu'à ce que les gâteaux soient légèrement dorés et fermes au toucher. Au début, ils sont durs, mais au bout de 2 ou 3 jours, ils deviendront tendres et fondront dans la bouche. Quand ils sont froids, vous pouvez les empiler en tartinant chaque couche de confiture de prunes ou de massepain ou des deux.

Après avoir garni le gâteau, couvrez-le d'une feuille de papier et mettez une planche ou des livres par-dessus. Ce gâteau se gardera longtemps si vous le conservez au frais.

M. LEMNIS ET H. VITRY
W. STAROPOLSKIEJ KUCHNI I PRZY POLSKIM STOLE

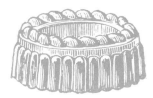

« Cake » à la catalane

« Cake » a la catalana

Pour un gâteau de 20 cm sur 25 (8 personnes environ)

Beurre	165 g
Sucre en poudre	165 g
Œufs	3
Farine tamisée avec 1 cuillerée à café de levure en poudre	200 g
Pignons mondés et grillés	150 g
Tranches d'oranges confites, coupées en petits morceaux	165 g
Rhum ambré	12 cl

Battez le beurre avec le sucre jusqu'à ce que le mélange soit très crémeux. Ajoutez les œufs un par un, en battant jusqu'à obtention d'une préparation homogène. Incorporez la farine tamisée avec la levure, les pignons et les morceaux d'orange puis versez le rhum.

Versez cet appareil dans un moule rectangulaire beurré et fariné et lissez la surface avec une spatule. Faites cuire au four préchauffé à 180° (4 au thermostat) pendant 45 minutes, en vérifiant la cuisson à la lame de couteau qui doit ressortir propre. Laissez refroidir dans le moule.

CANDIDO LOPEZ
EL LIBRO DE ORO DE LA GASTRONOMIA

Pain aux dattes et aux noix

Date and Nut Loaf

Pour 2 pains de 22 cm sur 12 (10 à 12 personnes)

Dattes dénoyautées et grossièrement hachées	500 g
Noix grossièrement hachées	250 g
Cassonade	275 g
Beurre	250 g
Œufs	3
Bicarbonate de soude dissous dans 1 cuillerée à soupe d'eau chaude	1 cuillerée à café
Sel	
Farine tamisée	325 g

Travaillez le sucre et le beurre jusqu'à ce que le mélange blanchisse et incorporez les œufs un par un. Ajoutez le bicarbonate de soude, une pincée de sel, les noix et les dattes. Incorporez la farine. Remplissez chaque moule avec la moitié de la pâte. Faites cuire au four préchauffé à 170° (3 au thermostat) de 1 heure 30 minutes à 2 heures, jusqu'à ce que les pains se détachent du moule.

BRITISH COLUMBIA WOMEN'S INSTITUTES
ADVENTURES IN COOKING

Petits pains au lait de Clunie Rock

Clunie Rock Buns

Pour 18 petits pains

Beurre	60 g
Farine	250 g
Sucre semoule	100 g
Chocolat de ménage râpé	2 cuillerées à soupe
Noix, noisettes ou amandes hachées	60 g
Raisins secs	60 g
Epices composées	2 pincées
Levure en poudre	1 cuillerée à café
Œuf légèrement battu	1
Lait	

Travaillez le beurre avec la farine. Incorporez 90 g de sucre, le chocolat, les noix, les raisins secs, les épices et la levure. Ajoutez l'œuf et une quantité suffisante de lait pour obtenir une pâte ferme. Farinez-vous les mains et divisez cette pâte en boules que vous placez à 5 cm d'intervalle environ sur une plaque à four légèrement farinée. Faites cuire au four préchauffé à 180° (4 au thermostat) 20 minutes environ, jusqu'à ce que les petits pains soient dorés. Saupoudrez-les du reste de sucre semoule pendant qu'ils sont encore chauds.

ELIZABETH CRAIG
THE SCOTTISH COOKERY BOOK

Gâteaux à la portugaise

Portugal Cakes

Pour 12 petits gâteaux

Sucre en poudre	125 g
Jaunes d'œufs	4
Rhum	1 cuillerée à soupe
Amandes mondées	60 g
Blancs d'œufs, 4 battus en neige	5
Jus d'orange	15 cl
Zeste râpé d'orange	1 cuillerée à soupe
Sucre glace	

Dans une terrine, battez le sucre, les jaunes d'œufs et le rhum au fouet pendant 10 minutes. Dans un mortier, pilez les amandes avec un blanc d'œuf. Passez la pommade obtenue au tamis placé au-dessus d'une terrine et ajoutez le jus et le zeste d'orange. Mélangez intimement. Incorporez les blancs en neige au contenu de la terrine. Mélangez intimement avec la préparation aux amandes.

Foncez un petit moule carré préalablement beurré avec une feuille de papier beurré. Étalez l'appareil dans le moule,

saupoudrez d'un peu de sucre glace et faites cuire au four préchauffé à 180° (4 au thermostat) pendant 25 minutes, jusqu'à ce que le gâteau soit légèrement doré. Laissez-le tiédir 10 minutes puis démoulez-le, enlevez le papier et coupez-le en 12 parts égales que vous saupoudrez d'un peu de sucre glace pendant qu'elles sont encore chaudes. Servez.

MAY BYRON
MAY BYRON'S CAKE BOOK

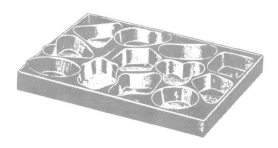

Le gâteau passe-partout de George Mardikian

George Mardikian's All-Purpose Cake

Vous servirez ce délicieux gâteau sur son socle de caramel dur avec du thé ou, en dessert, avec des fruits.

Pour un gâteau de 22 cm sur 22 (6 personnes environ)

Cassonade	300 g
Farine tamisée	250 g
Beurre	125 g
Crème aigre	25 cl
Bicarbonate de soude	1 cuillerée à café
Œuf battu	1
Muscade râpée	1 cuillerée à café
Noix, amandes, noisettes ou pistaches hachées	
Cannelle en poudre	

Beurrez un moule carré. Mélangez la cassonade avec la farine et le beurre comme une pâte à gâteau, avec le bout des doigts. Réservez la moitié de cette préparation friable. Mélangez la crème aigre avec le bicarbonate de soude, l'œuf et la muscade et incorporez le tout à l'autre moitié.

Étalez la préparation réservée dans le moule, couvrez avec l'appareil à la crème aigre et saupoudrez de noix hachées et de cannelle. Faites cuire au four préchauffé à 180° (4 au thermostat) pendant 40 minutes environ, en vérifiant la cuisson à la lame de couteau qui doit ressortir propre. N'ouvrez pas la porte du four pendant les 30 premières minutes de cuisson.

Laissez refroidir le gâteau, démoulez-le et remettez-le à l'endroit pour que le socle de caramel se trouve en dessous.

GEORGE MARDIKIAN
DINNER AT OMAR KHAYYAM'S

Vert-Vert

Pour donner une coloration verte à la crème aux pistaches, faites blanchir quelques feuilles d'épinards pendant 1 minute dans de l'eau bouillante puis passez-les au tamis fin. Faites chauffer la purée obtenue, jetez l'eau exprimée et utilisez la purée épaisse qui reste.

Pour un gâteau de 22 cm de diamètre (6 personnes)

Pistaches décortiquées	50 g
Œufs	4
Sucre cristallisé	125 g
Farine	60 g
Crème de riz	60 g
Kirsch	4 cuillerées à soupe
Citron, zeste râpé	½
Beurre à peine fondu	60 g

Crème aux pistaches :

Pistaches décortiquées	80
Kirsch	10 cl
Vert d'épinards	1 cuillerée à soupe
Sucre semoule	80 g
Œuf	1
Jaunes d'œufs	2
Farine	1 cuillerée à café
Sel	1 pincée
Lait	25 cl
Beurre frais	60 g

Cassez les œufs entiers dans la bassine, et montez-les avec le sucre sur un feu doux ; il faut 10 minutes à un praticien, 15 minutes à la personne qui n'a pas l'habitude du fouet.

La pâte ne doit pas être plus que tiède ; et, pour être bien montée, elle doit rester sur elle-même, c'est-à-dire faire un petit monticule lorsque vous soulevez le fouet et que vous laissez retomber la pâte. Passez au tamis la farine et la crème de riz. Pilez les pistaches, en leur ajoutant le kirsch ; puis, mélangez bien cela à la pâte avec le zeste de citron, après en avoir sorti le fouet, et opérez ce mélange au moyen d'une spatule, de préférence à une cuillère. Ajoutez le beurre à peine fondu. Versez dans un moule à génoise. Faites cuire au four doux préchauffé à 180° (4 au thermostat), pendant 25 à 30 minutes. En retirant du four le gâteau, renversez-le sur un tamis de crin. Le gâteau Vert-Vert n'est pas encore terminé ; ceci est seulement le gâteau-biscuit qui vous est nécessaire.

Dans de l'eau bouillante, mettez les pistaches, et laissez-les-y 1 minute seulement ; elles perdraient leur couleur si vous les y laissiez plus longtemps. Mondez-les et pilez-les, en leur ajoutant le kirsch. Il faut, en pilant ainsi, obtenir une pâte de pistache très fine. Si le kirsch ne suffit pas, ajoutez un peu de beurre vers la fin. Relevez cette pâte avec un bout de carton,

et mettez-la, avec quelques gouttes de vert d'épinards, dans le saladier où vous devez bientôt verser la crème. Délayez le sucre semoule avec l'œuf entier et les jaunes ; travaillez assez pour blanchir le mélange. Ajoutez la farine, le sel ; travaillez pendant 1 minute encore.

Ajoutez le lait, et faites bouillir. Versez cette crème sur les pistaches (en pâte, dans le saladier), et tournez toujours en versant. Lorsque la crème aux pistaches est à moitié froide, incorporez-lui 30 g de beurre frais.

Coupez le biscuit en trois tranches horizontales ; mettez sur les trois couches les trois quarts de la crème ; badigeonnez le tour au pinceau. Chauffez légèrement le restant de crème, pour lui incorporer ce qui vous reste de votre beurre frais. Mettez cette crème dans un cornet, et faites sur le Vert-Vert le dessin qu'il vous plaira. Ce gâteau est aussi bon le lendemain que le jour même.

MME JEANNE SAVARIN
LA CUISINE DES FAMILLES

Les gâteaux du mort

Pan di mort

Pour 20 gâteaux de 10 cm sur 4

Cassonade en gros cristaux	400 g
Cacao	50 g
Chocolat de ménage fondu	60 g
Vin blanc	17 cl
Miel	1 cuillerée à soupe
Farine	300 g
Amandes mondées et concassées	300 g
Ecorce confite	100 g
Pignons	100 g
Epices composées	1 cuillerée à soupe
Sucre glace	

Dans une terrine, pétrissez tous les ingrédients à l'exception du sucre glace. Divisez l'appareil obtenu en 20 petits pains ovales que vous rangez sur une plaque à four beurrée et foncée de papier sulfurisé beurré selon le goût. Faites cuire au four préchauffé à 180° (4 au thermostat) pendant 1 heure, jusqu'à ce que les gâteaux soient fermes au toucher. Saupoudrez-les de sucre glace pendant qu'ils sont encore chauds.

OTTORINA PERNA BOZZI
VECCHIA MILANO IN CUCINA

Marjolaine

Vous pouvez faire cuire un gâteau en 1 minute environ au four très chaud à condition de disposer d'un thermostat très précis et de surveiller la cuisson de près. Pour faire un gâteau de 12 à 16 parts, divisez les proportions données par 4.

Pour un gâteau de 12 cm sur 50 (40 à 60 personnes)

Amandes mondées	900 g
Noisettes	600 g
Sucre cristallisé	1,200 kg
Farine	100 g
Blancs d'œufs	32
Paillettes de chocolat *(page 11)*	
Sucre en poudre	

Crème au chocolat:

Crème fraîche	1 litre
Chocolat de ménage	1,500 kg

Crème blanche:

Beurre ramolli	125 g
Crème Chantilly parfumée avec du sucre vanillé	1 litre

Crème blanche pralinée:

Beurre ramolli	125 g
Crème Chantilly parfumée avec du sucre vanillé	1 litre
Pralin *(page 94)*	400 g

Prendre les amandes et les noisettes, et faire griller le tout séparément sur deux plaques (au four préchauffé à 200°, 6 au thermostat, pendant 10 minutes). Quand les noisettes sont grillées, les mettre dans un tamis et enlever toute la peau, puis mélanger amandes et noisettes. Ajouter le sucre cristallisé et broyer le tout très fin. Ajouter aussi, pour que ce soit moins fragile, la farine.

Monter les blancs d'œufs bien fermes, et mélanger le tout sans faire retomber les blancs. Mettre ensuite dans 4 moules en bandes, beurrés et légèrement farinés. Et cuire au four à 200° (6 au thermostat) durant 3 à 4 minutes. À noter que pour confectionner le gâteau dit «Marjolaine», il faut quatre bandes fourrées avec trois crèmes différentes.

1. Une crème au chocolat ainsi composée: faire bouillir la crème fraîche et le chocolat, mélanger et laisser refroidir.

2. Une crème blanche ainsi composée: beurre mis en pommade et mélangé à de la crème Chantilly (mélanger jusqu'à ce qu'on voie que le beurre va «trancher», c'est-à-dire qu'il ne pourra plus supporter de crème).
3. Une crème blanche pralinée (préparée comme la précédente, en ajoutant le pralin en dernier).

Fermer avec la quatrième bande. Lisser les côtés du gâteau et les saupoudrer de paillettes de chocolat, puis saupoudrer le gâteau de sucre en poudre. Laissez reposer 24 heures avant de servir.

FERNAND POINT
MA GASTRONOMIE

Gâteau glacé aux noix
Nut-Glazed Cake

Pour faire du lait aigre, ajoutez 2 cuillerées à café de jus de citron ou de vinaigre à du lait frais.

Pour un gâteau de 22 cm de côté (6 à 8 personnes)

Noix hachées	125 g
Beurre	170 g
Cassonade	60 g
Eau	1 cuillerée à soupe
Chocolat amer	30 g
Sucre en poudre	275 g
Œufs	2
Farine tamisée avec ¾ de cuillerée à café de bicarbonate de soude et 1 cuillerée à café de sel	200 g
Lait aigre ou babeurre	25 cl
Crème fleurette (facultatif)	25 cl

Faites fondre 45 g de beurre au fond du moule, ajoutez la cassonade et l'eau et mélangez. Saupoudrez cet appareil des noix hachées.

Faites fondre le chocolat au bain-marie, retirez-le du feu puis laissez-le refroidir quelques minutes en veillant à ce qu'il ne redurcisse pas. Travaillez le reste de beurre avec le sucre jusqu'à ce que le mélange soit mousseux et ajoutez les œufs un par un en battant vigoureusement avant de mettre le second. Incorporez le chocolat. Mélangez avec la farine et le lait aigre, en alternant. Mettez cette pâte dans le moule.

Faites cuire au four préchauffé à 180° (4 au thermostat) pendant 50 minutes environ en vérifiant la cuisson à la lame de couteau qui doit ressortir propre. Laissez le gâteau reposer 5 minutes puis renversez délicatement le moule sur un plat de service et démoulez. Servez chaud, tel quel ou avec de la crème fouettée.

BRITISH COLUMBIA WOMEN'S INSTITUTES
ADVENTURES IN COOKING

Gâteau de noix rustique au café

Torta rustica di noci al caffè

Pour un gâteau de 20 cm de diamètre (6 à 8 personnes)

Cerneaux de noix très finement hachés	200 g
Café fort	10 à 15 cl
Beurre ramolli	100 g
Sucre semoule	300 g
Œufs légèrement battus	2
Farine tamisée avec 1 cuillerée à soupe de levure en poudre	200 g

Battez le beurre avec le sucre jusqu'à ce que le mélange soit clair et mousseux. Incorporez les œufs. Ajoutez la farine en alternant avec le café, jusqu'à ce que le mélange soit lisse et homogène. Ajoutez les noix. Faites cuire dans un moule beurré, au four préchauffé à 180° (4 au thermostat) pendant 1 heure environ, en vérifiant la cuisson à la lame de couteau qui doit ressortir propre.

MARIÙ SALVATORI DE ZULIANI
LA CUCINA DI VERSILIA E GARFAGNANA

Gâteau aux pignons, aux noix et à l'anisette

Brustengolo

Pour un gâteau de 20 cm sur 30 (8 à 10 personnes)

Pignons	100 g
Cerneaux de noix concassés	200 g
Anisette	4 cuillerées à soupe
Farine de maïs	350 g
Eau bouillante légèrement salée	1 litre
Pomme épluchée, évidée et émincée	1
Citron, zeste râpé et jus passé	1
Sucre en poudre	100 g
Huile d'olive	8 cl
Beurre	

Mettez la farine dans une terrine et versez progressivement l'eau, sans cesser de remuer avec une cuillère en bois. Arrosez les pommes de jus de citron et mélangez-les avec le zeste de citron, les pignons et les noix. Parfumez avec le sucre, l'huile et l'anisette et incorporez le tout à la farine.

Beurrez généreusement un moule et versez-y la pâte en la répartissant uniformément. Faites cuire au four préchauffé à 180° (4 au thermostat) pendant 20 minutes environ, jusqu'à ce que le dessus du gâteau soit bien doré. Servez froid.

LUIGI VOLPICELLI ET SECONDINO FREDA
L'ANTIARTUSI: 1000 RICETTE

Gâteau au café Claricinha

Bôlo de café Claricinha

Pour un gâteau de 25 cm de diamètre (8 personnes environ)

Café fort	25 cl
Œufs légèrement battus	2
Sucre en poudre	200 g
Miel	350 g
Beurre ramolli	15 g
Fruits confits hachés	125 g
Raisins secs	150 g
Chocolat de ménage râpé	125 g
Cannelle en poudre	1 cuillerée à café
Clou de girofle écrasé	1
Levure en poudre	1 cuillerée à soupe
Farine	350 g

Mélangez tous les ingrédients et travaillez-les bien. Faites cuire dans un moule beurré, au four préchauffé à 180° (4 au thermostat) pendant 1 heure 30 minutes, jusqu'à ce que le gâteau se détache du moule.

DONA TITA
RECEITAS EXPERIMENTADAS

Gâteau au riz sauvage et au bourbon

Wild Rice-Bourbon Cake

Pour un gâteau de 1 kg (8 personnes environ)

Riz sauvage cuit à l'eau pendant 30 minutes, jusqu'à ce que les grains éclatent	90 g
Bourbon	15 cl
Farine tamisée	500 g
Sel	½ cuillerée à café
Levure en poudre	2 cuillerées à café
Lait	15 cl
Extrait de vanille	1 cuillerée à café
Beurre ramolli	500 g
Sucre en poudre	400 g
Œufs à température ambiante	8

Tamisez la farine avec le sel et la levure et réservez. Mélangez le bourbon avec le lait et la vanille et réservez.

Travaillez le beurre avec le sucre jusqu'à ce que le mélange soit clair et mousseux. Ajoutez les œufs un par un en battant bien après chaque addition. Ajoutez le tiers de la farine tamisée avec le sel et la levure en une seule fois puis le tiers de la préparation au bourbon, etc. Incorporez le riz sauvage et mélangez intimement.

Faites cuire dans un moule à pain généreusement beurré et fariné au four préchauffé à 150° (2 au thermostat) 1 heure 15 minutes environ, en vérifiant la cuisson à la lame de couteau qui doit ressortir propre. Laissez tiédir 10 minutes sur une grille avant de démouler sur la grille.

Pour que le gâteau se dessèche le moins possible en refroidissant, mettez-le sur un plat à gâteau et couvrez-le avec une serviette. Il est particulièrement bon tiède, lorsqu'il a suffisamment refroidi pour qu'on puisse le couper facilement en tranches.

BETH ANDERSON
WILD RICE FOR ALL SEASONS COOKBOOK

Gâteau de la rose moussue

Moss Rose Cake

Pour un gâteau de 20 cm de diamètre (8 personnes environ)

Œufs	4
Sucre en poudre	400 g
Extrait d'amandes	½ cuillerée à café
Lait bouillant	25 cl
Farine tamisée	250 g
Levure en poudre	2 cuillerées à café

Glaçage :

Sucre en poudre	2 cuillerées à soupe
Eau	10 cl
Blancs d'œufs battus en neige	2
Extrait de vanille	1 cuillerée à café
Noix de coco râpée	250 g
Grosse orange, zeste râpé et jus passé	1

Cassez les œufs dans le sucre et battez pendant 12 minutes. Versez l'extrait d'amandes dans le lait chaud et laissez tiédir. Tamisez de nouveau la farine avec la levure au-dessus du

mélange aux œufs et au sucre, versez lentement le lait chaud et battez 3 minutes. Faites cuire dans deux moules, au four préchauffé à 180° (4 au thermostat), pendant 25 minutes, jusqu'à ce que les gâteaux se détachent du moule. Démoulez-les sur des grilles pour les faire entièrement refroidir.

Pour la glace, mélangez 300 g de sucre avec l'eau dans une petite casserole et faites bouillir pendant 15 minutes environ, jusqu'au petit filet. Versez lentement le sirop obtenu sur les blancs d'œufs et battez jusqu'à obtention d'un appareil suffisamment épais pour être étalé. Ajoutez la vanille et couvrez les deux gâteaux de cette glace, sans les superposer.

Mélangez la noix de coco avec le zeste et le jus d'orange et sucrez selon le goût. Quand le glaçage commence à prendre, enduisez-le de cette préparation et assemblez le gâteau.

MARION BROWN
THE SOUTHERN COOK BOOK

Gâteau renversé au sirop d'érable

Maple Upside-Down Cake

Pour un gâteau de 25 cm sur 15 (6 personnes environ)

Sirop d'érable pur	25 cl
Beurre	30 g
Sucre en poudre	3 cuillerées à soupe
Gros œuf battu	1
Farine	125 g
Levure en poudre	2 cuillerées à café
Sel	2 pincées
Lait	10 cl
Noix de pécan coupées en 2	6
Crème fraîche épaisse	30 cl

Préchauffez le four à 190° (5 au thermostat). Portez le sirop d'érable à ébullition et versez-le dans un plat à four en verre rectangulaire de 5 cm de profondeur environ. Battez le beurre avec le sucre jusqu'à ce que le mélange soit clair et mousseux et incorporez l'œuf. Tamisez la farine avec la levure et le sel puis tamisez à nouveau le tout au-dessus du mélange en alternant avec le lait de manière à obtenir une pâte homogène. Versez la pâte sur le sirop et étalez-la uniformément.

Enfournez et laissez cuire de 25 à 30 minutes environ, jusqu'à ce que la surface soit dorée. Vérifiez la cuisson à la lame de couteau qui doit ressortir propre. Laissez refroidir le gâteau 10 minutes avant de le démouler à l'envers sur un plat chaud, en le décollant des parois du plat à la lame de couteau. Parsemez-le de noix, coupez-le en 6 parts égales et servez-le chaud, nappé de crème légèrement fouettée ou tel quel.

JUNE PLATT
JUNE PLATT'S NEW ENGLAND COOK BOOK

Gâteau de Glenna McGinnis Lane

Glenna McGinnis Lane Cake

Ce gâteau a traditionnellement quatre étages, mais vous pouvez très bien en faire deux à deux couches seulement.

Pour faire griller des noix de pécan, passez-les 15 minutes au four préchauffé à 180° (4 au thermostat).

Pour un gâteau de 22 cm de diamètre (12 à 14 personnes)

Beurre	250 g
Sucre en poudre	500 g
Extrait de vanille	1 cuillerée à café
Farine tamisée	400 g
Levure en poudre	3½ cuillerées à café
Sel	1 cuillerée à café
Lait	25 cl
Blancs d'œufs battus en neige	8

Garniture :

Jaunes d'œufs	12
Sucre en poudre	400 g
Sel	½ cuillerée à café
Beurre	175 g
Rye ou bourbon	10 cl
Noix de pécan concassées et grillées	200 g
Noix de coco fraîche râpée	200 g
Raisins secs épépinés et hachés	200 g
Noix de pécan grillées coupées en 2 (facultatif)	

Beurrez légèrement 4 moules à génoise et foncez-les de papier sulfurisé que vous beurrez également. Si vous ne disposez que de 2 moules, faites la cuisson en deux temps.

Battez le beurre en crème jusqu'à ce qu'il soit très mousseux : vous travaillerez plus facilement dans le gros bol du mixer. Incorporez progressivement le sucre : le mélange doit être léger. Ajoutez la vanille et battez pendant quelques secondes. Tamisez plusieurs fois les ingrédients secs ensemble et ajoutez-les au mélange crémeux en alternant avec le lait. Si vous travaillez au mixer, arrêtez-le, ajoutez la préparation tamisée, mélangez à la vitesse la plus faible et versez lentement le lait au centre. Ne mélangez pas trop, juste assez pour que la farine s'amalgame uniformément.

A l'aide d'une spatule ou d'un fouet, incorporez délicatement les blancs en neige. Répartissez uniformément l'appareil dans les 4 moules et faites cuire au four préchauffé à 180° (4 au thermostat) pendant 25 minutes environ, jusqu'à ce que les gâteaux se détachent de leur moule et soient spongieux au toucher. Laissez-les tiédir 10 minutes sur des grilles avant de les démouler et de les mettre à refroidir complètement sur les grilles. Pendant ce temps, préparez la garniture.

Dans une casserole, battez légèrement les jaunes d'œufs au fouet à main ou électrique. Ajoutez le sucre, le sel et le beurre. Faites cuire au-dessus d'une casserole d'eau frémissante — l'eau ne doit pas toucher la casserole contenant les œufs —, sans cesser de remuer jusqu'à ce que le sucre soit dissous, le beurre fondu et la préparation légèrement épaisse. Ne laissez pas trop cuire car les œufs se sépareraient et durciraient comme des œufs brouillés. Hors du feu, versez le rye ou le bourbon, battez pendant 1 minute et incorporez les noix, la noix de coco et les raisins secs.

Laissez refroidir la garniture obtenue et étalez-la entre les couches de gâteaux ainsi que sur le dessus et les côtés. Si au bout d'une heure la garniture a coulé, remettez-la sur le gâteau. Si vous voulez, vous pouvez décorer le dessus, et éventuellement les côtés, de noix de pécan grillées coupées en deux. Ce gâteau sera meilleur si vous le laissez dans une boîte en fer hermétique pendant 3 à 5 jours au moins, au frais et au sec. Vous pourrez le conserver ainsi de 3 à 4 semaines. Il se congèle également très bien.

JAMES BEARD
JAMES BEARD'S AMERICAN COOKERY

Gâteau au pain noir

Black Bread Torte

Pour un gâteau de 22 cm de diamètre (8 personnes environ)

Pumpernickel ou pain noir frais émietté	100 g
Rhum	4 cuillerées à soupe
Œufs, jaunes séparés des blancs	6
Sel	1 pincée
Sucre en poudre	200 g
Extrait de vanille	1 cuillerée à café
Cerneaux de noix finement râpés	30 g
Chocolat de ménage râpé	100 g
Crème fraîche épaisse fouettée, sucrée et parfumée au rhum	35 cl

Versez le rhum sur les miettes de pain et réservez. Battez les blancs d'œufs en neige avec le sel. Ajoutez le sucre, cuillerée à soupe par cuillerée à soupe, en battant bien après chaque addition. Travaillez pendant 5 minutes au moins, jusqu'à obtention d'un appareil très ferme.

Remuez les jaunes d'œufs avec une fourchette. Ajoutez la vanille. Incorporez le quart de l'appareil aux blancs d'œufs et versez cette préparation sur le reste des blancs. Ajoutez les miettes au rhum, les noix et le chocolat râpé. Mélangez délicatement le tout et versez dans un moule profond à parois amovibles dont vous aurez beurré le fond.

Faites cuire au four préchauffé à 180° (4 au thermostat) de 50 à 60 minutes, jusqu'à ce que le dessus du gâteau soit doré et ferme au toucher. Laissez-le refroidir avant de le démouler: il se tassera un peu. Servez avec la crème fouettée.

PAULA PECK
THE ART OF FINE BAKING

Couronne à l'orange et aux noix de pécan

Orange Pecan Crown Cake

Vous pouvez garnir cette couronne de fraises fraîches et la servir avec un petit tas de sucre glace sur le côté pour y tremper les fraises.

Pour une couronne de 20 cm (4 à 6 personnes)

Grosse orange, zeste râpé	1
Noix de pécan hachées menu	75 g
Beurre ramolli	90 g
Sucre en poudre	100 g
Œuf	1
Extrait de vanille	½ cuillerée à café
Farine tamisée	125 g
Levure en poudre	½ cuillerée à café
Bicarbonate de soude	½ cuillerée à café
Sel	1 pincée
Babeurre	10 cl
Dattes dénoyautées, émincées et roulées dans 2 cuillerées à soupe de farine	6 cuillerées à soupe
Sucre glace tamisé	

Sirop au rhum:

Jus d'orange fraîchement passé	6 cuillerées à soupe
Sucre en poudre	60 g
Rhum	2 cuillerées à soupe

Dans une terrine, battez vigoureusement le beurre avec le sucre. Ajoutez l'œuf et la vanille et continuez à battre jusqu'à ce que le mélange soit clair et mousseux. Incorporez la farine tamisée avec la levure, le bicarbonate de soude et le sel, en alternant avec le babeurre. Incorporez enfin le zeste d'orange puis les dattes mélangées aux noix de pécan.

Faites cuire dans un moule à kugelhopf ou dans un moule-couronne à fond amovible d'une capacité de 1,25 litre environ, beurré et fariné, au four préchauffé à 180° (4 au thermostat), pendant 40 minutes, jusqu'à ce que le gâteau soit spongieux au toucher. Avec une aiguille à brider, percez des trous à 1 cm d'intervalle jusqu'au fond du moule.

Mélangez tous les ingrédients du sirop et versez lentement sur le gâteau chaud qui doit bien s'en imbiber. Laissez refroidir dans le moule, sur une grille. Quand le gâteau est froid, couvrez-le ou enveloppez-le hermétiquement et laissez-le reposer deux ou trois jours. Avec un couteau à lame fine, décollez les bords et démoulez. Saupoudrez de sucre glace tamisé et coupez délicatement en tranches assez épaisses.

VICTOR J. BERGERON
TRADER VIC'S RUM COOKERY AND DRINKERY

Gâteau de riz martiniquais

Martinique Rice Cake

Ce gâteau est très bon avec n'importe quelle confiture sucrée ou servi tel quel, comme accompagnement d'une compote de fruits ou d'une marmelade de fruits à la crème.

Pour un gâteau de 25 cm de diamètre (8 à 10 personnes)

Riz	250 g
Lait chaud	90 cl
Extrait de vanille	½ cuillerée à café
Beurre	125 g
Œufs, blancs séparés des jaunes et battus en neige	4
Sucre semoule	40 g
Amandes en poudre	1 cuillerée à soupe

Garniture:

Confiture de goyaves ou d'autres fruits	
Crème fraîche épaisse fouettée (facultatif)	

Dans une casserole, mélangez le lait et la vanille, ajoutez le riz et faites-le cuire à feu doux pendant 20 minutes environ, jusqu'à ce qu'il soit tendre. Égouttez et laissez refroidir.

Dans une terrine, battez le beurre en crème. Ajoutez les jaunes d'œufs sans cesser de battre et continuez à travailler pendant 5 minutes. Incorporez le sucre, les amandes puis le riz cuit et enfin les blancs en neige. Versez cet appareil dans un moule beurré que vous plongez jusqu'à mi-hauteur dans une casserole d'eau chaude. Faites cuire au four préchauffé à 190° (5 au thermostat) pendant 1 heure, en vérifiant la cuisson à la lame de couteau qui doit ressortir propre.

Démoulez le gâteau, laissez-le refroidir et garnissez-le de confiture et, selon le goût, de crème fouettée non sucrée.

MARY SLATER
CARIBBEAN COOKING FOR PLEASURE

Barada au rhum

Rum Barada

Si vous préparez ce gâteau à l'avance, couvrez-le d'un cône de papier sulfurisé pendant qu'il rafraîchit au réfrigérateur.

Pour un gâteau de 20 cm de diamètre (6 personnes environ)

Rhum	3 cuillerées à soupe
Beurre	125 g
Sucre semoule	125 g
Œufs battus	2
Farine tamisée 3 fois avec 1 cuillerée à café de levure en poudre	125 g
Extrait de vanille	¼ de cuillerée à café
Sucre semoule dissous dans 2 cuillerées à soupe d'eau	1 cuillerée à soupe
Marmelade d'abricots tamisée	2 cuillerées à soupe
Cerises confites	
Feuilles d'angélique	

Garniture :

Beurre	60 g
Sucre semoule	60 g
Rhum (facultatif)	2 cuillerées à soupe
Jaune d'œuf	1
Amandes ou noix de cajou pilées parfumées de quelques gouttes d'extrait d'amandes	60 g
Crème fraîche épaisse	2 cuillerées à soupe
Gros morceau de gingembre confit, haché menu (facultatif)	1

Battez le beurre avec le sucre jusqu'à ce que le mélange blanchisse. Incorporez d'abord les œufs battus puis la farine tamisée avec la levure et enfin l'extrait de vanille. Faites cuire dans un moule à savarin beurré et fariné au four préchauffé à 180° (4 au thermostat) pendant 30 minutes environ, jusqu'à ce que le gâteau soit bien doré et se détache des parois du moule. Laissez-le tiédir 10 minutes avant de le démouler sur une grille pour le laisser refroidir.

Avec une fourchette à petites dents, piquez le gâteau sur toute la face inférieure et çà et là sur le dessus et les côtés en prenant soin de ne pas abîmer la croûte. Mélangez le sucre semoule dissous avec 2 cuillerées à soupe de rhum et arrosez généreusement la partie inférieure du gâteau à l'aide d'une cuillère à café. Humectez le reste au niveau des trous de fourchette afin que l'intérieur soit bien imbibé. Dressez le gâteau sur un plat de service.

Dans une petite casserole, mélangez intimement la marmelade d'abricots avec le reste de rhum à feu très doux, en remuant très délicatement, jusqu'à ce que le mélange soit chaud et clair. Avec un pinceau à pâtisserie propre et sec, enduisez toute la croûte extérieure ainsi que la cavité centrale du gâteau de cette glace, en prenant soin de ne pas déplacer les miettes de la croûte. Le gâteau doit être bien lustré. Mettez-le au réfrigérateur.

Pour la garniture, battez le beurre en pommade. Ajoutez le sucre et travaillez pendant quelques minutes jusqu'à ce que le mélange soit clair et mousseux. Versez progressivement le rhum et continuez à battre jusqu'à ce que le mélange blanchisse et épaississe. Ajoutez le jaune d'œuf, mélangez intimement puis incorporez les amandes ou les noix pilées et la crème fraîche et battez encore pendant quelques minutes. Si vous utilisez du gingembre haché, c'est le moment de l'ajouter. Mettez cette garniture au réfrigérateur. Quand elle est bien glacée, empilez-la dans la cavité centrale du gâteau, en l'arrondissant délicatement.

Mettez les restes éventuels de garniture dans un cône fait dans une double épaisseur de papier sulfurisé avec une douille à meringue ordinaire à l'extrémité. Couchez une belle décoration autour de la base de la même manière. Garnissez en alternant cerises et feuilles d'angélique (dessus et en bas) et disposez une grappe de cerises et de feuilles d'angélique sur la garniture centrale. Mettez au réfrigérateur jusqu'au dernier moment. Servez glacé.

HILDA DEUTROM (RÉDACTRICE)
CEYLON DAILY NEWS COOKERY BOOK

Gâteau aux gaudes d'Échenon

Échenon est un petit pays situé sur l'Ouche, affluent de la Saône. On y cultive le maïs, dont les grains séchés d'une façon spéciale produisent les gaudes employées dans ce gâteau.

Recette du Dr Guichard de Saint-Jean-de-Losne.

Pour un gâteau de 18 cm de diamètre (6 personnes environ)

Gaudes ou farine de maïs	60 g
Beurre frais	125 g
Farine de gruau	125 g
Sucre en poudre	125 g

Faites fondre doucement le beurre dans une petite casserole ; d'autre part, mélangez la farine de maïs avec celle de gruau et le sucre en poudre. Versez-y le beurre fondu, mélangez le tout et versez-le sur une plaque de tôle munie d'un cercle mobile ; étendez régulièrement dans ce moule la pâte, qui est un peu grumeleuse, aplatissez avec le dos d'une cuillère, que tout soit bien lisse et bien plat.

Vingt minutes au four moyen (préchauffé à 190°, 5 au thermostat). Surveillez ! Cela brûle facilement. Démoulez au sortir du four et coupez en tranches tout de suite, car ce gâteau durcit rapidement.

Bon à servir avec le thé, chaud ou froid.

70 MÉDECINS DE FRANCE
LE TRÉSOR DE LA CUISINE DU BASSIN MÉDITERRANÉEN

Gâteau à la noix de coco

Coconut Cake

Pour 4 gâteaux de 18 cm de diamètre (16 à 24 personnes)

Noix de coco, pulpe râpée	1½
Lait de coco	10 cl
Sucre semoule	500 g
Beurre	500 g
Œufs, blancs séparés des jaunes et battus en neige	8
Semoule	350 g
Farine tamisée	125 g
Levure en poudre	1 cuillerée à café
Petites noix de muscade râpées	2
Graines de carvi, cannelle et gingembre en poudre	½ cuillerée à café de chaque

Travaillez le beurre et le sucre en pommade. Ajoutez les jaunes d'œufs un par un, sans cesser de battre. Incorporez les blancs battus en neige et la semoule; mélangez intimement puis ajoutez progressivement la farine préalablement mélangée avec la levure, la muscade, le carvi, la cannelle et le gingembre. Lorsque l'appareil est homogène, incorporez la noix de coco râpée puis le lait de coco.

Faites cuire les gâteaux dans des moules peu profonds beurrés au four préchauffé à 180° (4 au thermostat) pendant 20 minutes, jusqu'à ce qu'ils se détachent du moule.

MME J. BARTLEY
INDIAN COOKERY GENERAL FOR YOUNG HOUSEKEEPERS

Gâteau de fromage à la polenta

Torte dolce di polenta e ricotta

Pour un gâteau de 30 cm de diamètre (10 personnes environ)

Fromage blanc très frais ou caillé	350 g
Farine de maïs	300 g
Sucre semoule	175 g
Sel	1 pincée
Raisins de Smyrne lavés	60 g
Pignons	60 g
Cannelle en poudre	1 cuillerée à café
Saindoux	

Amenez 60 cl d'eau à ébullition et versez progressivement la farine de maïs. Faites cuire à feu modéré 30 minutes, sans cesser de remuer, jusqu'à ce que la polenta ait une consistance élastique et se détache des parois de la casserole.

Dans une terrine, écrasez le fromage blanc dans un peu d'eau chaude et ajoutez le sucre et le sel. Incorporez progressivement la polenta cuite jusqu'à obtention d'une pâte ferme mais malléable, en ajoutant un peu d'eau chaude si besoin est. Incorporez les raisins secs.

Versez la pâte obtenue dans un moule graissé, lissez la surface et parsemez-la de pignons puis de saindoux. Faites cuire au four préchauffé à 180° (4 au thermostat) pendant 1 heure et 30 minutes, jusqu'à ce que la surface soit bien dorée. Démoulez le gâteau pendant qu'il est encore chaud et laissez-le refroidir entièrement avant de servir.

LUIGI CARNACINA ET VINCENZA BUONASSISI
IL LIBRO DELLA POLENTA

Gâteau aux poires et aux pommes

Torta detta « La Putana »

Pour un gâteau de 22 cm de diamètre (8 personnes environ)

Poires épluchées, évidées et coupées en dés	2
Pommes épluchées, évidées et coupées en dés	2
Lait	1 litre
Farine	200 g
Farine de maïs	300 g
Raisins de Smyrne	200 g
Figues sèches coupées en morceaux	200 g
Beurre coupé en morceaux	100 g
Sucre en poudre	200 g
Sel	½ cuillerée à café
Levure en poudre	2 cuillerées à café
Chapelure	3 cuillerées à soupe

Portez le lait à ébullition et incorporez progressivement les farines jusqu'à obtention d'une crème épaisse. Dès la reprise de l'ébullition, ajoutez tous les fruits, le beurre, le sucre, le sel et la levure et faites cuire 30 minutes environ, en remuant souvent. Versez cette préparation dans un moule préalablement beurré et saupoudré de chapelure et faites cuire au four préchauffé à 180° (4 au thermostat) pendant 40 minutes, en vérifiant la cuisson à la lame de couteau qui doit ressortir propre et en veillant attentivement à ce que le dessus du gâteau ne brûle pas.

LUIGI VOLPICELLI ET SECONDINO FREDA
L'ANTIARTUSI: 1000 RICETTE

Gâteau de sucre à la grecque

Ravani

Cette délicieuse préparation à base de semoule est nappée de sirop de sucre parfumé au jus de citron. C'est un gâteau léger, mousseux et très sucré que vous pouvez préparer à l'avance.

Pour un gâteau de 36 cm sur 25 (20 à 30 personnes)

Sucre en poudre	620 g
Eau	75 cl
Jus de citron	1 cuillerée à soupe
Beurre	250 g
Œufs moyens battus	5
Semoule ou farine	175 g
Levain	250 g
Levure en poudre	2 cuillerées à café
Extrait de vanille	2 cuillerées à café
Crème fraîche épaisse fouettée (facultatif)	
Noix hachées (facultatif)	

Commencez par préparer le sirop en mélangeant l'eau avec 500 g de sucre et le jus de citron dans une petite casserole. Faites bouillir pendant 15 minutes à feu modéré et laissez refroidir. Le sirop doit être très liquide et pas épais.

Faites fondre le beurre à feu doux sans le laisser roussir. Mettez-le dans une terrine et travaillez-le avec le reste de sucre jusqu'à ce que le mélange blanchisse. Incorporez les œufs. Mélangez la semoule ou la farine avec le levain et la levure et travaillez le tout avec le mélange aux œufs et au sucre. Ajoutez la vanille. Mélangez intimement avec un batteur ou avec une cuillère en bois. A ce stade, la pâte sera jaune doré.

Allumez le four à 180° (4 au thermostat). Beurrez un moule de 5 cm de hauteur ou prenez-en deux petits : la pâte montera d'au moins 2,5 cm dans le moule. Lissez-la et mettez le moule à mi-hauteur du four.

Faites cuire de 30 à 35 minutes, jusqu'à ce que le dessus du gâteau soit assez brun, en vérifiant la cuisson à la lame de couteau qui doit ressortir propre. Coupez le gâteau chaud en carrés ou en losanges dans le moule. Versez le sirop refroidi en filet mince et régulier. Quand le sirop a été absorbé, versez-en encore un peu et répétez l'opération jusqu'à ce qu'il n'en reste plus.

Laissez refroidir avant de servir. Ce gâteau est meilleur à température ambiante. Vous pouvez le garnir de crème fouettée et de noix hachées, selon le goût.

ANNE THEOHAROUS
COOKING AND BAKING THE GREEK WAY

Gâteau de semoule

Polenta-Kuchen

Pour un gâteau de 20 cm de diamètre (6 personnes environ)

Semoule	350 g
Lait	1 litre
Œufs	4
Sucre en poudre	100 g
Farine	30 g
Sel	1 pincée
Beurre coupé en petits morceaux	115 g
Raisins secs	70 g
Pommes épluchées, évidées et coupées en morceaux	3
Crème fleurette	5 cuillerées à soupe
Cannelle en poudre	2 cuillerées à café

Mélangez 5 cuillerées à soupe de lait avec 2 œufs, 60 g de sucre, la farine et le sel, comme pour faire une pâte à crêpes et réservez. Incorporez la semoule dans le reste de lait, amenez à ébullition et ajoutez la moitié du beurre. Faites reprendre l'ébullition en remuant souvent, jusqu'à ce que la préparation ait réduit à la consistance d'une bouillie épaisse. Laissez refroidir.

Mélangez les raisins secs et les pommes avec la pâte puis incorporez le tout à la semoule. Mettez l'appareil dans un moule bien graissé. Lissez la surface et faites des trous avec le manche d'une cuillère en bois. Mélangez les 2 derniers œufs avec le reste de sucre, la crème et la cannelle et versez cette garniture dans le moule. Finissez de remplir les trous avec le reste de beurre et faites cuire au four préchauffé à 220° (7 au thermostat) pendant 1 heure, en vérifiant la cuisson à la lame de couteau qui doit ressortir propre.

EVA MARIA BORER
DIE ECHTE SCHWEIZER KÜCHE

Tartes et tourtes

Tarte aux pommes

Free-Form Apple Tart

La pâte sablée sert aussi habituellement de base aux tartes à la confiture — une couche fine de confiture remplaçant alors les pommes de cette recette — couvertes de croisillons de pâte en guise de décoration. N'importe quelle confiture épaisse ou «beurre» de fruit peut remplacer la marmelade d'abricots pour le glaçage de cette tarte; en général, j'utilise des prunes sauvages.

Pour une tarte de 30 cm de diamètre (8 à 10 personnes)

Pommes	500 g
Sucre en poudre (pour saupoudrer la tarte)	
Marmelade d'abricots	
Pâte sablée:	
Farine	125 g
Sucre en poudre	3 cuillerées à soupe
Beurre ramolli	60 g
Sel	1 pincée
Œuf	1

Dans une terrine, mélangez et écrasez tous les ingrédients de la pâte avec une fourchette jusqu'à obtention d'une préparation assez lisse; pétrissez ensuite avec le bout des doigts pour bien amalgamer le tout. Mettez la pâte obtenue sur une plaque de marbre ou sur une planche farinée et fraisez-la pendant quelques minutes; rassemblez-la en boule et recommencez: à ce stade, elle sera molle et collante. Enveloppez-la dans un plastique ou du papier sulfurisé et mettez-la 2 heures au moins au réfrigérateur.

Si vous utilisez une plaque à pâtisserie, beurrez-la légèrement. Si votre four est équipé d'une plaque métallique épaisse, foncez-la d'une feuille de papier sulfurisé ou d'aluminium légèrement beurrée avant de la chauffer.

Abaissez la pâte le plus rapidement possible, en veillant à ce qu'elle soit toujours légèrement enduite de farine car elle colle facilement. Retournez-la 2 ou 3 fois pendant que vous l'étendez en disque de 32 cm de diamètre environ. Pliez ce disque, posez-le sur la plaque beurrée ou foncée de papier et dépliez-le. La pâte est très fragile; ne vous inquiétez pas si elle se casse: recollez-la. Relevez les bords pour faire une crête que vous pincez avec les dents d'une fourchette.

Coupez les pommes en deux, évidez-les et épluchez-les (ne le faites pas à l'avance car elles noirciraient). Émincez chaque moitié dans le sens de la largeur en tranches de 3 à 5 mm d'épaisseur et disposez ces tranches en cercles concentriques en partant de l'extérieur vers le centre et en faisant chevaucher tranches et cercles. Saupoudrez de sucre et faites cuire au four préchauffé à 180° (4 au thermostat) pendant 1 heure environ, en vérifiant régulièrement la progression de la cuisson au bout de 45 minutes.

A l'aide d'un pinceau à pâtisserie, glacez les tranches de pommes ou versez simplement la marmelade d'abricots avec une cuillère à café, en enduisant régulièrement chaque tranche avec le dos de la cuillère. Faites glisser la tarte sur un plat rond et plat et servez-la chaude, tiède ou froide.

RICHARD OLNEY
SIMPLE FRENCH FOOD

Tourte aux pommes

Apple Pie

Pour une tourte de 22 cm de diamètre (6 à 8 personnes)

Pommes acides, épluchées, évidées et émincées	1 kg
Sucre en poudre	300 g
Sel	1 pincée
Cannelle en poudre	¾ de cuillerée à café
Muscade râpée	2 pincées
Farine	2 cuillerées à soupe
Zeste râpé de citron	½ cuillerée à café
Jus de citron (facultatif)	1 cuillerée à soupe
Beurre	1 à 2 cuillerées à soupe
Pâte brisée *(page 166)*	500 g

Foncez une tourtière avec la moitié de la pâte et couvrez le reste pour qu'elle ne se dessèche pas.

Dans une terrine, mélangez le sucre avec le sel, la cannelle, la muscade et la farine. Mettez les tranches de pomme dans ce mélange et remuez-les jusqu'à ce qu'elles soient uniformément enrobées. Rangez-les dans la tourtière en commençant par l'extérieur et en allant vers le centre jusqu'à ce que le fond de la pâte soit recouvert.

Continuez à disposer les pommes jusqu'à ce que la tourtière soit remplie. Saupoudrez de zeste de citron, arrosez de jus de citron selon le goût et parsemez de noisettes de beurre. Humectez les bords de la croûte, couvrez la tourte avec le reste de pâte et coupez les bords en les laissant dépasser de 1 cm. Pressez fermement les bords ensemble, pincez-les et incisez le milieu du couvercle. Faites cuire au four préchauffé à 220° (7 au thermostat) de 50 minutes à 1 heure, jusqu'à ce que les pommes soient cuites et la croûte bien dorée. Baissez la température du four si la croûte dore trop vite.

LETHA BOOTH (RÉDACTRICE)
THE WILLIAMSBURG COOKBOOK

Tarte le Deun

Pour une tarte de 25 cm de diamètre (8 à 10 personnes)

Pommes	5
Farine	100 g
Beurre	100 g
Amandes hachées	100 g
Sucre cristallisé	200 g
Sucre vanillé	1 sachet
Cannelle en poudre	2 pincées
Pâte feuilletée *(page 167)*	350 g
Crème fraîche (facultatif)	

Pelez les pommes. Coupez-les en lamelles après avoir enlevé cœurs et pépins. Dans un saladier, mettez la farine, le beurre coupé en petits morceaux, les amandes hachées, le sucre cristallisé, le sucre vanillé, la cannelle, mélangez le tout vivement avec le bout de vos doigts.

Étalez la pâte. Garnissez une tourtière beurrée. Remplissez de pommes et couvrez avec la préparation ci-dessus. Cuisez à four moyen (préchauffé à 200°, 6 au thermostat) pendant 40 minutes. Servez chaud avec facultativement une jatte de crème fraîche.

MARIE BISSON
LA CUISINE NORMANDE

Tarte aux pommes « grand-mère »

Recette du restaurant « Les Maritonnes » à Romanèche - Thorins, dans la Saône-et-Loire.

Pour une tarte de 22 cm de diamètre (6 à 8 personnes)

Pommes épluchées, évidées et émincées	750 g
Sucre en poudre	2 à 3 cuillerées à soupe
Œuf	1
Sucre semoule	1 cuillerée à soupe
Crème fraîche	3 cuillerées à soupe
Kirsch	
Pâte brisée *(page 166)*	250 g

Foncez un moule à tarte d'une bonne pâte brisée et couchez les tranches de pommes; sucrez légèrement (avec le sucre en poudre). Cuire 15 minutes à four moyen (préchauffé à 180°, 4 au thermostat).

Préparez une crème composée de l'œuf, du sucre semoule, de la crème fraîche, quelques gouttes de kirsch. Fouettez cette crème. La poser sur la tarte et terminer la cuisson (celle-ci est terminée lorsque la crème est devenue consistante, au bout de 15 minutes environ). Servir chaud.

FÉLIX BENOIT ET HENRI CLOS JOUVE
LA CUISINE LYONNAISE

La tarte à la bréalaise

Pour faire les purées de fruits de cette recette, évidez les pommes, dénoyautez les abricots, faites-les cuire avec du sucre selon le goût et réduisez-les en purée au tamis ou au mixer. Vous pouvez remplacer la purée d'abricots par 150 g de confiture d'abricots. Pour le tourage de la pâte, reportez-vous aux explications données à la page 56.

Pour une tarte de 35 cm de diamètre (6 personnes)

Purée de pommes	300 g
Purée d'abricots	300 g
Noix coupées en quartiers	6 à 8
Pâte :	
Farine de gruau	500 g
Œufs	2
Beurre	375 g
Sel	
Sucre en poudre	1 cuillerée à soupe
Lait	15 à 20 cl

Faites la fontaine avec la farine. Rassemblez dans le puits les œufs entiers, 125 g de beurre, du sel et le sucre; et versez peu à peu sur ces ingrédients 1 verre de lait. Travaillez le tout, puis laissez reposer pendant 1 heure. Abaissez ensuite la pâte, incorporez-y le reste de beurre, donnez 3 tours. Laissez reposer cette pâte pendant 1 heure encore; après quoi vous foncerez un moule à cercle avec les deux tiers.

Garnissez votre tarte d'une marmelade composée de la purée de pommes et de 250 g de purée d'abricots bien mélangées et réduites ensemble. Quadrillez la surface avec des bandelettes de pâte et mettez au four (préchauffé à 220°, 7 au thermostat) pendant 30 minutes environ, en diminuant la température à 190° (5 au thermostat) au bout de 10 minutes de cuisson. La tarte est cuite quand la pâte est dorée.

Lorsque la tarte sera refroidie, vous poserez dans les trous des quadrillages des quartiers de noix fraîches; et lustrerez le tout du reste de purée d'abricots réduit.

ÉDOUARD NIGNON
LES PLAISIRS DE LA TABLE

Tarte meringuée aux groseilles

Gooseberry Meringue Tart

Pour une tarte de 20 cm de diamètre (6 personnes environ)

Groseilles à maquereau épluchées	750 g
Jaunes d'œufs battus	2
Beurre coupé en petits morceaux	60 g
Chapelure	2 cuillerées à soupe
Sucre en poudre	
Blanc d'œuf légèrement battu avec 1 cuillerée à café de sucre en poudre	1
Pâte brisée *(page 166)*	250 g

Meringue :

Blancs d'œufs battus en neige ferme	2
Sucre en poudre	60 g

Mettez les groseilles dans un pot en terre, couvrez-les et faites-les cuire au four préchauffé à 150° (2 au thermostat) 30 minutes, jusqu'à ce qu'elles soient tendres. Passez-les au tamis dans une terrine. Ajoutez les jaunes d'œufs, le beurre, la chapelure et sucrez selon le goût. Foncez les parois et le tour d'une tourtière (pas le fond) avec la pâte. Glacez les bords avec le blanc d'œuf battu avec le sucre, versez l'appareil aux groseilles et faites cuire au four préchauffé à 180° (4 au thermostat) pendant 45 minutes environ, jusqu'à ce que la pâte soit légèrement dorée.

Incorporez au fouet le sucre aux blancs en neige, couvrez les groseilles de cette meringue, remettez au four 10 minutes, jusqu'à ce que la meringue soit juste ferme et servez.

MAY BYRON
PUDDINGS, PASTRIES AND SWEET DISHES

Tarte aux pommes

Pour faire la gelée de pommes, coupez-les en quartiers sans les peler ni enlever les pépins ; mouillez à couvert avec de l'eau et laissez cuire. Quand elles sont tendres, versez le tout sur un linge tendu sur un tamis placé sur une terrine. Remettez le jus dans une bassine. Pour 1 litre de jus, il faut 750 g de sucre ; faites bouillir et écumez. L'ébullition, sans être lente, ne doit pas être trop précipitée ; dans une heure votre gelée doit être prête ; pour s'en assurer, il suffit d'en verser une cuillerée sur une assiette et de la laisser refroidir.

Pour une tarte de 25 cm de diamètre (8 personnes environ)

Pommes reinettes épluchées et évidées	1 kg
Sucre en poudre	60 g
Gelée de pommes (facultatif)	

Pâte :

Farine	250 g
Beurre ramolli et coupé en petits morceaux	100 g
Sucre en poudre	75 g
Sel	
Eau	3 cuillerées à soupe
Jaunes d'œufs	3

Mettez la farine sur la table, en forme de fontaine ; déposez au milieu le beurre, le sucre, une pincée de sel et l'eau avec les jaunes d'œufs. Pétrissez le tout, rassemblez bien la pâte sans la corder, qu'elle soit bien lisse et laissez reposer 20 minutes ; étendez-la ensuite avec le rouleau, garnissez-en un cercle à tarte ou à flan, que vous aurez beurré et posé sur une tourtière ; coupez-la juste au niveau du cercle, pincez les bords et garnissez avec les pommes reinettes coupées en quartiers ou en tranches ; saupoudrez de sucre (la moitié environ) et faites cuire de 10 à 15 minutes au four préchauffé à 220°, 7 au thermostat, puis encore 15 minutes à 190°, 5 au thermostat. On peut la servir simplement saupoudrée de sucre ou bien nappée avec de la gelée de pommes que l'on fait au moment avec les épluchures.

J.-B. REBOUL
LA CUISINIÈRE PROVENÇALE

Tarte des demoiselles Tatin

Pour une tarte de 20 cm de diamètre (6 personnes environ)

Pommes, reinettes de préférence, épluchées, évidées et coupées en quartiers	500 g
Beurre fondu	60 g
Sucre en poudre	60 g
Pâte brisée *(page 166)*	250 g

Cette recette nécessite le plat de cuivre étamé, d'un petit doigt de profondeur. Foncer ce plat à l'intérieur d'une épaisse couche de beurre et saupoudrer de la moitié du sucre. Emplir ce plat de quartiers de pommes, reinettes de préférence. Arroser du reste de beurre fondu et de sucre, et recouvrir le tout d'une couche de pâte brisée de 3 mm d'épaisseur.

Mettre à cuire dans un bon four (préchauffé à 220°, 7 au thermostat) pendant 30 minutes. Vérifier alors la cuisson des pommes qui doivent être dorées et légèrement caramélisées. Pour servir, on démoule en retournant sur le plat de service, de façon à ce que les pommes se trouvent sur le dessus. Se mange froid ou chaud.

CURNONSKY
RECETTES DES PROVINCES DE FRANCE

Tartelettes aux fruits

Dans cette recette, on utilise des pommes pour la moitié des tartelettes et des fraises pour l'autre, mais vous pouvez prendre d'autres fruits frais comme des raisins blancs ou des framboises, à raison de 200 g de chaque. Dans ce cas, faites cuire les croûtes à blanc en vous reportant aux explications données à la page 72, saupoudrez-les de préparation à la chapelure et garnissez-les avec les fruits puis glacez-les avec un peu de sucre glace. Les fruits rouges pourront être glacés avec de la gelée de groseilles et les blancs avec de la confiture d'abricots. Quels que soient les fruits que vous choisirez, laissez les tartelettes dans le moule jusqu'au dernier moment pour protéger les croûtes délicates.

Pour 12 tartelettes

Fraises équeutées	350 g
Grosses pommes épluchées, évidées et coupées en 2	2
Beurre fondu	60 g
Chapelure	4 cuillerées à soupe
Sucre en poudre	150 g
Graines de cardamome pilées	½ cuillerée à café
Noix de muscade fraîchement râpée	¼
Citron, zeste râpé et 2 cuillerées à café de jus réservées	1
Confiture de pêches	175 g
Sucre glace	30 g
Pâte brisée *(page 166)*	500 g

Glaces :

Gelée de groseilles rouges	175 g
Liqueur de framboise	1 cuillerée à soupe
Confiture d'abricots	175 g
Cognac, eau-de-vie ou xérès	1 cuillerée à soupe

Abaissez la pâte sur 5 mm d'épaisseur. Regroupez les moules à tartelette beurrés de manière qu'ils se touchent. Soulevez délicatement l'abaisse de pâte avec le rouleau à pâtisserie et posez-la sur les moules. Passez le rouleau sur la pâte de manière à couper des ronds à la bonne taille pour chaque moule. Avec les doigts, pressez la pâte contre le fond et les parois des moules et badigeonnez les croûtes obtenues d'un peu de beurre fondu.

Mélangez la chapelure avec 60 g de sucre, la cardamome et une pincée de muscade. Répartissez la moitié de cet appareil dans 6 moules et réservez le reste avec les 6 autres croûtes.

Pour la garniture aux pommes, coupez 2 demi-pommes en petits dés et arrosez-les avec la moitié du jus de citron. Émincez les 2 autres en tranches fines comme du papier et arrosez-les du reste de jus de citron. Mélangez les pommes coupées en dés avec la confiture de pêches et le zeste de citron. Remplissez les 6 croûtes saupoudrées de chapelure et

disposez par-dessus les tranches de pommes en soleil. Saupoudrez du reste de sucre.

Faites cuire ces tartelettes sur une plaque au four préchauffé à 190° (5 au thermostat), pendant 25 minutes, jusqu'à ce que les bords soient bien dorés. En même temps, faites cuire à blanc les 6 autres croûtes et préparez les glaces. Dans 2 casseroles, faites fondre à feu doux, d'une part, la gelée de groseilles avec la liqueur de framboise et, d'autre part, la confiture d'abricots avec le cognac, l'eau-de-vie ou le xérès. Tamisez séparément ces 2 glaces dans des bols et laissez-les tiédir.

Sortez les tartelettes du four. Passez celles aux pommes pendant quelques minutes sous le gril pour faire brunir les bords des pommes émincées. Abricotez-les et laissez-les refroidir dans les moules.

Quand toutes les croûtes cuites à blanc sont partiellement refroidies, saupoudrez-les du reste de chapelure. Garnissez-les de fraises, côté équeuté vers le bas, badigeonnez de glace aux groseilles et saupoudrez le tour de sucre glace.

DIONE LUCAS ET MARION GORMAN
THE DIONE LUCAS BOOK OF FRENCH COOKING

Tarte aux poires renversée

En guise de tourtière, prenez un récipient épais qui puisse supporter le contact direct de la flamme et qui soit suffisamment profond pour contenir le vin nécessaire à la première phase de la cuisson. Une poêle conviendra parfaitement si votre four est assez grand pour contenir le manche ainsi qu'un plat à gratin rond en fer émaillé.

Que vous serviez cette tarte chaude, tiède ou froide, démoulez-la toujours au dernier moment pour que la pâte ne soit pas imbibée de jus de cuisson.

Pour une tarte de 25 cm de diamètre (8 personnes environ)

Poires fermes, légèrement vertes, coupées en 2, évidées et épluchées	7
Sucre en poudre	100 g
Cannelle en poudre	½ cuillerée à café
Vin rouge	60 cl
Pâte brisée *(page 166)*	250 g

Disposez les demi-poires dans le récipient, surface évidée au-dessus, côté large pressé contre le bord et côté queue vers l'intérieur de manière que les espaces vides forment une étoile assez symétrique. Coupez en deux celles qui restent et remplissez les espaces vides en les plaçant côté étroit vers l'extérieur, côtés larges se rejoignant au centre de façon qu'après le démoulage, l'ensemble forme un motif bien géométrique.

Saupoudrez le sucre et la cannelle, mouillez avec le vin rouge, amenez à ébullition, couvrez et faites frémir de 1 heure à 1 heure 10 minutes, jusqu'à ce que les poires soient tendres mais intactes et n'offrent aucune résistance à la pointe d'un couteau. Égouttez tout le liquide dans une casserole, en maintenant fermement le couvercle contre les fruits pour ne pas les déplacer. Faites réduire à feu vif, en remuant de temps en temps, jusqu'à ce qu'il ne reste plus que 12 cl environ de liquide sirupeux. Versez ce sirop goutte à goutte sur les poires.

Abaissez la pâte aux dimensions exactes du récipient ou en un disque plus grand. Piquez-la 4 ou 5 fois avec la pointe d'un couteau. Remontez les bords, pincez la crête obtenue avec le côté du pouce fariné ou avec les dents d'une fourchette et posez délicatement l'abaisse à l'envers sur les poires. Faites cuire au four préchauffé de 190° à 200° (5 à 6 au thermostat) pendant 40 minutes environ, jusqu'à ce que la pâte soit dorée et croustillante.

Démoulez soigneusement. Si vous avez utilisé une poêle, le manche vous empêchera de démouler la tarte au milieu du plat. Dans ce cas, placez le plat à l'envers contre la poêle, bord pressé au niveau du point d'attache du manche, retournez immédiatement le tout et faites glisser la tarte au centre du plat. Les poires se décollent souvent les unes des autres à ce stade: dans ce cas, remettez-les délicatement en place en poussant l'extérieur de la tarte avec le dos d'une cuillère à soupe ou avec une spatule. Servez chaud.

RICHARD OLNEY
SIMPLE FRENCH FOOD

Tarte aux airelles

Cranberry Pie

Pour cuire une croûte de tarte à blanc, reportez-vous aux explications données à la page 72.

Pour une tarte de 20 cm de diamètre (6 personnes environ)

Airelles	350 g
Sucre en poudre	200 g
Pâte brisée *(page 166)*	350 g

Lavez les airelles à l'eau froide, mettez-les dans une cocotte en terre avec 15 cl d'eau, portez à ébullition et faites-les frémir 20 minutes en les écrasant pour extraire le jus. Incorporez le sucre et laissez mijoter de 10 à 15 minutes à feu doux. Mettez les airelles dans une terrine sans les passer. Foncez une tourtière avec les trois quarts de la pâte et faites cuire cette croûte à blanc pendant 10 minutes au four préchauffé à 230° (8 au thermostat). Quand les airelles sont froides, posez-les sur la croûte cuite. Couvrez de bandes de pâte et faites dorer au four pendant 20 minutes.

COUNTESS MORPHY
SWEETS AND PUDDINGS

Picanchagne

Pour un gâteau de 22 cm de diamètre (6 à 8 personnes)

Poires (variété: «sucrée de Montluçon» de préférence)	750 g
Sucre en poudre	100 g
Crème fraîche	50 cl
Poivre fraîchement moulu (facultatif)	1 pincée
Jaune d'œuf	1
Pâte brisée ou feuilletée *(page 166)*	500 g

Préparer la pâte brisée. L'étaler sur 3 mm d'épaisseur environ. Foncer une tourtière avec les ⅔ de la pâte. Peler les poires. Retirer le cœur, les pépins et les couper en tranches. Les mélanger avec le sucre, la crème et ajouter un peu de poivre si on le désire seulement.

Garnir la pâte de cette préparation, recouvrir avec le reste de pâte étalée finement. Dorer au jaune d'œuf. Pratiquer au centre un petit trou pour l'évacuation de la vapeur pendant la cuisson. Faire cuire à four moyen (préchauffé à 180°, 4 au thermostat) pendant 50 minutes environ, jusqu'à ce que le dessus soit doré.

Après cuisson, le dessus du gâteau peut être décoré de petites poires épluchées, entières, dont on aura laissé la queue, puis cuites à l'eau sucrée.

LES DESSERTS DE NOS PROVINCES

Tarte aux kumquats

Pour cuire une tarte à blanc, reportez-vous aux explications données à la page 72.

Pour une tarte de 25 cm de diamètre (6 à 8 personnes)

Kumquats	300 g
Sucre en poudre	170 g
Œufs	5
Crème double	30 cl
Mirabelle	3 cl (2 ou 3 cuillerées à soupe)
Pâte sablée *(page 165)*	

Faire une pâte sablée. La laisser reposer 2 heures. En garnir une tourtière. Cuire la tarte à blanc.

Mettre en casserole les kumquats coupés en deux dans la longueur avec 100 g de sucre. Laisser confire 1 heure. Verser les kumquats sur la pâte, en tourtière, et laisser encore reposer 1 heure afin que le sucre l'imprègne bien.

Dans un bol, mélanger les œufs, la crème et le sucre restant (70 g), ainsi que l'eau-de-vie de mirabelle. Verser sur la tarte. Cuire à four moyen (préchauffé à 190°, 5 au thermostat) 15 minutes.

LA REYNIÈRE
200 RECETTES DES MEILLEURES CUISINIÈRES DE FRANCE

Tartelettes aux coings

Quince Tarts

Recette du XIVᵉ siècle.

Pour 12 tartelettes de 6 cm de diamètre

Coings épluchés et épépinés	6
Sucre en poudre ou miel	90 g
Poivre	
Gingembre en poudre	
Épices composées	
Pâte brisée *(page 166)*	500 g

Mettez les coings dans un plat à four et remplissez-les de sucre ou de miel et d'un peu de poivre, de gingembre et d'épices composées. Faites-les cuire au four préchauffé à 180° (4 au thermostat) pendant 45 minutes, jusqu'à ce qu'ils soient tendres sans avoir perdu leur forme. Laissez-les refroidir et coupez-les en deux.

Abaissez la pâte, coupez-la en ronds et foncez des moules à tartelette. Placez un demi-coing dans chaque moule et faites cuire à 200° (6 au thermostat) pendant 20 minutes, jusqu'à ce que les bords de la pâte soient légèrement dorés.

DOROTHY HARTLEY
FOOD IN ENGLAND

Tarte aux coings

Torte de marmelos

Pour une tarte de 25 cm de diamètre (8 personnes environ)

Coings à peine mûrs, coupés en 4 et ébouillantés	900 g
Sucre en poudre	1 kg
Clous de girofle	2 ou 3
Bâton de cannelle	1
Jaunes d'œufs	12
Pâte brisée *(page 166)*	350 g

Faites cuire les coings avec 600 g de sucre, les clous de girofle et la cannelle à feu modéré 30 minutes environ, jusqu'à ce que l'appareil soit épais et sirupeux. Laissez refroidir.

Battez les jaunes d'œufs avec le reste de sucre et remuez sur feu très doux ou au-dessus d'une casserole d'eau chaude, jusqu'à ce que la préparation ait légèrement épaissi. Laissez refroidir en remuant de temps en temps.

Abaissez la pâte et foncez un moule à tarte. Garnissez avec l'appareil aux coings en ôtant les clous de girofle et la cannelle. Couvrez avec la préparation aux œufs.

Faites cuire au four préchauffé à 180° (4 au thermostat) 30 minutes, jusqu'à ce que la pâte soit légèrement dorée et la préparation aux œufs gonflée et dorée. Servez chaud.

ANTONIO DE MACEDO MENGO
COPA E COZINHA

Tarte nouvelle

Pour faire le sirop de sucre, mettez le sucre à dissoudre dans l'eau et portez à frémissement à feu doux. Pour cuire la pâte à blanc, reportez-vous aux explications données page 72.

Pour une tarte de 22 cm de diamètre (6 à 8 personnes)

Cerises	250 g
Sucre en poudre	60 g
Eau	10 cl
Fraises	250 g
Kirsch	4 cuillerées à soupe
Crème pâtissière *(page 166)*	40 cl
Gelée de framboises fondue	10 cl
Pâte brisée *(page 166)*	250 g

Prendre les cerises, les dénoyauter et les faire pocher dans un sirop de sucre (10 minutes environ). Les égoutter. Faire macérer les fraises dans le kirsch (30 minutes environ).

Faire une pâte brisée. La mettre dans un moule à tarte beurré, la faire cuire à blanc. Lorsqu'elle est cuite, y étendre la crème pâtissière. Recouvrir la crème avec les fruits en alternant les rangs de cerises et de fraises. Recouvrir de gelée de framboises.

MADAME ELISABETH
500 NOUVELLES RECETTES DE CUISINE DE MADAME ELISABETH

La tarte à l'orange

Pour une tarte de 25 cm de diamètre (8 personnes environ)

Oranges non pelées, émincées et épépinées	4
Beurre	
Marmelade d'abricot	250 g
Blancs d'œufs (facultatif)	2
Sucre en poudre (facultatif)	60 g
Pâte brisée *(page 166)*	250 g

Faites une pâte à tarte brisée. Badigeonnez le fond d'une tourtière avec du beurre. Étalez une abaisse de pâte. Avec un pinceau, badigeonnez dessus de la marmelade d'abricot. Rangez des tranches fines d'orange superposées, coupées en travers. Tartinez encore de confiture que vous aurez réduite et appliquée chaude. Faites cuire au four préchauffé à 220° (7 au thermostat) de 20 à 25 minutes, jusqu'à ce que les bords de la pâte soient bien dorés.

Si vous voulez, vous pouvez meringuer la tarte: vous battez les blancs d'œufs en neige; sucrez au sucre fin. Mettez-en une bonne couche quand la tarte est cuite. Remettez au four à 170° (3 au thermostat) et laissez gonfler et dorer pendant 10 minutes environ.

JOSÉPHINE BESSON
LA MÈRE BESSON "MA CUISINE PROVENÇALE"

Tarte aux pruneaux
Aleanentorte aus Wisch

Pour une tarte de 22 cm de diamètre (8 personnes environ)

Pruneaux dénoyautés	750 g
Eau	50 cl
Lait	50 cl
Sucre en poudre	200 g
Œufs, jaunes séparés des blancs et légèrement battus, blancs battus en neige	9
Citron, jus passé et zeste râpé	1
Crème fraîche fouettée	10 cl

Pâte :

Farine	250 g
Beurre	125 g
Sucre en poudre	60 g
Jaune d'œuf	1
Sel	1 pincée
Rhum	1 cuillerée à soupe

Mettez la farine sur une planche et faites un puits au centre. Mettez-y le beurre, le sucre, le jaune d'œuf, le sel et le rhum. Travaillez avec le bout des doigts jusqu'à obtention d'une pâte lisse. Roulez cette pâte en boule et laissez-la reposer au frais pendant 30 minutes.

Dans une casserole contenant l'eau, faites mijoter les pruneaux pendant 40 minutes, jusqu'à ce qu'ils soient tendres. Laissez-les refroidir.

Pendant ce temps, abaissez la pâte, foncez un moule à fond amovible et faites cuire au four préchauffé à 180° (4 au thermostat) pendant 40 minutes, jusqu'à ce que la pâte soit dorée. Égouttez les pruneaux, coupez-les en 4 et rangez-les sur le fond de tarte.

Portez le lait à ébullition. Hors du feu, incorporez le sucre. Laissez tiédir et ajoutez les jaunes d'œufs. Faites reprendre l'ébullition à feu doux, sans cesser de remuer, en veillant à ce que les jaunes ne coagulent pas. Laissez tiédir et incorporez le jus et le zeste de citron avec les blancs en neige.

Versez cette crème sur les pruneaux et faites cuire à 200° (6 au thermostat) pendant 1 heure environ, jusqu'à ce que la tarte soit consistante et dorée. Laissez refroidir complètement avant de démouler. Au moment de servir, décorez de crème fraîche fouettée.

JUTTA KURTZ
DAS KOCHBUCH AUS SCHLESWIG-HOLSTEIN

La tarte aux pruneaux à la crème

Pour une tarte de 30 cm de diamètre (8 à 10 personnes)

Pruneaux	500 g
Crème pâtissière *(page 166)*	60 cl
Sucre en poudre	125 g
Gousse de vanille	1
Amandes mondées et coupées en 2	90 g
Pâte sablée *(page 165)*	500 g

Foncez un cercle à tarte avec la pâte. Remplissez-la de lentilles et faites-la cuire 30 minutes au four préchauffé à 180° (4 au thermostat), puis après cuisson videz la croûte et garnissez-la d'une crème pâtissière fine et onctueuse.

D'autre part, faites un sirop en faisant bouillir le sucre et la vanille dans 30 cl d'eau pendant 5 minutes environ. Faites cuire les pruneaux dans ce sirop pendant 30 minutes, à feu doux, jusqu'à ce qu'ils soient tendres et gonflés. Après les avoir égouttés et dénoyautés, vous les dresserez sur la crème. Ornez chaque pruneau d'une demi-amande.

Enfin, pour lustrer la crème, vous la napperez avec le sirop des prunes réduit de moitié après la cuisson.

ÉDOUARD NIGNON
LES PLAISIRS DE LA TABLE

Tourte à l'ananas frais
Two-Crust Fresh Pineapple Pie

Pour une tourte de 20 cm de diamètre (6 à 8 personnes)

Ananas mûr épluché, débarrassé du cœur dur et coupé en dés	300 g
Sucre en poudre	250 g
Farine	40 g
Sel	1 pincée
Œufs légèrement battus	2
Jus de citron fraîchement passé	1 cuillerée à soupe
Beurre	15 g
Pâte brisée *(page 166)*	500 g

Mélangez le sucre avec la farine et le sel puis ajoutez les œufs et enfin l'ananas préalablement mélangé avec le jus de citron. Foncez une tourtière avec les deux tiers de la pâte. Versez la garniture à l'ananas, parsemez de beurre et couvrez avec le reste de pâte. Faites cuire 10 minutes au four préchauffé à 230° (8 au thermostat) puis 35 minutes à 180° (4 au thermostat), jusqu'à ce que le couvercle soit bien doré.

HAWAII STATE SOCIETY OF WASHINGTON
HAWAIIAN CUISINE

Tourte d'abricots

Pour une tourte de 20 cm de diamètre

Abricots	500 g
Sucre semoule	60 g
Ecorce de citron confite hachée menu	60 g
Feuilletage *(page 167)*	250 g

Coupez les abricots en deux, épluchez les noyaux et fendez-les en deux; si les abricots ne sont pas assez mûrs, vous les ferez bouillir deux bouillons dans de l'eau; étant égouttés vous foncez la tourte de feuilletage; mettez 30 g de sucre fin dessus, et quelques morceaux de citrons confits. Si vous voulez, arrangez les abricots, mettez dessus chaque moitié une moitié de noyau; remettez du sucre fin par-dessus; mettez au four (préchauffé à 220°, 7 au thermostat) pendant 15 minutes, diminuez la température à 190° (5 au thermostat) et laissez cuire encore de 5 à 15 minutes, jusqu'à ce que la pâte soit gonflée et bien dorée.

MENON
LES SOUPERS DE LA COUR

Tarte à la rhubarbe

Pour une tarte de 22 cm de diamètre (6 à 8 personnes)

Jeunes côtes de rhubarbe coupées en 2 dans le sens de la longueur puis en tronçons de 10 cm environ	500 g
Beurre	100 g
Sucre de canne	100 g
Œufs	2
Zeste de citron râpé	1 cuillerée à soupe
Jus de citron	1 cuillerée à soupe
Farine de froment complet	100 g
Sel	1 pincée
Chapelure	
Sucre semoule	

Remuer le beurre, le sucre, les œufs, le citron râpé et le jus et y incorporer la farine et le sel.

Mettre la pâte dans une terrine allant au four, beurrée et parsemée de chapelure. Recouvrir la tarte avec les côtes de rhubarbe. On les disposera en forme de rayon. La tourte est cuite pendant 45 minutes au four préchauffé à 180° (4 au thermostat) et saupoudrée de sucre.

MME F. NIETLISPACH
TOURTES, TARTES, PÂTISSERIES, METS SUCRÉS

Tarte à la rhubarbe

Pour une tarte de 20 cm de diamètre (6 personnes environ)

Rhubarbe	500 g
Sucre en poudre	30 g
Cassonade blonde	30 g
Cannelle en poudre	1 pincée
Eau froide	3 cuillerées à soupe
Œuf légèrement battu	1
Pâte feuilletée *(page 167)*	250 g

Couper les tiges de rhubarbe en morceaux de 5 centimètres de longueur. Enlever avec la pointe d'un petit couteau la pellicule qui les couvre; les fendre en deux sur leur épaisseur et les ranger au fur et à mesure dans un plat creux en terre. Les saupoudrer de sucre en poudre, de cassonade blonde et de cannelle. Arroser le tout avec l'eau froide.

D'autre part, prendre le morceau de rognures de feuilletage. L'abaisser sur une épaisseur de ½ centimètre en lui donnant la forme du plat. Couvrir la rhubarbe avec cette abaisse, souder la pâte sur les bords du plat légèrement mouillés, en l'appuyant avec les doigts, puis couper l'excédent avec la pointe d'un petit couteau.

Dorer la pâte à l'œuf battu, la rayer avec une fourchette et cuire la tarte au four (préchauffé à 190°, 5 au thermostat) 45 minutes environ, jusqu'à ce que le dessus soit doré.

PHILÉAS GILBERT
LA CUISINE DE TOUS LES MOIS

Tourte de melon en marmelade

Vous pouvez faire cuire à blanc la croûte de cette tourte avant de mettre la garniture. Dans ce cas, reportez-vous aux explications données à la page 72.

Pour une tourte de 20 cm de diamètre (8 personnes environ)

Melon à pulpe orange coupé en 4, épépiné et coupé en morceaux	Un de 1 kg
Vin blanc	20 cl
Macarons	2
Sucre en poudre	60 g
Cannelle en poudre	½ cuillerée à café
Sucre semoule	
Eau de fleur d'oranger (facultatif)	
Pâte brisée *(page 166)*	250 g

Faites bouillir la chair de melon avec le vin blanc jusqu'à obtention d'une purée épaisse. Pilez-la dans un mortier avec les macarons, le sucre et la cannelle.

Foncez un moule à tarte de pâte et versez la garniture au melon. Faites cuire au four (préchauffé à 190°, 5 au thermostat) de 30 à 35 minutes, jusqu'à ce que la pâte soit croustillante et dorée. Saupoudrez la surface de sucre semoule et arrosez d'eau de fleur d'oranger avant de servir, ou sucrez et glacez au four chaud ou sous le gril 1 ou 2 minutes.

PIERRE DE LUNE
LE NOUVEAU CUISINIER

Tarte au melon

Pour une tarte de 20 cm de diamètre (4 personnes)

Melons charentais	Trois de 600 g chacun
Jus de citron	1 cuillerée à soupe
Feuilles de gélatine	3
Sucre semoule	25 g
Fond de tarte cuit à blanc *(page 166)*	1

Couper un melon par la moitié, enlever soigneusement les graines et à l'aide d'une cuillère à tourner, préparer 24 boules que l'on réservera pour le décor. Détacher le reste de pulpe sans trop raser la peau, la passer immédiatement au tamis dans une terrine, lui ajouter le jus de citron et réserver au frais. Couper les deux autres melons en quatre, prélever la pulpe. Faire tremper la gélatine à l'eau froide.

Dans une casserole cuire la pulpe des melons coupés en quatre avec le sucre et faire évaporer l'eau de végétation en remuant à l'aide d'une cuillère en bois pendant environ 10 minutes. Égoutter la gélatine et l'incorporer, s'assurer qu'elle est bien fondue. Retirer le tout du feu. Lorsque l'appareil est froid, ajouter la composition melon-jus de citron. Garnir le fond de tarte avec cet appareil et tenir au frais pendant 2 heures. Décorer avec les boules de melon réservées. Servir très glacé.

JEAN ET PIERRE TROISGROS
CUISINIERS À ROANNE

Tarte au miel et au fromage blanc

Cream Cheese and Honey Pie

Pour une tarte de 20 cm de diamètre (6 personnes environ)

Miel, réchauffé s'il est ferme	4 cuillerées à café
Fromage blanc crémeux	175 g
Lait ou crème fleurette	15 cl
Sucre en poudre	4 cuillerées à soupe
Zeste râpé de citron	1 cuillerée à café
Cannelle en poudre	1 cuillerée à café
Œufs légèrement battus	2
Pâte brisée *(page 166)*	250 g

Roulez la pâte en boule avant de l'abaisser dans un moule à flan ou à tarte à fond amovible, en la tapotant avec les doigts pour la mettre en place.

Pour la garniture, battez le fromage jusqu'à ce qu'il soit lisse et ajoutez progressivement le lait ou la crème fleurette. Incorporez le sucre, le zeste de citron, la cannelle, le miel et enfin les œufs battus.

Versez cette garniture sur le fond de tarte et faites cuire sur une plaque au four préchauffé à 190° (5 au thermostat) pendant 45 minutes environ, jusqu'à ce que la garniture soit ferme. Au bout de 15 à 20 minutes de cuisson, vérifiez que le dessus ne dore pas trop vite. Si tel est le cas, couvrez-le d'un rond de papier sulfurisé beurré préparé à l'avance.

ELIZABETH DAVID
SPICES, SALT AND AROMATICS IN THE ENGLISH KITCHEN

Tartelettes au fromage de l'évêque d'Auckland

Bishop Auckland Cheese Cakes

Le fromage que l'on utilisait à l'origine pour garnir ces tartelettes est ici remplacé par des pommes de terre qui, une fois écrasées, rappellent un peu la consistance du fromage.

Pour 8 tartelettes

Pommes de terre cuites à l'eau et écrasées	175 g
Beurre fondu	60 g
Sucre semoule	125 g
Œuf légèrement battu	1
Zeste de citron finement râpé	30 g
Extrait de citron	¼ de cuillerée à café
Raisins de Corinthe	125 g
Rhum	
Pâte brisée *(page 166)*	250 g

Dans une terrine, travaillez les pommes de terre avec le beurre, le sucre, l'œuf, le zeste et l'extrait de citron. Incorporez les raisins de Corinthe. Foncez 8 moules à tartelette avec la pâte, versez-y la garniture et faites cuire au four (préchauffé à 180°, 4 au thermostat) pendant 30 minutes : la garniture doit être légèrement dorée. Arrosez les tartelettes cuites de quelques gouttes de rhum. Servez-les chaudes ou froides.

PEGGY HUTCHINSON
OLD ENGLISH COOKERY

Le gâteau au fromage de Lindy

Lindy's Cheesecake

Aux États-Unis, il existe des dizaines de recettes différentes de gâteau au fromage, mais aucune n'est plus célèbre que celle-ci. Elle vient du « Lindy's Restaurant », établissement new-yorkais qui fut, à son heure de gloire, le rendez-vous des vedettes de la scène, de l'écran et de la radio et des touristes qui venaient les admirer. Ce restaurant a disparu mais son gâteau survit grâce à cette recette.

Pour un gâteau de 22 cm de diamètre (12 personnes environ)

Fromage blanc crémeux à température ambiante	1 kg
Sucre en poudre	400 g
Farine	3 cuillerées à soupe
Zeste d'orange râpé	1½ cuillerée à café
Zeste de citron râpé	1½ cuillerée à café
Extrait de vanille	¼ de cuillerée à café
Œufs	5
Jaunes d'œufs	2
Crème fraîche épaisse	6 cuillerées à soupe

Pâte à biscuit :

Farine tamisée	125 g
Sucre en poudre	60 g
Zeste de citron râpé	1 cuillerée à café
Jaune d'œuf	1
Extrait de vanille	¼ de cuillerée à café
Beurre coupé en petits morceaux	125 g

Pour la pâte, mélangez la farine avec le sucre et le zeste de citron dans une terrine. Faites un puits au centre et mettez-y le jaune d'œuf, la vanille et le beurre. Avec le bout des doigts, travaillez les ingrédients jusqu'à obtention d'une pâte qui se détache des parois de la terrine et se rassemble en boule. Enveloppez-la hermétiquement dans une feuille de papier d'aluminium et mettez-la 1 heure environ au réfrigérateur.

Préchauffez le four à 200° (6 au thermostat). Graissez légèrement le fond d'un moule à parois amovibles. Sur une planche légèrement farinée, abaissez la moitié de la pâte sur 3 mm d'épaisseur. Foncez le moule et rognez les bords. Incorporez les rognures au reste de pâte qui se trouve encore dans le réfrigérateur. Faites cuire à mi-hauteur du four 20 minutes environ, jusqu'à ce que la croûte soit dorée.

Sortez la croûte du four et faites-la refroidir sur une grille. Quand elle est froide, graissez les parois du moule, remettez-le autour de la croûte et refermez-le. Abaissez le reste de pâte en deux bandes de 3 mm environ d'épaisseur, en leur donnant une longueur suffisante pour tapisser les parois du moule. Placez-les dans le moule en pressant les extrémités ensemble pour les souder. Rognez et jetez l'excès de pâte. Préchauffez le four à 230° (8 au thermostat).

Battez le fromage blanc avec une cuillère en bois. Incorporez le sucre, la farine, le zeste d'orange et de citron et la vanille. Ajoutez ensuite les œufs entiers un par un puis les jaunes. Versez l'appareil obtenu sur la croûte et enfournez. Au bout de 15 minutes, baissez la température à 100° (¼ au thermostat) et laissez cuire encore 1 heure.

Sortez le gâteau du four et faites-le refroidir sur une grille pendant au moins 2 heures avant de le démouler.

THE WORLD ATLAS OF FOOD

Tourte au fromage et au sucre

Erbazzone dolce

Pour une tourte de 20 cm de diamètre (6 à 8 personnes)

Fromage blanc frais ou *ricotta*	500 g
Sucre en poudre	500 g
Feuilles de bette cuites à l'eau, hachées menu et exprimées	100 g
Amandes douces, mondées et hachées	100 g
Amandes amères, mondées et hachées	10 g
Rhum	6 cuillerées à soupe
Œufs, 1 légèrement battu	4
Citron, zeste râpé	1
Pâte brisée *(page 166)*	500 g

Mélangez le fromage blanc avec le sucre, les feuilles de bettes, les amandes, le rhum, 3 œufs et le zeste.

Abaissez la pâte. Foncez une tourtière graissée et réservez les rognures. Garnissez avec la préparation au fromage blanc et des croisillons de pâte découpés dans les rognures. Dorez avec le dernier œuf légèrement battu. Faites cuire 1 heure environ au four préchauffé à 180° (4 au thermostat). Si le dessus dore trop, protégez-le avec une feuille de papier sulfurisé graissé.

La tourte est prête lorsque la garniture est consistante.

GIORGIO CAVAZZUTI (RÉDACTEUR)
IL MANGIARFUORI: ALMANACCO DELLA CUCINA MODENESE

Strenna corse

À Vico, le jour de l'An, cette tourte au *brocciu* est chargée de régaler les parents venus offrir leurs vœux.

On prépare le strenna corse, qui signifie «étrennes», avec le plus célèbre des fromages corses, le brocciu ou broccio, fromage frais de lait de brebis ou de chèvre. On peut aussi utiliser la brousse de vache.

Pour une tourte de 25 cm de diamètre (8 personnes environ)

Brocciu frais	200 g
Sucre en poudre	50 g
Œufs, dont 1 légèrement battu	3
Orange ou citron, zeste râpé	1

Pâte :	
Farine	250 g
Œuf	1
Saindoux ramolli	15 g
Lait	10 cl
Sucre en poudre	2 cuillerées à café

Préparez la pâte en mélangeant la farine, l'œuf, le saindoux et le lait sucré. Abaissez sur ½ cm à peine. Coupez deux grands ronds dans cette pâte très fine. Foncez un moule à tarte.

Garnissez du mélange : brocciu, sucre, 2 œufs et zeste râpé. Recouvrez du deuxième rond de pâte et soudez les bords en les mouillant légèrement et en formant un petit bourrelet. Dorez à l'œuf battu. Faites cuire à four chaud (préchauffé à 220°, 7 au thermostat) 35 minutes.

NICOLE VIELFAURE ET CHRISTINE BEAUVIALA
FÊTES, COUTUMES ET GÂTEAUX

Tourte de jus d'oseille

Pour une tourte de 20 cm de diamètre (8 personnes environ)

Feuilles d'oseille	200 g
Sucre en poudre	100 g
Cannelle en poudre	1 cuillerée à café
Macarons émiettés	3
Beurre	30 g
Jaunes d'œufs	3
Ecorce de citron confite râpée	1 cuillerée à soupe
Eau de fleur d'orange	1 cuillerée à café
Sucre semoule	
Croûte de pâte cuite *(page 166)*	1

Pilez l'oseille dans un mortier, mettez la purée obtenue dans une serviette et tordez-la pour en tirer le jus ; mettez-le dans un plat avec sucre, cannelle, macarons, beurre, jaunes

d'œufs, écorce de citron confite râpée, fleur d'orange et faites une crème la mettant sur feu doux, sans cesser de remuer, jusqu'à ce qu'elle soit épaisse.

Remplissez la croûte de pâte et faites cuire au four (préchauffé à 180°, 4 au thermostat) pendant 30 minutes, jusqu'à ce que le dessus soit légèrement doré. Saupoudrez de sucre semoule et servez.

PIERRE DE LUNE
LE NOUVEAU CUISINIER

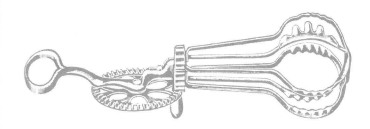

Tarte aux épinards

Vous pouvez ajouter à la garniture une poignée de raisins secs macérés dans du cognac et quelques pignons.

Pour une tarte de 22 cm de diamètre (8 personnes environ)

Epinards équeutés et lavés	1 kg
Beurre	30 g
Œufs	3 ou 4
Crème fraîche épaisse	35 cl
Sucre en poudre	100 g
Muscade râpée	
Quatre-épices	
Zeste de citron râpé	1 cuillerée à café
Jaune d'œuf battu avec 1 cuillerée à soupe d'eau	1
Pâte brisée *(page 166)*	500 g

Plongez les épinards dans une grande casserole d'eau bouillante, faites-les blanchir 1 minute puis égouttez-les dans une passoire et rafraîchissez-les à l'eau froide. Exprimez-les à la main. Hachez-les et faites-les dorer 2 minutes environ dans le beurre. Battez les œufs avec la crème et le sucre, incorporez des pincées de muscade et de quatre-épices et le zeste de citron et travaillez cette préparation avec les épinards.

Foncez un moule à tarte de pâte. Remplissez-le de garniture aux épinards et couvrez de croisillons de pâte. Dorez les croisillons et la crête de pâte au jaune d'œuf battu avec l'eau. Faites cuire au four préchauffé à 170° (3 au thermostat) 50 minutes environ, jusqu'à ce que la pâte soit dorée.

Cette tarte est meilleure un peu plus que tiède, servie 30 minutes après la sortie du four.

PETITS PROPOS CULINAIRES II

Tourte de blettes

Tourta de bléa

Pour une tourte de 25 cm de diamètre (8 à 10 personnes)

Feuilles de blettes claires	1,500 kg
Sel	
Pommes reinettes	3
Raisins secs	100 g
Lait	10 cl
Pignons	75 g
Confiture de groseille	2 cuillerées à soupe
Cassonade ou sucre semoule	120 g
Fromage râpé (*Edam* ou gruyère)	50 g
Œufs légèrement battus	2
Citron, zeste râpé	1
Rhum	3 cl
Sucre très fin (facultatif)	

Pâte :

Farine	400 g
Beurre	80 g
Œuf	1
Sucre en poudre	75 g
Lait	15 à 20 cl
Levure en poudre	½ sachet
Sel	1 pincée

Faire une pâte en mélangeant et en travaillant tous les ingrédients.

Retirer les côtes des blettes; faire bouillir les feuilles pendant 15 minutes dans l'eau salée. Les égoutter en les pressant dans la main pour en extraire toute l'eau; les hacher finement. Éplucher et émincer les pommes. Faire tremper les raisins secs dans le lait, puis les faire bouillir dans ce même lait 10 minutes environ (le lait ne doit pas être utilisé par la suite; s'il tourne à ébullition, enlever les raisins, écarter soigneusement le caillé). Les égoutter et les rincer.

Dans une terrine, faire une farce avec blettes, raisins, pommes reinettes, pignons, confiture, sucre, fromage, œuf, zeste, rhum.

Huiler un moule à tarte à rebord assez haut; le tapisser avec les deux tiers de la pâte. Étendre la farce sur cette pâte. Faire une abaisse avec le reste de pâte et en recouvrir la farce. Cuire au four préchauffé à 220° (7 au thermostat) pendant 30 minutes. La tourte peut être saupoudrée de sucre très fin à la sortie du four. Servir chaud.

RAYMOND ARMISEN ET ANDRÉ MARTIN
LES RECETTES DE LA TABLE NIÇOISE

Les demoiselles d'honneur

Maids of Honour Cakes

L'histoire raconte que ces tartelettes doivent leur nom aux demoiselles d'honneur de la reine Elisabeth Ire d'Angleterre, à l'époque où elle habitait Richmond Palace, dans le Surrey. Cette recette est extraite d'un manuscrit du XVIe siècle.

Pour 12 tartelettes environ

Lait	30 cl
Mie de pain émiettée	2 cuillerées à soupe
Beurre coupé en petits morceaux	125 g
Sucre en poudre	30 g
Amandes pilées	60 g
Citron, zeste râpé	1
Œufs	3
Feuilletage (*page 167*)	250 g

Faites bouillir le lait avec les miettes de pain et laissez reposer quelques minutes avant d'ajuster le beurre, le sucre, les amandes et le zeste de citron. Incorporez les œufs un par un. Foncez des moules à tartelettes avec le feuilletage et remplissez-les de garniture. Faites cuire au four (préchauffé à 220°, 7 au thermostat) pendant 20 minutes, jusqu'à ce que les tartelettes soient bien dorées.

BERNARD DARWIN
RECEIPTS AND RELISHES

Tarte aux noix de macadamia et au sirop d'érable

Maple Macadamia Pie

Les noix de macadamia se vendent généralement entières. La meilleure manière de les préparer pour cette tarte consiste à les couper en deux sur un billot. Commes elles sont tendres, elles risquent de se casser en plusieurs morceaux, mais cela n'a aucune importance.

Pour une tarte de 20 à 22 cm de diamètre (6 à 8 personnes)

Noix de macadamia ou amandes hachées ou coupées en 2	125 g
Sirop d'érable	25 cl
Noix de coco râpée	90 g
Œufs légèrement battus	3
Sucre en poudre	4 cuillerées à soupe
Sel	2 pincées
Beurre fondu et refroidi	90 g
Pâte brisée (*page 166*)	250 g

Foncez une tourtière en laissant dépasser et en pinçant les bords. Étalez les noix de macadamia en une couche épaisse, de façon à couvrir le plus possible la pâte. Saupoudrez le tout de noix de coco râpée et mettez au réfrigérateur. Dans une terrine contenant les œufs battus, incorporez le sucre, le sirop d'érable, le sel et le beurre fondu. Travaillez bien cet appareil et versez-le dans la tourtière.

Faites cuire la tourte 15 minutes au four préchauffé à 200° (6 au thermostat) puis de 20 à 25 minutes à 180° (4 au thermostat), jusqu'à ce que la garniture soit consistante. (Si la surface dore trop rapidement, protégez-la avec une feuille de papier d'aluminium.) Vérifiez la cuisson à la lame de couteau qui doit ressortir propre. La garniture montera beaucoup mais retombera au niveau des parois de la tourtière en refroidissant. Cette tarte est meilleure tiède, servie avec de la crème fouettée glacée.

JOE FAMULARO ET LOUISE IMPERIALE
THE FESTIVE FAMULARO KITCHEN

Tourte de frangipane

Cette crème pâtissière à base d'amande a pris le nom de frangipane à l'Italien Frangipani qui « inventa » au XVIᵉ siècle un arôme spécial pour les gants de peau (gants à la frangipane). À noter la façon « révolutionnaire » de La Varenne de préparer la pâte feuilletée. Son idée d'abaisser de fines feuilles de pâte et de les disposer en couches dans une tourtière est désormais abandonnée par les cuisiniers français qui préparent la pâte feuilletée selon une technique plus complexe, mais pas supérieure, dans le cas présent, à celle que La Varenne mit au point il y a trois siècles.

Pour une tourte de 22 cm de diamètre (8 personnes environ)

Farine	6 cuillerées à soupe
Lait	50 cl
Pistaches décortiquées et mondées	80 g
Amandes décortiquées et mondées	70 g
Eau de fleurs d'oranger (facultatif)	
Sucre semoule	80 g
Sel	1 pincée
Jaunes d'œufs	5

Pâte :

Farine	250 g
Blanc d'œufs	5
Beurre ramolli	250 g

Pour la crème frangipane, mélangez la farine avec plusieurs cuillerées à café de lait ; lorsque la farine est bien délayée, reversez-la dans le reste de lait ; portez sur feu doux ; faites cuire 10 minutes, sans cesser de remuer ; laissez refroidir.

Broyez finement les pistaches et les amandes ; pour faciliter l'opération on peut arroser pistaches et amandes avec quelques gouttes d'eau de fleurs d'oranger, cela les empêche

de rendre leur huile ; mélangez au sucre semoule et au sel. Incorporez un à un les jaunes d'œufs à la crème, puis le mélange pistaches, amandes, sucre.

Versez la farine dans une terrine ; mélangez-la avec les blancs d'œufs pour obtenir une pâte pouvant être façonnée en boule ; couvrez d'un torchon ; laissez reposer 2 heures.

Beurrez une tourtière avec 20 grammes de beurre ; divisez la pâte en deux ; partagez une première moitié en 6 parties égales prenez une de ces portions, étirez-la à la main de façon à obtenir un voile transparent de la même dimension que le moule ; foncez ce dernier. Divisez le reste de beurre en 11 parts égales ; laissez ramollir ; étalez une première part du beurre sur la première abaisse ; ainsi de suite, étirez 6 abaisses, superposez-les par couches séparées par du beurre ; sur la sixième abaisse, étendez la crème frangipane ; continuez à empiler alternativement abaisse et beurre, jusqu'à épuisement des ingrédients ; terminez par du beurre.

Mettez 35 minutes à four moyen (préchauffé à 200°, 6 au thermostat). Présentez à volonté, tiède ou froid.

CÉLINE VENCE ET ROBERT COURTINE
LES GRANDS MAITRES DE LA CUISINE FRANÇAISE

Tarte aux amandes

Pour une tarte de 18 cm de diamètre (6 personnes environ)

Amandes en poudre	90 g
Œufs	2
Sucre en poudre	100 g
Lait	8 cl
Crème fraîche (facultatif)	

Pâte :

Farine tamisée	125 g
Beurre	125 g
Sucre en poudre	30 g
Lait	

Pour la pâte, mélangez la farine avec le beurre et le sucre à l'aide de deux couteaux ou du bout des doigts jusqu'à obtention d'une préparation friable. Versez une quantité suffisante de lait pour obtenir une pâte lisse. Abaissez cette pâte et foncez un moule à tarte graissé.

Battez les amandes en poudre avec les œufs, 90 g de sucre et le lait jusqu'à obtention d'un appareil homogène ayant la consistance d'une crème épaisse.

Piquez le fond de tarte avec une fourchette, versez la garniture aux amandes dessus et faites cuire au four préchauffé à 190° (5 au thermostat) pendant 15 minutes environ, jusqu'à ce que la garniture soit ferme. Deux minutes avant la fin de la cuisson, saupoudrez du reste de sucre. Servez cette tarte chaude avec de la crème ou froide.

X.-M. BOULESTIN
THE FINER COOKING

Gâteau aux amandes à la linzoise

Linzer Torte (mit Mandeln)

Au lieu de couvrir le gâteau de croisillons, vous pouvez disposer les bandes de pâte de manière à former quatre demi-cercles et incruster des motifs sur les côtés avec la pointe d'une cuillère. Vous pouvez également former des losanges, des cœurs, etc., et les poser sur le gâteau.

Pour un gâteau de 28 cm de diamètre (8 à 10 personnes)

Amandes mondées et hachées	250 g
Farine	250 g
Beurre ramolli et coupé en morceaux	250 g
Jaunes d'œufs	2
Sucre en poudre	250 g
Schnaps aux cerises	2 cuillerées à café
Clous de girofle moulus	2 pincées
Cannelle en poudre	2 cuillerées à café
Citron, zeste râpé	½
Cacao en poudre	1 cuillerée à soupe
Confiture de framboises ou de fraises	100 g
Œuf légèrement battu	1

Mettez la farine et les morceaux de beurre sur une planche. Placez le reste des ingrédients — sauf la confiture et les jaunes d'œufs — dessus et pétrissez avec le bout des doigts jusqu'à obtention d'une pâte lisse. Laissez reposer 1 heure.

Abaissez les deux tiers de la pâte et foncez un moule. Tartinez de confiture. Abaissez le reste de pâte et coupez-la en bandes que vous disposez en croisillons sur le gâteau. Dorez le tout à l'œuf battu et faites cuire au four préchauffé à 180° (4 au thermostat) pendant 35 minutes, jusqu'à ce que le gâteau soit légèrement doré. Servez-le chaud ou froid.

HERMINE KIEHNLE ET MARIA HÄDECKE
DAS NEUE KIEHNLE-KOCHBUCH

Tourte aux noix et au miel

La Bonissima

Pour une tourte de 20 cm de diamètre (6 à 8 personnes)

Cerneaux de noix hachés	250 g
Miel	200 g
Rhum	4 cuillerées à soupe
Chocolat de ménage fondu au bain-marie ou sirop de sucre épais	125 g

Pâte brisée :

Farine	400 g
Sucre en poudre	150 g
Beurre	150 g
Œuf	1
Zeste de citron râpé	½ cuillerée à café
Extrait de vanille	15 g

Mélangez les noix avec le miel et le rhum. Pour la pâte, mélangez la farine avec le sucre et amalgamez avec les doigts en incorporant le reste des ingrédients. Abaissez cette pâte et foncez-en une tourtière avec la moitié. Garnissez avec la préparation aux noix et couvrez avec le reste de pâte en soudant les bords. Faites cuire au four préchauffé à 180° (4 au thermostat) pendant 30 minutes environ, jusqu'à ce que la surface soit dorée. Laissez refroidir la tourte et nappez-la de chocolat fondu ou de sirop de sucre. Attendez que ce glaçage se soit solidifié avant de servir.

GIORGIO CAVAZZUTI (RÉDACTEUR)
IL MANGIARFUORI: ALMANACO DELLA CUCINA MODENESE

Tartelettes à la crème

Babeczki Smietankowe

Pour 12 tartelettes

Crème fraîche épaisse	12 cl
Jaunes d'œufs	3
Sucre semoule	150 g
Gousse de vanille fendue dans le sens de la longueur, graines extraites	½

Pâte :

Beurre	200 g
Farine	400 g
Bicarbonate de soude	½ cuillerée à café
Sucre semoule	120 g
Œuf	1
Jaune d'œufs, dont 2 durs et tamisés	4

Pour la pâte, coupez le beurre dans la farine puis ajoutez le reste des ingrédients et pétrissez rapidement mais vigoureusement. Enveloppez ou couvrez la pâte obtenue et faites-la reposer au moins 1 heure au réfrigérateur.

Pour la garniture, mettez les jaunes d'œufs dans une casserole et incorporez le sucre, la crème et la vanille. Faites cuire à feu doux, sans cesser de remuer, jusqu'à ce que la préparation épaississe. Enlevez la casserole du feu et mettez-la dans une casserole peu profonde remplie d'eau froide pour arrêter la cuisson. Laissez refroidir en remuant de temps en temps.

Abaissez la pâte et foncez des moules à tartelette préalablement beurrés. Remplissez-les de garniture, couvrez de ronds de pâte, pincez les bords pour les souder et faites cuire au four préchauffé à 180° (4 au thermostat) pendant 30 minutes, jusqu'à ce que le dessus soit légèrement doré. Laissez refroidir avant de démouler.

I. PLUCINSKA
KSIAZKA KUCHARSKA

Tarte de Noël

Tarte de Natal

Pour une tarte de 22 cm de diamètre (8 personnes environ)

Figues sèches, hachées ou pilées	300 g
Raisins de Malaga épépinés	100 g
Vermouth	10 cl
Pommes épluchées, évidées et émincées	6
Amandes mondées et pilées	150 g
Œufs battus	2
Sucre en poudre	
Cannelle en poudre	
Pâte brisée *(page 166)* faite avec 2 cuillerées à soupe de sucre et 1 cuillerée à café de cannelle	350 g

Faites macérer les figues et les raisins secs dans le vermouth pendant 1 heure. Foncez un cercle à flan ou un moule à tarte à fond amovible avec la pâte. Faites-la cuire à blanc pendant 20 minutes au four préchauffé à 190° (5 au thermostat).

Mélangez les pommes avec la préparation au vermouth, les amandes et les œufs. Garnissez la croûte cuite de cet appareil et saupoudrez de sucre et de cannelle. Remettez au four à 180° (4 au thermostat) pendant 30 minutes, jusqu'à ce que la garniture soit consistante.

Démoulez la tarte et servez-la chaude ou froide.

ETELVINA LOPES DE ALMEIDA
ABC DA CULINÁRIA

Une tarte tendre

A Tender Tart

Pour une tarte de 18 cm de diamètre (6 personnes environ)

Beurre	140 g
Farine	165 g
Jaune d'œuf	1
Eau	
Œufs entiers	2
Sucre en poudre	250 g
Extrait de vanille	1 cuillerée à café
Noisettes hachées menu	140 g

Avec des couteaux, travaillez le beurre avec la farine et le jaune d'œuf. Ajoutez une quantité d'eau juste suffisante pour rassembler la pâte, pétrissez légèrement et mettez 15 minutes au réfrigérateur.

Mélangez les œufs et le sucre sans les battre. Ajoutez l'extrait de vanille et les noisettes. Abaissez un peu plus de la moitié de la pâte, foncez une tourtière profonde à fond amovible et garnissez du mélange œufs-sucre-noisettes. Abaissez le reste de pâte, couvrez la tourte et soudez les bords. Faites cuire au four préchauffé à 180° (4 au thermostat) 40 minutes, jusqu'à ce que le couvercle soit doré.

ALICE B. TOKLAS
THE ALICE B. TOKLAS COOK BOOK

Flan aux écorces confites

Sweetmeat Pudding

Recette extraite d'un livre de cuisine du XVIIe siècle écrit par Hannah Glasse qui signa « Une Lady ».

Pour un flan de 25 cm de diamètre (8 personnes environ)

Ecorce de citron confite, écorce d'orange confite et cédrat émincés	30 g de chaque
Jaunes d'œufs	8
Blancs d'œufs	2
Sucre en poudre	250 g
Beurre fondu	250 g
Feuilletage *(page 167)* finement abaissé	350 g

Foncez votre plat de feuilletage et couvrez avec les écorces émincées. Battez les jaunes et les blancs d'œufs avec le sucre et le beurre fondu. Travaillez bien le tout et versez dans le plat juste avant d'enfourner.

Comptez 1 heure de cuisson au maximum au four (préchauffé à 180°, 4 au thermostat). La garniture doit être consistante et la surface dorée. Servez chaud.

THE ART OF COOKERY, MADE PLAIN AND EASY

Tarte meringuée au citron

Lemon Meringue Pie

Pour une tarte de 25 cm de diamètre (8 personnes environ)

Sucre en poudre	2 cuillerées à soupe
Chapelure	2 cuillerées à soupe
Graines de cardamome pilées	2 pincées

Garniture :

Citrons, zeste râpé et jus passé	2
Sucre en poudre	200 g
Œufs battus	3
Beurre	250 g

Meringue :

Blancs d'œufs battus en neige	6
Sucre en poudre	225 g
Sucre semoule	

Pâte :

Farine	250 g
Sel	½ cuillerée à café
Beurre à température ambiante	175 g
Citron, zeste râpé	1
Sucre en poudre	2 cuillerées à soupe
Jus de citron et eau glacés	3 cuillerées à soupe de chaque
Beurre fondu et refroidi	

Pour la pâte, mettez la farine et le sel dans une terrine et amalgamez le beurre avec le bout des doigts jusqu'à obtention d'une préparation friable. Ajoutez le zeste de citron et le sucre. Versez le jus de citron et l'eau et travaillez rapidement jusqu'à obtention d'une pâte ferme. Mettez un cercle à flan sur une plaque à four. Sur une planche légèrement farinée, abaissez la pâte en disque un peu plus grand que le cercle. Soulevez-la délicatement, posez-la sur le cercle et pressez fermement. Rognez les bords et, avec les doigts, faites une crête un peu plus épaisse autour du haut du cercle. Parez cette crête avec une roulette, piquez tout le fond de pâte avec une fourchette et badigeonnez de beurre fondu et refroidi.

Faites cuire cette croûte à blanc au four préchauffé à 190° (5 au thermostat) pendant 30 minutes. Démoulez-la sur une plaque et faites-la cuire 10 minutes. Sortez-la du four.

Dans un bol, mélangez le sucre avec la chapelure et la cardamome. Parsemez la croûte de ce mélange pendant qu'elle est encore chaude.

Pour la garniture, mettez le zeste et le jus de citron avec le sucre, les œufs et le beurre dans une casserole placée au-dessus d'une casserole d'eau chaude mais non bouillante. Remuez avec une cuillère en bois, sur feu doux, jusqu'à ce que l'appareil ait la consistance d'une crème épaisse. Versez cette crème dans un moule et faites-la prendre 15 minutes environ au réfrigérateur. Quand elle est bien ferme, mettez-la dans la croûte en raclant la casserole avec une spatule en caoutchouc et lissez la surface.

Incorporez lentement le sucre aux blancs en neige et continuez à battre jusqu'à ce que l'appareil soit ferme. Mettez-le dans une poche à douille n° 8 ou 9 en étoile et couchez de grandes rosaces de meringue de manière à masquer entièrement la garniture au citron. Saupoudrez de sucre semoule et faites cuire de 10 à 15 minutes, jusqu'à ce que la meringue soit légèrement dorée. Laissez refroidir et mettez au réfrigérateur une heure avant de servir.

DIONE LUCAS ET MARION GORMAN
THE DIONE LUCAS BOOK OF FRENCH COOKING

La parfaite tarte meringuée au citron

The Perfect Lemon Meringue Pie

Pour une tarte de 22 cm de diamètre (6 personnes environ)

Garniture au citron :

Jus de citron	5 à 6 cuillerées à soupe
Œufs, jaunes séparés des blancs	7
Sucre en poudre	250 g

Pâte demi-feuilletée :

Farine	100 g
Sucre glace	3 cuillerées à soupe
Beurre très froid	100 g
Gros œuf	1
Eau glacée (facultatif)	1 cuillerée à soupe

Pour la pâte, mettez la farine et le sucre dans une terrine et ajoutez le beurre préalablement coupé en petits morceaux. Avec un emporte-pièce ou deux couteaux, coupez-le dans la farine jusqu'à obtention d'une pâte d'aspect sableux. Cassez l'œuf au-dessus de la terrine et incorporez-le en le battant avec une fourchette. Si besoin est, ajoutez 1 cuillerée à soupe d'eau glacée pour rendre la pâte plus malléable. Roulez-la en boule et pétrissez-la légèrement jusqu'à ce qu'elle soit bien lisse. Enveloppez-la dans du papier sulfurisé et mettez-la au réfrigérateur pendant au moins 1 heure.

Préchauffez le four à 180° (4 au thermostat). Abaissez la pâte sur 3 mm environ d'épaisseur et foncez un moule à tarte.

Coupez la pâte en laissant 5 cm à l'extérieur des parois du moule et pressez ou pincez de façon décorative la bande qui dépasse. Garnissez cette croûte d'une feuille de papier d'aluminium, remplissez-la de haricots secs et faites-la cuire 15 minutes au four, jusqu'à ce qu'elle soit ferme sans avoir pris couleur. Enlevez les haricots et la feuille de papier, piquez le fond de la croûte avec une fourchette et laissez-la cuire encore 10 minutes, jusqu'à ce qu'elle soit légèrement dorée. Laissez-la refroidir.

Pour la garniture, battez les jaunes d'œufs au fouet, hors du feu, dans une terrine allant au feu ou dans une casserole. Ajoutez 200 g de sucre et le jus de citron et battez à nouveau rapidement. Mettez le récipient au-dessus d'une casserole d'eau frémissante et faites épaissir la préparation sans cesser de remuer. Enlevez du feu et laissez refroidir.

Battez les blancs d'œufs en neige. Avec une spatule, incorporez-en le tiers environ à la garniture au citron et versez cette préparation sur la croûte cuite. Incorporez progressivement le reste du sucre au reste d'œufs en neige, sans cesser de fouetter. Quand l'appareil est brillant sans être trop ferme, recouvrez-en complètement la garniture. Pour ce faire, vous pouvez prendre l'appareil avec une grande cuillère et le laisser tomber sur la garniture. La meringue doit avoir l'aspect mousseux d'un gros nuage. Enfournez la tarte et laissez-la cuire 10 minutes au maximum, à la même température, jusqu'à ce que la meringue soit très légèrement dorée.

DORIS TOBIAS ET MARY MERRIS
THE GOLDEN LEMON

Flan au citron

Lemon Pudding

Les biscuits de Naples sont des macarons durs parfumés à l'eau de rose. Si vous utilisez des macarons ordinaires, ajoutez 1 cuillerée à café d'eau de rose à la garniture.

Pour un flan de 25 cm de diamètre (8 personnes environ)

Citrons, zeste râpé	2
Biscuits de Naples râpés	2
Sucre semoule	350 g
Jaunes d'œufs légèrement battus	12
Blancs d'œufs battus en neige	6
Beurre fondu	350 g
Crème fraîche épaisse	30 cl
Pâte brisée *(page 166)*	250 g

Mélangez le zeste, les biscuits râpés et le sucre. Incorporez les jaunes et les blancs d'œufs, le beurre et la crème. Mélangez. Foncez un moule à tarte avec la pâte et versez-y la garniture. Faites cuire au four préchauffé à 190° (5 au thermostat) 1 heure: la garniture doit être ferme.

J. STEVENS COX (RÉDACTEUR)
GUERNSEY DISHES OF BYGONE DAYS

Tarte au potiron

Pumpkin Pie

Certains cuisiniers améliorent le goût du potiron en ajoutant à la garniture un peu de cidre, de bon cognac ou de xérès.

Pour une tarte de 22 cm de diamètre (6 à 8 personnes)

Potiron cuit et tamisé	45 cl
Œufs, jaunes séparés des blancs et battus en omelette, blancs battus en neige	4
Cassonade	250 g
Cannelle, muscade et quatre-épices en poudre	½ cuillerée à café de chaque
Crème fraîche épaisse	5 cuillerées à soupe
Beurre fondu	60 g
Farine de maïs	1 cuillerée à soupe
Miel liquide, légèrement fondu (facultatif)	4 cuillerées à soupe
Noix de pécan hachées menu (facultatif)	60 g
Pâte brisée *(page 166)*	250 g

Foncez une tourtière avec la pâte et réservez au frais. Travaillez les jaunes d'œufs battus avec la cassonade et les épices jusqu'à ce que la cassonade soit bien dissoute.

Mélangez intimement le potiron avec la crème fraîche et le beurre fondu et incorporez le tout aux jaunes d'œufs. Saupoudrez les blancs en neige de farine et incorporez-les à l'appareil au potiron.

Garnissez la pâte et faites cuire 10 minutes au four préchauffé à 230° (8 au thermostat), puis de 20 à 25 minutes à 180° (4 au thermostat), en vérifiant la cuisson à la lame de couteau qui doit ressortir propre.

Pour parfumer davantage cette tarte, vous pourrez la napper de miel mélangé avec les noix hachées quand elle sera complètement refroidie.

LOUIS P. DE GOUY
THE GOLD COOK BOOK

Tarte aux marrons

Chestnut Tart

Pour réduire en purée des marrons frais, incisez l'écorce d'un côté, faites-les blanchir 1 ou 2 minutes puis décortiquez-les et épluchez-les. Faites-les cuire 20 minutes environ dans de l'eau frémissante jusqu'à ce qu'ils soient suffisamment tendres pour être passés au tamis après avoir été égouttés.

Pour une tarte de 25 cm de diamètre (6 à 8 personnes)

Marrons réduits en purée (ou 1 boîte de 250 g de purée de marrons non sucrée)	500 g
Sucre semoule	125 g
Crème fraîche épaisse	15 cl
Jus d'orange	1 cuillerée à soupe
Xérès doux	1 cuillerée à soupe
Jaunes d'œufs battus	2
Fond de tarte de pâte feuilletée *(page 167)* ou de pâte brisée *(page 166)* partiellement cuit à blanc	1

Mélangez la purée de marrons, le sucre, la crème fraîche, le jus d'orange, le xérès et les jaunes d'œufs. Laissez tiédir le fond de tarte 5 minutes et garnissez-le de préparation aux marrons sans laisser déborder. S'il reste de la garniture, faites des tartelettes. Parsemez de noisettes de beurre. Faites cuire au four préchauffé à 150° (2 au thermostat) pendant 20 minutes environ: la garniture doit être juste ferme. Saupoudrez la tarte encore chaude de sucre. Servez-la froide, avec de la crème fouettée.

ELISABETH AYRTON
THE COOKERY OF ENGLAND

La tarte de courge sucrée

Pour une tarte de 22 cm de diamètre (8 personnes environ)

Potiron épluché et épépiné	1 kg
Beurre	60 g
Farine	30 g
Eau de fleur d'oranger	1 cuillerée à café
Orange, zeste râpé	1
Citron, zeste râpé	1
Sucre en poudre	100 g
Œufs légèrement battus	2 ou 3
Rhum	4 cuillerées à soupe
Sucre glace	
Pâte brisée *(page 166)*	500 g

C'est une courge rouge ou potiron. On la coupe en cubes et on la fait fondre doucement au beurre. Quand elle est fondue, saupoudrez de farine, ajoutez la fleur d'oranger, les zestes d'orange et citron râpés. Ajoutez le sucre en poudre, 2 ou 3 œufs suivant la quantité de courge, et le rhum.

Faites une pâte à tarte que vous étalez sur une plaque. Mettez la courge et faites des croisillons de pâte coupés avec une petite roulette spéciale. Mettez au four (préchauffé à 190°, 5 au thermostat) de 30 à 35 minutes, et en sortant la tarte, saupoudrez-la de sucre glace.

JOSÉPHINE BESSON
LA MÈRE BESSON « MA CUISINE PROVENÇALE »

Tourte au lard

Recette extraite d'un livre de cuisine publié en 1606 et dont l'auteur était Joseph du Chesne, sieur de la Violette, médecin du roi Henri IV.

Pour une tourte de 20 cm de diamètre

Lard maigre	40 g
Eau de rose	
Amandes mondées	12
Jaunes d'œufs	2 ou 3
Cannelle en poudre	½ cuillerée à café
Sucre en poudre	100 g
Pâte brisée *(page 166)*	250 g

On la fait en prenant d'un lard qui ne soit nullement rance, qu'on racle et qu'on hache avec un couteau de cuisine, le plus menu qu'on peut, et qu'on lave avec de l'eau de rose; puis on le pile dans un mortier de marbre, tant qu'il soit aussi délié que rien de plus. De ce lard ainsi apprêté, vous en aurez une once et demie, ou environ la grosseur d'un œuf. Vous aurez pilé à part une douzaine d'amandes bien pelées et macérées en l'eau auparavant, puis mêlerez ensemble ledit lard, pilant de nouveau le tout, et l'abreuvant en pilant avec tant soit peu d'eau de rose. Ajoutez à cette mixtion les jaunes d'œufs, la cannelle pulvérisée et du sucre fin à discrétion.

Et le tout bien mêlé, l'étendez sur une feuille de pâte délicate, faite comme à l'ordinaire, sans la couvrir d'autre feuille, l'agençant dans une tourtière pour la faire cuire au four (préchauffé à 180°, 4 au thermostat, pendant 30 minutes) jusqu'à ce que le dessus soit doré.

JOSEPH DU CHESNE
LE POURTRAICT DE LA SANTÉ

Tarte à la moelle

Vous pourrez extraire la moelle crue d'un gros os de bœuf avec un petit couteau pointu, à condition que l'os ait été préalablement scié en morceaux par votre boucher.

Pour une tarte de 22 cm de diamètre (6 à 8 personnes)

Moelle de bœuf coupée en dés	125 g
Petit pain trempé et essoré	1
Œufs battus	2
Sucre en poudre	100 g
Rhum ou kirsch	4 cuillerées à soupe
Cannelle en poudre	1 cuillerée à café
Amandes râpées	60 g
Jaune d'œuf légèrement battu	1
Pâte brisée ou sablée *(pages 165-166)*	500 g

Abaisser la pâte en deux disques. Foncer la tourtière de l'un d'eux. La recouvrir d'une pâte faite en mélangeant bien les divers ingrédients (à l'exception du jaune d'œuf). Couvrir de la deuxième abaisse et souder les bords.

Dorer (au jaune d'œuf) et inciser en trois endroits. Enfourner à bonne chaleur (four préchauffé à 200°, 6 au thermostat) 25 minutes environ. Servir chaud.

HUGUETTE COUFFIGNAL
LA CUISINE RUSTIQUE

Flan aux carottes

Carrot Pudding

Pour un flan de 25 cm sur 15 (6 personnes environ)

Carottes râpées	100 g
Chapelure	60 g
Lait chaud	60 cl
Citron, zeste râpé et jus passé	1
Raisins secs	60 g
Epices composées	½ cuillerée à café
Œufs battus	2
Sucre en poudre	125 g
Pâte brisée *(page 166)*	250 g

Beurrez un moule à tarte et foncez-le avec la pâte. Mélangez les carottes et la chapelure et mouillez avec le lait. Laissez refroidir puis ajoutez le zeste de citron râpé, les raisins secs, les épices et les œufs. Incorporez le sucre et le jus de citron. Mélangez. Faites cuire dans le moule au four préchauffé à 170° (3 au thermostat) 1 heure 30 minutes.

JOAN POULSON
OLD THAMES VALLEY RECIPES

Tourte sucrée à l'agneau du Westmorland

Sweet Lamb Pie from Westmorland

Pour cette tourte, utilisez une tourtière comme celles que l'on emploie dans le Nord de l'Angleterre. Les meilleures sont en fer blanc, mais la variété émaillée convient également. Mettez les restes éventuels de garniture dans un pot, couvrez et réservez pour faire de petites tourtes à la viande.

Pour une tourte de 25 cm de diamètre (8 personnes environ)

Agneau maigre désossé	175 g
Gras de viande d'agneau	90 g
Pommes crues épluchées, évidées et hachées	175 g
Raisins de Corinthe	125 g
Raisins de Malaga	125 g
Raisins de Smyrne	125 g
Ecorce confite hachée	60 g
Orange, jus passé	1
Citron, jus passé	½
Amandes mondées et hachées	60 g
Rhum	4 cuillerées à soupe
Sel et poivre du moulin	
Macis en poudre	½ cuillerée à café
Cannelle en poudre	½ cuillerée à café
Noix de muscade râpée	¼
Œuf battu ou crème de lait *(facultatif)*	1
Pâte brisée *(page 166)*	500 g

Hachez la viande avec le gras. Mettez ce hachis dans une terrine et incorporez le reste des ingrédients en les répartissant bien. Ajoutez des épices, selon le goût.

Abaissez la moitié de la pâte et foncez une tourtière. Versez la garniture de façon qu'elle déborde de la tourtière. Abaissez le reste de pâte et couvrez la tourtière en dorant d'abord la crête du fond à l'œuf battu ou à la crème de lait. Pressez le couvercle et pincez les bords. Faites une cheminée au centre et dorez à l'œuf ou à la crème de lait. Faites cuire 30 minutes au four préchauffé à 200° (6 au thermostat), jusqu'à ce que le couvercle soit bien doré. Vous pouvez servir aussi bien chaud que froid.

JANE GRIGSON
ENGLISH FOOD

Tourte de crème d'artichauts
au sucre

Selon le goût, vous pouvez faire cuire la pâte à blanc (page 72) avant d'ajouter la garniture.

Pour une tourte de 20 cm de diamètre (6 personnes environ)

Fonds d'artichauts cuits à l'eau	3
Beurre fondu et refroidi	30 g
Jaunes d'œufs	2
Macaron émietté	1
Crème fraîche	10 cl
Sel	
Sucre en poudre	50 g environ
Ecorce de citron confite hachée menu	15 g
Eau de fleur d'orange	
Pâte sablée *(page 165)*	250 g

Pilez les culs d'artichauts bouillis et passez-les par l'étamine avec beurre, jaunes d'œufs crus et mettez-y le macaron pilé et un peu de crème, assaisonnez-la d'un peu de sel, sucre, écorce de citron confite et pilée; et faites votre tourte sans la couvrir, mettez-la cuire (au four préchauffé à 180°, 4 au thermostat) 30 minutes; étant cuite glacez-la sous un gril ou au four chaud; quand vous voudrez, la servir avec du sucre et eau de fleur d'orange.

L'ESCOLE PARFAITE DES OFFICIERS DE BOUCHE

Tourte de betteraves

Selon le goût, vous pouvez faire cuire la pâte à blanc (page 72) avant d'ajouter la garniture.

Pour une tourte de 20 cm de diamètre (6 personnes environ)

Betteraves	2
Vin blanc	20 cl
Morceau de sucre	1
Sel	
Ecorce de citron confite râpée	15 g
Beurre	30 g
Sucre en poudre	
Eau de fleur d'orange	
Pâte sablée *(page 165)*	250 g

Faites cuire les betteraves dans la braise ou au four et nettoyez-les bien; coupez-les par morceaux, faites-les bouillir 20 minutes avec le vin blanc jusqu'à ce qu'elles l'aient entièrement absorbé et pilez-les dans un mortier avec le sucre, un peu de sel jusqu'à ce qu'elles soient réduites en marmelade, et mettez-les en pâte fine avec l'écorce de citron confite et râpée, et le beurre; formez votre tourte, faites-la cuire au four (préchauffé à 180°, 4 au thermostat) 30 minutes et servez-la avec du sucre et eau de fleur d'orange.

L'ESCOLE PARFAITE DES OFFICIERS DE BOUCHE

Tourte de vin vermeil

Selon le goût, vous pouvez faire cuire la pâte à blanc (page 72) avant d'ajouter la garniture au vin. Pour faire le jus de groseilles, passez-les au tamis ou au moulin à légumes.

Pour une tourte de 20 cm de diamètre (6 personnes environ)

Porto ou vin rouge	10 cl
Jus de groseilles rouges	10 cl
Macarons émiettés	2
Jaunes d'œufs légèrement battus	4
Sel	
Sucre en poudre	50 g environ
Ecorce de citron confite râpée	15 g
Beurre ramolli	15 g
Eau de fleur d'orange	
Pâte sablée *(page 165)*	250 g

Dans une casserole, mélangez le vin vermeil, le jus de groseilles, les macarons, les jaunes d'œufs et faites de tout cela comme une espèce de crème, à feu doux et sans cesser de remuer. Hors du feu, assaisonnez-la de sel, sucre selon le goût, écorce de citron râpée et confite, beurre et mettez-la en pâte bien déliée en tourtière; laissez cuire la tourte au four préchauffé à 180° (4 au thermostat) pendant 30 minutes; mettez-y de l'eau de fleur d'orange en servant.

L'ESCOLE PARFAITE DES OFFICIERS DE BOUCHE

Pâtisseries fines

Millefeuille à la crème légère

La pâte feuilletée a quelquefois tendance à se rétracter au four. Pour éviter cela, il suffit de détailler les trois rectangles de pâte, la veille de la préparation du millefeuille, et de les laisser reposer toute la nuit au réfrigérateur, recouverts d'un film plastique.

A la saison des fraises ou des framboises, on pourra mélanger à la crème légère 250 g de ces fruits; en conserver quelques-uns pour décorer le dessus des millefeuilles.

On peut aussi tracer un quadrillage caramélisé sur la couche de sucre glace qui coiffe le millefeuille, en appliquant à plusieurs reprises, pour former le dessin souhaité, une fine tige d'acier rougie à blanc à la flamme du gaz.

Pour un gâteau de 20 cm sur 16 (4 personnes)

Crème pâtissière *(page 166)*	250 g
Crème fleurette conservée très froide au réfrigérateur	80 g
Sucre glace	40 g
Pâte feuilletée *(page 167)*	360 g

Fariner légèrement la table de travail, y étendre la pâte feuilletée à l'aide du rouleau à pâtisserie, en lui donnant la forme d'un grand rectangle de 20 cm sur 45 cm et 2 mm d'épaisseur. Découper net au couteau tranchant, dans cette pâte étalée, trois bandes rectangulaires de 15 cm sur 20 cm.

Humecter légèrement d'eau la plaque en tôle du four; y déposer les trois bandes de pâte, en piquer régulièrement toute la surface à la fourchette : précaution qui évite à la pâte de trop gonfler en cours de cuisson.

Enfourner et laisser cuire pendant 20 minutes au four préalablement chauffé à chaud (220°, 7 au thermostat). Cuire en deux fois si le four n'est pas assez grand pour contenir les trois bandes rectangulaires en même temps. Sortir du four et laisser refroidir sur la grille à pâtisserie; la pâte doit alors avoir pris une belle couleur noisette.

Pendant la cuisson du millefeuille, préparer la crème pâtissière et la faire refroidir rapidement en la remuant et l'aérant bien au fouet.

Sortir le saladier du réfrigérateur, y verser les 80 g de crème fleurette, 10 g de sucre glace, et fouetter d'abord doucement 1 minute avec le petit fouet à blancs, puis plus rapidement environ 5 minutes, jusqu'à ce que la crème atteigne la fermeté des blancs « montés en neige ». Verser la crème pâtissière sur la crème Chantilly, et mélanger l'ensemble en le soulevant délicatement et l'aérant bien à la spatule en bois, pour lui conserver sa texture légère.

Étaler à la spatule en acier la moitié de cette crème sur l'une des bandes de millefeuille. Poser sur ce premier rectan-gle la seconde bande garnie du reste de crème, et couvrir le tout du troisième rectangle, côté lisse au-dessus.

Saupoudrer abondamment le gâteau de 30 g de sucre glace, de manière à le recouvrir d'une couche blanche uniforme. Le déposer sur le plat de service, et découper délicatement au couteau-scie, devant les convives.

MICHEL GUÉRARD
LA CUISINE GOURMANDE

Gâteau d'amandes, dit Pithiviers

Avec la quantité de crème d'amandes donnée dans cette recette, vous pourrez garnir deux Pithiviers ou bien en conserver la moitié au réfrigérateur pendant une semaine maximum pour préparer d'autres gâteaux.

Pour un gâteau de 20 cm de diamètre (4 personnes)

Œuf battu	1
Sucre glace	
Pâte feuilletée *(page 167)*	200 g
Crème d'amandes :	
Amandes mondées	100 g
Sucre en poudre	100 g
Jaunes d'œufs	2
Beurre	40 g
Rhum	4 cuillerées à soupe

Pour la crème, piler finement les amandes avec le sucre puis y ajouter les jaunes d'œufs, ensuite le beurre et en dernier lieu le rhum. Travailler le tout à la spatule.

Prendre un morceau de pâte feuilletée grand comme la main, le rouler en boule, sans trop le manipuler; puis, avec le rouleau, l'étendre pour en former une galette ronde de 3 à 4 mm d'épaisseur, poser sur une tôle cette rondelle de pâte dont on garnit le milieu jusqu'à 3 cm du bord avec la moitié de la crème aux amandes de Pithiviers. Mouiller tout le tour avec un pinceau trempé dans l'eau; puis recouvrir le dessus avec une autre galette de pâte feuilletée, préparée de la même façon, mais deux fois plus épaisse. Avec un cercle à tarte, découper régulièrement le gâteau pour le tenir bien rond avec un rebord de 3 cm de plus que l'espace garni par la crème.

Bien souder les deux abaisses ensemble en appuyant avec les doigts tout autour sur les bords; avec le dos du couteau, festonner le bord dans toute l'épaisseur de la pâte, tout autour, mais sans couper. Dorer à l'œuf battu le dessus, que l'on raye avec la pointe du couteau pour y former une rosace, piquer ensuite le gâteau jusqu'à la tôle à 5 ou 6 endroits et cuire au four préchauffé à 200° (6 au thermostat), surtout dessous, pendant 20 à 30 minutes. Cinq minutes avant complète cuisson, le saupoudrer de sucre glace et le laisser finir de cuire sans le couvrir pour que ce sucre se caramélise dessus et donne au gâteau un bel aspect brillant.

HENRI-PAUL PELLAPRAT
LE NOUVEAU GUIDE CULINAIRE

Cornets de crème

Pour former des cornets de crème, reportez-vous aux explications données à la page 80.

Pour 7 ou 8 cornets

Œuf battu avec 2 cuillerées à soupe de lait	1
Confiture de framboises	125 g
Crème fraîche épaisse fouettée avec 2 pincées d'extrait de vanille et sucrée selon le goût	15 cl
Pistaches hachées	30 g
Feuilletage *(page 167)* ou pâte demi-feuilletée *(page 165)* préparés avec ½ cuillerée à café de jus de citron	350 g

Abaissez la pâte sur 3 mm d'épaisseur et coupez-la en rubans de 1 cm de large sur 30 à 35 cm de long. Humectez chaque ruban d'eau et enroulez-les autour de moules à cornet en commençant par la pointe placée vers le haut, en faisant chevaucher la pâte sur elle-même et en humectant l'extérieur. Placez l'extrémité du ruban sous le moule et coupez proprement. Laissez reposer 1 heure.

Mettez les cornets sur une plaque à four beurrée, dorez-les à l'œuf et faites-les cuire au four préchauffé à 220° (7 au thermostat) de 15 à 20 minutes, jusqu'à ce qu'ils soient légèrement dorés et entièrement cuits.

Démoulez les cornets et faites-les sécher au four pendant quelques minutes. Laissez-les refroidir puis introduisez un peu de confiture à l'intérieur, couchez une rosace de crème fouettée par-dessus et parsemez de pistaches.

MRS. ISABELLA BEETON
MRS. BEETON'S EVERYDAY COOKING

Vol-au-vent aux fraises

Strawberry Vol-au-vent

Vous pouvez remplacer la meringue par de la confiture de fraises pour souder les couches de pâte feuilletée, ou garnir la croûte avec les fruits de votre choix, crus ou cuits.

Pour 4 à 6 personnes

Fraises émincées et sucrées selon le goût	
Sucre en poudre	75 g
Blancs d'œufs battus en neige	2
Crème fraîche fouettée (facultatif)	
Pâte feuilletée *(page 167)*	250 g

Abaissez finement la pâte. Découpez un morceau ovale pour le fond et 3 bordures ovales. Piquez-les avec une fourchette. Mettez-les 30 minutes au réfrigérateur puis faites-les cuire 30 minutes au four préchauffé à 220° (7 au thermostat).

Faites une meringue en battant 60 g de sucre avec les blancs en neige jusqu'à obtention d'un appareil ferme et brillant. Enduisez le tour du fond de pâte de cette meringue, pressez une bordure dessus et placez ainsi les 2 autres bordures. Décorez le tour de la croûte obtenue avec le reste de meringue, saupoudrez de sucre et remettez au four à 170° (3 au thermostat). La température doit être très modérée de façon que la meringue dore en 6 minutes au moins.

Quand la meringue est légèrement dorée, dressez la croûte sur un plat de service et remplissez-la de fraises sucrées. Vous pouvez surmonter le tout de crème fouettée. Cuite, cette croûte se conserve plusieurs jours: vous la réchaufferez avant de la remplir.

MAY BYRON
PUDDINGS, PASTRIES AND SWEET DISHES

Chaussons à la crème d'amandes

Vous pouvez piler les amandes et le sucre au mixer et remplacer le sucre en morceaux par du sucre cristallisé, mais vous obtiendrez un résultat plus grenu et moins onctueux qu'en travaillant dans un mortier.

Pour 1 gros chausson ou 6 petits

Œuf battu avec 4 cuillerées à soupe d'eau	1
Sucre semoule	
Pâte feuilletée *(page 167)*	500 g

Crème d'amandes:

Amandes mondées (avec quelques amandes amères si possible)	250 g
Sucre en morceaux	250 g
Œufs	6
Beurre ramolli	150 g
Eau de fleurs d'oranger	1 cuillerée à soupe

Pilez dans un mortier les amandes mondées et séchées parmi lesquelles 5 à 6 g d'amères, avec le sucre en morceaux. On commence à piler toutes les amandes avec le quart de la quantité de sucre indiquée; on passe au tamis; on remet au mortier ce qui n'a pas passé, avec un autre quart de sucre, et ainsi de suite jusqu'à ce que le tout soit passé. Remettez le tout au mortier pour incorporer les œufs, puis le beurre en pommade et parfumez avec l'eau de fleurs d'oranger.

Étendez votre pâte feuilletée en abaisse rectangulaire de 18 à 20 cm de large sur 25 de long et de 4 à 5 mm d'épaisseur. Sur le milieu de la longueur, déposez votre crème; mouillez au pinceau tout le bord, repliez une moitié de la longueur sur l'autre en appuyant légèrement la pâte pour souder les deux épaisseurs et bien enfermer la garniture.

Vous pouvez couper la pâte en 6 disques que vous remplirez et que vous souderez de la même façon. Vous servant d'un cercle ou à vue d'œil, coupez votre pâte en lui donnant la forme voulue: celle d'un arc de cercle ou demi-circulaire.

Mettez le chausson sur une plaque à four et dorez-le à l'œuf. Cuisez au four préchauffé à 230° (8 au thermostat) de

15 à 18 minutes pour des petits chaussons et de 25 à 30 minutes pour un gros, jusqu'à ce que la pâte soit gonflée et bien dorée. Une minute avant de sortir du four, saupoudrez de sucre pour glacer.

J.-B. REBOUL
LA CUISINIÈRE PROVENÇALE

Jalousie à la crème

Pour un feuilleté de 15 cm sur 30 (6 personnes environ)

Crème pâtissière *(page 166)* ou confiture	20 cl
Œuf battu	1
Pâte feuilletée *(page 167)*	500 g

Sur une planche légèrement farinée, abaissez la moitié inférieure de la pâte sur 3 mm d'épaisseur. Coupez un rectangle que vous posez sur une plaque à four humectée d'eau. Garnissez de crème ou de confiture à 1 cm des bords.

Abaissez le reste de pâte sur 5 mm d'épaisseur et coupez un second rectangle aux mêmes dimensions que le premier. Pliez-le en deux dans le sens de la longueur et tailladez la pliure tous les 2,5 cm sur 5, de manière que les incisions aient 10 cm quand vous dépliez la pâte. Humectez les bords du premier rectangle, couvrez avec le rectangle tailladé, dorez à l'œuf battu et faites cuire au four préchauffé à 230° (8 au thermostat) 20 minutes, jusqu'à ce que le couvercle soit doré. Laissez refroidir et coupez en tranches épaisses.

ANN SERANNE
THE COMPLETE BOOK OF DESSERTS

Farce de Cresme

Pour faire la croûte expliquée à la page 82, vous pouvez disposer les bandes de pâte à la base de manière à former plusieurs compartiments. Pour certaines garnitures, comme la crème fouettée ou les fruits au sirop, il faut précuire cette croûte. La garniture de cette recette peut être préparée en grande quantité et conservée; pour une tarte, les proportions seront divisées par quatre.

Pour une tarte de 25 cm de diamètre (8 personnes environ)

Farine	125 g
Œufs	8
Lait	1 litre
Beurre	125 g
Sel	1 pincée
Sucre en poudre	100 g environ
Eau de rose distillée	
Pâte brisée *(page 166)* ou feuilletée *(page 167)*	250 g

Dans la farine, vous délayerez 4 œufs, étant bien incorporés avec la farine, vous y ajouterez encore 4 autres œufs, les mettant l'un après l'autre à mesure que vous délayerez, puis vous mettrez le lait sur le feu et quand il commence à bouillir vous verserez dedans, petit à petit, l'appareil ci-dessus dit, en remuant continuellement de crainte qu'il ne brûle, et y ajouterez le beurre frais et une pincée de sel, puis vous ferez cuire cette farce un peu moins d'un demi-quart d'heure, la remuant continuellement avec la spatule en bois, de crainte qu'elle ne brûle. Étant cuite, vous la verserez dans un bassin d'étain, la laisserez bien refroidir, la porterez à la cave et la couvrirez bien: elle s'y gardera au moins 6 jours.

Pour l'employer vous en taillerez le quart environ à la motte, y ajouterez 50 g environ de sucre en poudre, le maniant avec une spatule en bois, puis vous étendrez sur l'abaisse de pâte et vous enjoliverez de bandes de la même pâte ou de celle du feuilletage, la sucrant un peu par-dessus et après que vous l'aurez fait cuire 30 minutes environ au four (préchauffé à 190°, 5 au thermostat), vous la sucrerez encore, dégouttant par-dessus de l'eau de rose distillée.

NICOLAS DE BONNEFONS
LES DÉLICES DE LA CAMPAGNE

Opus incertum

Pour 10 personnes

Sucre semoule	80 g
Sucre glace	10 g
Feuilletage *(page 167)*	200 g

Employer du feuilletage fait la veille et que l'on a gardé à quatre tours. Recouvrir le plan de travail avec 30 g de sucre semoule et donner le 5e tour à la pâte. Remettre de nouveau 30 g pour le 6e tour. Dans ces deux dernières opérations, la farine a été remplacée par le sucre qui s'est incorporé à la pâte. Mettre le pâton de feuilletage 20 minutes au froid.

Abaisser la pâte en un rectangle de 15 cm de large en utilisant les 20 g de sucre semoule restants. La diviser en 3 sur la longueur, ce qui donne 3 bandes de 5 cm de large. Les humecter avec de l'eau à l'aide d'un pinceau et les superposer. Presser légèrement à l'aide d'un rouleau à pâtisserie afin de les fixer. Poser les bandes sur un plat et les passer 15 minutes au congélateur. Recouvrir une plaque à pâtisserie d'un papier silicone, le parsemer de sucre glace et l'humecter légèrement. Détailler les bandes en bâtonnets de 5 mm d'épaisseur sur la plaque à plat sur la tranche. Les disposer en quinconce et laisser un espace de 2 à 4 cm entre chacun d'eux.

Enfourner à 150° (2 au thermostat) four éteint, cuire une vingtaine de minutes en rallumant à mi-cuisson. Le feuilletage en cuisant s'élargit et le sucre en caramélisant ne forme qu'un seul bloc qui fait penser à un sol de pierres disposées en *opus incertum*. Laisser refroidir sur la plaque 30 minutes.

Choisir un grand plat en argent couvert d'une serviette, retourner l'ensemble avec précaution. Placer le plat au milieu de la table, les convives se servent en brisant les opus avec leurs doigts.

JEAN ET PIERRE TROISGROS
CUISINIERS À ROANNE

Pâtisserie au fromage

Domashna Banitza

Cette pâtisserie se prépare avec des feuilles de pâte fines comme du papier, abaissées autour d'un long rouleau à pâtisserie fin sur une surface parfaitement plate.

Pour une pâtisserie de 20 cm sur 30 (6 personnes environ)

Feta, chester ou autre pâte cuite	150 g
Œufs légèrement battus	3
Beurre fondu	100 g
Pâte :	
Farine	250 g
Vinaigre de vin	1 cuillerée à soupe
Huile	2 cuillerées à soupe
Sel	½ cuillerée à café

Pour la pâte, tamisez 225 g de farine dans une terrine. Faites un puits au centre et versez-y 8 cl d'eau tiède environ, le vinaigre, l'huile et le sel. Avec un couteau à bout arrondi, mélangez en imprimant un mouvement circulaire, en travaillant vers le centre et en ajoutant un peu d'eau si besoin est, jusqu'à obtention d'une pâte assez ferme mais non collante. Pétrissez cette pâte pendant 10 minutes, jusqu'à ce qu'elle soit lisse. Badigeonnez-la d'huile, couvrez-la et laissez-la au chaud pendant 30 minutes au moins.

Coupez la pâte en six. Avec un rouleau à pâtisserie fin, abaissez chaque morceau en utilisant le reste de farine pour empêcher la pâte de coller. Lorsque les disques de pâte sont grands comme une assiette, commencez à les tirer vers l'extérieur avec les mains, en les enroulant autour du rouleau. Vous obtiendrez de très grandes feuilles fines, presque transparentes. Placez-les sur un linge et laissez-les sécher pendant 15 minutes maximum.

Enduisez un plat à four de beurre fondu. Émiettez le fromage dans une terrine et incorporez presque tous les œufs battus. Mettez une feuille de pâte dans le plat en la pliant jusqu'à ce qu'elle s'y adapte. Arrosez-la de beurre fondu et parsemez-la de garniture. Continuez à remplir le plat jusqu'à ce qu'il ne reste plus de pâte et de garniture, en terminant par une feuille de pâte que vous badigeonnez de beurre et que vous dorez avec le reste d'œufs battus.

Enfournez au four préchauffé à 200° (6 au thermostat), vers le haut du four, et diminuez immédiatement la température à 180° (4 au thermostat). Au bout de 40 minutes environ, baissez la température à 170° (3 au thermostat) et laissez cuire encore 10 minutes. La pâtisserie est prête quand elle est bien dorée en surface. Sortez-la du four, arrosez-la avec 1 cuillerée à soupe d'eau et mettez un couvercle ou une feuille

de papier d'aluminium dessus pendant 15 minutes environ, jusqu'à ce que la croûte se soit ramollie.

Servez chaud ou froid, en portions rectangulaires, avec du thé ou avec du yoghourt fait maison, à la bulgare.

DRS GEORGI SHISHKOV ET STOIL VUCHKOV
BULGARSKI NAZIONALNI YASTIYA

Baklava

Cette recette de baklava se fait avec des noix et un sirop aromatisé aux clous de girofle et au citron. Si vous voulez remplacer les noix par des amandes ou des noix de pécan hachées, parfumez le sirop avec 2 cuillerées à café d'eau de rose et 2 cuillerées à soupe de cognac, ou 2 bâtons de cannelle et 2 morceaux de zeste d'orange.

Pour 30 à 36 parts de baklava environ

Cerneaux de noix hachés menu ou concassés	2 kg
Cannelle en poudre	1 cuillerée à café
Clous de girofle pilés	2 pincées
Sucre en poudre	1,150 kg
Beurre fondu et gardé au chaud	500 g
Eau froide	45 cl
Fine rondelle de citron avec la peau	1
Jus de citron	2 cuillerées à soupe
Clous de girofle entiers	2
Miel liquide	12 cl
Pâte filo à température ambiante *(page 166)*	750 g

Dans une terrine, mélangez à la main les noix avec la cannelle, les clous de girofle pilés et 250 g de sucre. Réservez. Badigeonnez uniformément de beurre fondu un moule rectangulaire de 50 cm sur 36 et de 5 cm de haut environ.

Couvrez une partie des feuilles de filo d'une serviette en papier légèrement humide pour qu'elles ne se dessèchent pas pendant que vous travaillez, et mettez le reste au réfrigérateur jusqu'au dernier moment. Détachez une feuille, aplatissez-la au fond du moule et badigeonnez-la de beurre fondu. Quand vous aurez ainsi empilé 10 feuilles de filo beurrées, la croûte du baklava sera formée.

Saupoudrez légèrement la dixième feuille d'un peu de préparation aux noix et continuez à ajouter des feuilles beurrées, en en saupoudrant une sur deux de préparation aux noix, jusqu'à épuisement.

Préchauffez le four à 170° (3 au thermostat). Faites la croûte supérieure du baklava avec le reste de feuilles de filo beurrées, y compris celles que vous avez mises au réfrigérateur. Quand vous aurez terminé, pliez les bords beurrés vers le bas et enfoncez-les dans le moule.

Badigeonnez généreusement le baklava de beurre fondu chaud et arrosez de 10 gouttes environ d'eau froide pour que le filo ne remonte pas à la cuisson. Avec un couteau pointu, découpez la croûte supérieure en petits losanges ou en petits triangles. Faites cuire le baklava pendant 1 heure 30 minutes environ, jusqu'à ce qu'il soit doré.

Pendant ce temps, faites le sirop. Dans une casserole, mélangez le reste de sucre avec l'eau, la rondelle de citron, le jus de citron et les clous de girofle. Portez à ébullition puis baissez le feu et laissez frémir 20 minutes. Enlevez la casserole du feu et jetez la rondelle de citron et les clous de girofle. Incorporez le miel et laissez tiédir.

Quand le baklava est prêt, sortez-le du four et versez lentement la moitié du sirop dessus. Vingt minutes après, versez le reste goutte à goutte. Attendez 4 heures au moins ou toute une nuit avant de couper et de servir le baklava. Ne le mettez pas au réfrigérateur.

Au moment de démouler, n'oubliez pas que vous n'avez découpé que la partie supérieure du baklava avant la cuisson: avec un couteau pointu, coupez-le jusqu'au bout en enfonçant bien la lame du couteau et en vous y prenant à deux fois pour sortir facilement et proprement les parts.

ANNE THEOHAROUS
COOKING AND BAKING THE GREEK WAY

Strudel au fromage blanc

Túrós Töltelék

Pour garnir 350 g de pâte ou 2 bandes de 40 cm environ

Fromage blanc tamisé	500 g
Œufs, blancs séparés des jaunes et battus en neige	3
Beurre ramolli	60 g
Sucre vanillé	175 g
Crème aigre	12 cl
Farine	1 cuillerée à soupe
Raisins secs	40 g
Citron, zeste râpé	½
Sel	1 pincée
Semoule grossièrement moulue	1 cuillerée à soupe
Pâte à strudel *(page 166)*	350 g

Battez les jaunes d'œufs avec le beurre et le sucre jusqu'à ce que le mélange soit mousseux. Incorporez lentement la crème aigre, la farine, les raisins secs, le zeste de citron et le sel. Laissez reposer 15 minutes. Incorporez le fromage blanc préalablement mélangé avec les blancs en neige.

Saupoudrez de semoule la partie de l'abaisse de strudel sur laquelle vous allez mettre la garniture. Étalez la garniture par-dessus. Enroulez la pâte et faites cuire au four préchauffé à 200° (6 au thermostat) pendant 40 minutes environ, jusqu'à ce que le strudel soit croustillant et bien doré. Servez-le chaud, coupé en tranches.

GEORGE LANG
THE CUISINE OF HUNGARY

Strudel aux graines de pavot

Mákos Töltelék

Bien qu'un grand nombre de recettes hongroises traditionnelles associent généralement les graines de pavot et la confiture d'abricot, vous verrez que la pomme râpée constitue un merveilleux additif. Pour varier cette recette, vous pouvez utiliser 125 g seulement de graines de pavot et remplacer la pomme par 500 g de potiron coupé en dés et cuit. Faites cuire les graines de pavot avant de les passer au four pour qu'elles ne durcissent pas à la cuisson.

Pour garnir 350 g de pâte ou 2 bandes de 40 cm environ

Graines de pavot pilées dans un mortier	250 g
Sucre vanillé	175 g
Œufs, blancs séparés des jaunes et battus en neige	2
Farine	1 cuillerée à soupe
Citron, zeste râpé	1
Beurre ramolli	90 g
Lait chaud	25 cl
Raisins secs	40 g
Pomme épluchée, évidée et râpée	1
Pâte à strudel *(page 166)*	350 g

Dans une terrine, battez le sucre vanillé avec les jaunes d'œufs jusqu'à ce que le mélange blanchisse. Incorporez la farine, le zeste de citron, le beurre et le lait chaud. Mettez l'appareil obtenu dans une casserole, amenez doucement à frémissement et incorporez les graines de pavot. Quand l'appareil recommence à frémir, enlevez la casserole du feu et laissez refroidir.

Incorporez les raisins secs, la pomme râpée et les blancs en neige. Si cette garniture est trop épaisse, ajoutez un peu d'eau froide.

Étalez la garniture sur l'abaisse de pâte à strudel, enroulez le strudel et faites-le cuire au four préchauffé à 200° (6 au thermostat) pendant 40 minutes environ, jusqu'à ce qu'il soit croustillant et doré. Servez-le chaud, coupé en tranches.

GEORGE LANG
THE CUISINE OF HUNGARY

Strudel à la turque
Türkenstrudel

Pour enrouler un strudel, reportez-vous à la page 84.

Pour un strudel de 45 cm de long (8 personnes environ)

Beurre	140 g
Sucre semoule	110 g
Œufs, blancs séparés des jaunes et battus en neige	5
Zeste de citron finement râpé	1 cuillerée à café
Cannelle en poudre	1 cuillerée à café
Ecorce confite hachée menu	70 g
Raisins secs épépinés et hachés	70 g
Figues sèches hachées	70 g
Dattes hachées	70 g
Cerneaux de noix hachés	150 g
Beurre fondu	
Sucre glace	
Pâte à strudel *(page 166)*	350 g

Battez le beurre avec le sucre semoule et les jaunes d'œufs jusqu'à ce que le mélange soit clair et mousseux. Ajoutez le zeste de citron, la cannelle, l'écorce confite, les raisins secs, les figues, les dattes et les noix et mélangez le tout. Incorporez les blancs en neige.

Abaissez la pâte à strudel en lui donnant la forme d'une grande feuille fine et tirez-la jusqu'à ce qu'elle soit transparente. Étalez uniformément la garniture sur cette feuille en laissant une grande bordure autour. Pliez trois côtés de la bordure sur la garniture et enroulez la pâte de manière à y enfermer complètement la garniture. Mettez le strudel sur une plaque à four beurrée en le courbant si besoin est pour le faire tenir et badigeonnez le dessus de beurre fondu. Faites-le cuire au four préchauffé à 190° (5 au thermostat) pendant 40 minutes environ, jusqu'à ce qu'il soit bien doré et croustillant. Servez-le chaud ou froid, saupoudré de sucre glace.

EVA BAKOS
MEHLSPEISEN AUS ÖSTERREICH

Baklava

Pour 25 petits feuilletés

Beurre fondu	500 g
Cerneaux de noix hachés	250 g
Miel	350 g
Eau	25 cl
Feuilles de filo *(page 166)*	20

Étalez 5 feuilles de filo les unes sur les autres. Placez un grand moule carré au centre et coupez tout autour, sur l'épaisseur de toutes les feuilles. Placez-les dans le moule une par une en les badigeonnant généreusement de beurre fondu. Parsemez toutes les rognures et badigeonnez-les de beurre fondu. Répétez cette opération avec 5 feuilles de filo.

Étalez uniformément les noix dans le moule et continuez à ajouter des feuilles de filo jusqu'à épuisement, en mettant les dernières rognures sous la dernière feuille.

Avec un couteau pointu, incisez le dessus en diagonale, cinq fois dans chaque sens, de manière à obtenir 25 petits losanges. Laissez reposer 2 heures.

Préchauffez le four à 230° (8 au thermostat) puis baissez la température à 180° (4 au thermostat). Arrosez le baklava avec le tiers du reste de beurre et faites cuire 7 minutes. Versez encore un tiers du reste de beurre, diminuez la température à 170° (3 au thermostat) et laissez cuire encore 20 minutes. Sortez le baklava du four.

Égouttez l'excès de beurre et remettez le baklava au four pendant 5 minutes, jusqu'à ce qu'il soit croustillant. Égouttez à nouveau l'excès de beurre et remettez encore au four pendant 5 minutes.

Dans une casserole, faites bouillir le miel avec l'eau jusqu'à obtention d'un sirop épais. Versez ce sirop contre les parois du moule et sur le baklava. Laissez refroidir et coupez les losanges de manière à ce qu'ils soient bien imbibés de sirop quand vous les servirez.

ANN SERANNE
THE COMPLETE BOOK OF DESSERTS

Strudel aux pommes
Apfelstrudel

Pour abaisser et tirer la pâte à strudel, reportez-vous aux explications données à la page 58.

Pour 3 strudels de 40 cm de long (10 à 12 personnes environ)

Pommes épluchées, évidées et émincées	2 kg
Beurre fondu	200 g
Chapelure dorée dans 60 g de beurre	150 g
Cerneaux de noix hachés	125 g
Raisins secs	70 g
Sucre en poudre	150 g
Cannelle en poudre et clous de girofle pilés	2 pincées de chaque
Citron, jus passé	½
Rhum	1 cuillerée à soupe
Crème fraîche épaisse fouettée	12 cl
Sucre glace	
Pâte à strudel *(page 166)*	500 g

Sur une grande planche ou un linge farinés, abaissez la pâte et tirez-la avec les mains jusqu'à ce qu'elle soit presque transparente. Arrosez avec la moitié du beurre fondu. Couvrez la moitié de la pâte, à 2,5 cm des bords, de chapelure préalablement mélangée avec les pommes, les noix, les raisins secs, le sucre, la cannelle, les clous de girofle, le jus de citron et le rhum. Arrosez encore d'un peu de beurre fondu et tartinez de crème fouettée.

Enroulez le strudel en commençant par le côté couvert de garniture, de manière que celle-ci soit complètement enveloppée dans la pâte. Ôtez tout excès de farine. Coupez le strudel en 3 parties allongées que vous placez sur des plaques à four graissées. Faites cuire au four préchauffé à 180° (4 au thermostat) de 30 à 40 minutes, sans cesser d'arroser avec le reste de beurre fondu. Les strudels sont prêts quand ils sont bien dorés. Saupoudrez-les d'une couche épaisse de sucre glace avant de les servir, chauds ou froids.

HANS KARL ADAM
DAS KOCHBUCH AUS SCHWABEN

Strudel au chocolat

Schokoladestrudel

Pour un strudel de 70 cm de long (8 à 10 personnes)

Chocolat de ménage râpé	100 g
Œufs, jaunes séparés des blancs	4
Sucre glace	70 g
Beurre	70 g
Amandes pilées	70 g
Biscuits à la cuillère émiettés	70 g
Raisins secs épépinés	70 g
Crème fraîche épaisse	12 cl
Sucre vanillé	2 cuillerées à soupe
Lait bouillant	25 cl
Pâte à strudel *(page 166)*	350 g

Battez les jaunes d'œufs avec le sucre glace et le beurre jusqu'à ce que le mélange soit clair et mousseux. Ajoutez les amandes, les miettes de biscuits, le chocolat, les raisins secs et la crème et mélangez intimement. Fouettez les blancs d'œufs en neige avec le sucre vanillé et incorporez-les à l'appareil au chocolat.

Abaissez la pâte très finement sur un linge fariné et tirez-la jusqu'à ce qu'elle soit presque transparente. Rognez les bords. Couvrez uniformément la pâte de garniture, en laissant une bordure de 5 cm sur trois côtés et de 10 cm sur le côté le plus éloigné de vous. Pliez les 3 côtés étroits sur la garniture et enroulez le strudel en soulevant progressivement le linge qui se trouve dessous pour faciliter l'opération.

En plaçant la jointure en dessous, faites glisser le strudel sur une plaque à four graissée, en le courbant si besoin est pour le faire tenir. Faites-le cuire au four préchauffé à 190° (5 au thermostat) pendant 30 minutes environ, jusqu'à ce qu'il

soit bien doré et croustillant. Arrosez-le de lait chaud et laissez-le encore quelques minutes au four pour qu'il absorbe le lait. Servez-le chaud ou froid, saupoudré de sucre glace.

EVA BAKOS
MEHLSPEISEN AUS ÖSTERREICH

Éclairs au café ou au chocolat

Pour 12 éclairs (4 personnes)

Crème pâtissière *(page 166)* parfumée au café ou au chocolat	35 cl
Fondant ou glace au sucre *(page 92)* parfumée au café ou au chocolat	15 cl
Pâte à choux *(page 166)*	150 g

Avec une poche à douille ronde unie, n° 8, faire avec la pâte à choux, sur une tôle propre, des formes longues de 8 à 9 cm, de la grosseur du petit doigt. Dorer et cuire au four préchauffé à 200° (6 au thermostat) pendant 20 minutes pour que les croûtes soient bien sèches, sinon elles ramollissent.

Les fendre sur le côté, les remplir de crème pâtissière froide au café ou au chocolat et glacer le dessus en les trempant dans un fondant ou un glaçage au sucre tiède, parfumé du même parfum que la crème intérieure.

HENRI-PAUL PELLAPRAT
LE NOUVEAU GUIDE CULINAIRE

Pièce-montée ou croquembouche

Pour monter le croquembouche, reportez-vous aux explications données à la page 90.

Pour une grande pièce montée en forme de pyramide

Crème pâtissière *(page 166)* parfumée avec 2 cuillerées à soupe de rhum	50 cl
Sucre en poudre	250 g
Pâte à choux *(page 166)*	500 g

Sur la plaque à four non graissée, déposez de petits tas de pâte avec une cuillère, et faites cuire au four préchauffé à 200° (6 au thermostat) 20 minutes, jusqu'à ce que les choux soient gonflés et dorés. Laissez-les complètement refroidir.

Après refroidissement, fourrez les gâteaux de crème avec une poche à douille ou en les incisant près de la base.

Faites fondre le sucre à feu modéré avec 2 cuillerées à soupe d'eau et laissez cuire jusqu'à obtention d'un sirop de la couleur du caramel. Enlevez du feu.

Trempez le haut de chaque chou fourré dans le caramel chaud et empilez-les en pyramide sur un plat de service en les collant avec le caramel.

NICOLE VIELFAURE ET A. CHRISTINE BEAUVIALA
FÊTES, COUTUMES ET GÂTEAUX

Chou à la crème d'amandes et aux fraises

Choux Cake with Almond Cream and Strawberries

Pour un chou de 22 à 25 cm de diamètre (8 à 10 personnes)

Amandes grillées et pilées	90 g
Fraises émincées	500 g
Lait	25 cl
Fécule de maïs	1½ cuillerée à soupe
Cassonade fine	125 g
Œuf légèrement battu avec 1 jaune d'œuf	1
Extrait de vanille	1 cuillerée à café
Crème fraîche fouettée	25 cl
Liqueur d'amandes (facultatif)	1 cuillerée à soupe

Pâte à choux :

Eau	25 cl
Beurre	6 cuillerées à soupe
Sel	1 pincée
Sucre en poudre	5 cuillerées à soupe environ
Citron, zeste râpé	1
Farine	125 g
Gros œufs	5

Pour la pâte, mélangez l'eau avec le beurre, le sel, 1 cuillerée à soupe de sucre et le zeste de citron dans une casserole à fond épais. Portez à ébullition à feu modéré et versez toute la farine en une seule fois. Sans enlever la casserole du feu, travaillez vigoureusement avec une grosse cuillère en bois jusqu'à obtention d'une boule de pâte lisse. Étalez et remuez cette pâte jusqu'à ce qu'elle se raffermisse et se dessèche. Elle est assez sèche quand elle nappe le fond de la casserole. Enlevez du feu, laissez tiédir quelques minutes puis incorporez les œufs un par un. L'appareil se désagrègera à chaque adjonction, mais vous lui redonnerez sa cohésion en remuant vigoureusement.

Huilez ou beurrez un plat à soufflé ou une timbale en métal à parois lisses et faites cuire au four préchauffé à 200° (6 au thermostat) pendant 50 minutes. Sortez le chou du four et démoulez-le. Découpez soigneusement une couche horizontale sur le dessus et évidez toute la pâte molle insuffisamment cuite de ce couvercle et de la base. Placez le couvercle sur une feuille de papier sulfurisé et remettez les deux parties du chou au four pendant 10 minutes. Badigeonnez le couvercle avec un peu d'eau, saupoudrez-le du reste de sucre et faites-le rapidement glacer sous le gril. Laissez tiédir à température ambiante avant de garnir.

Pour la garniture, faites chauffer le lait presque jusqu'à ébullition et versez-le sur la fécule préalablement mélangée avec la cassonade. Incorporez au fouet à l'œuf battu puis remettez l'appareil obtenu à feu doux et continuez à fouetter sans laisser bouillir, jusqu'à ce qu'il épaississe. Ajoutez la vanille et les amandes pilées et mettez au réfrigérateur.

Quand l'appareil est refroidi, incorporez-y la crème fouettée avec la liqueur, selon le goût.

Remplissez la base du chou de cette crème d'amandes, recouvrez avec les fraises émincées et mettez le couvercle.

JUDITH OLNEY
SUMMER FOOD

Gâteau Saint-Honoré

La garniture, ou crème saint-honoré, est une crème pâtissière additionnée de blancs en neige.

Ce gâteau doit son appellation à Saint Honoré, patron des pâtissiers, qui fut évêque d'Amiens au VIIe siècle.

Pour un gâteau de 25 cm de diamètre (8 personnes environ)

Œuf battu avec 2 cuillerées à soupe de lait	1
Crème fraîche fouettée	30 cl
Sucre en poudre	290 g
Gélatine en poudre	1 cuillerée à soupe
Crème pâtissière *(page 166)*	75 cl
Blancs d'œufs	6
Cerises confites (facultatif)	
Pâte sablée *(page 165)*	250 g
Pâte à choux *(page 166)*	500 g

Abaissez la pâte à foncer sur 5 mm d'épaisseur et coupez-la en cercle en vous aidant d'une assiette de 25 cm de diamètre. Couchez dessus une couronne de pâte à choux de l'épaisseur du pouce et dorez-la à l'œuf battu avec le lait.

Faites cuire au four préchauffé entre 200° et 220° (6 à 7 au thermostat) de 25 à 30 minutes, jusqu'à ce que la couronne ait gonflé et que la pâte soit dorée.

Ensuite, préparez quelques petits choux à la crème. Faites tomber des boules de pâte à choux grosses comme des noix sur une plaque à four humectée, à 5 cm environ d'intervalle. Dorez-les à l'œuf battu avec le lait. Faites cuire 20 minutes au four préchauffé à 200° (6 au thermostat), jusqu'à ce que les choux soient gonflés, dorés et croustillants. Sortez-les du four

PÂTISSERIES FINES

156

et faites-les glisser sur une grille. Quand ils sont froids, remplissez-les de crème pâtissière ou fouettée.

Préparez du caramel en mélangeant 250 g de sucre en poudre avec 10 cl d'eau dans une casserole à fond épais. Faites fondre le sucre à feu modéré puis laissez bouillir à feu vif jusqu'à obtention d'un sirop épais et doré. Trempez vos choux à la crème dans ce caramel et collez-les sur la couronne de pâte à choux. Préparez la crème pâtissière et, pendant qu'elle est encore chaude, incorporez la gélatine préalablement ramollie dans 2 cuillerées à soupe d'eau froide. Battez les blancs d'œufs en neige en ajoutant le reste de sucre à la fin et incorporez-les à la crème pâtissière. Garnissez de cette crème l'intérieur du Saint-Honoré, en en couchant un peu à la poche à douille pour décorer la surface. Selon le goût, vous pouvez parer les petits choux de cerises confites.

LOUIS DIAT
FRENCH COOKING FOR AMERICANS

Profiteroles au chocolat

Pour faire des religieuses, remplissez deux choux de crème fouettée sucrée, placez-les l'un sur l'autre et glacez-les avec du fondant au café ou avec de la glace simple (recettes page 92). Si vous voulez servir les profiteroles avec une sauce chocolat, vous pouvez les remplir de crème glacée.

Pour 4 personnes

Crème saint-honoré *(page 166)* ou chantilly	35 cl
Pâte à choux *(page 166)*	125 g

Sauce chocolat :

Chocolat de ménage	150 g
Eau	10 cl
Fécule de maïs dissoute dans 1 cuillerée à café d'eau	1 cuillerée à café
Beurre	30 g

Faire avec la pâte à choux 12 petites boules couchées à la poche et cuire au four préchauffé à 200° (6 au thermostat) pendant 20 minutes, jusqu'à ce que les choux soient bien gonflés et dorés. Les garnir intérieurement avec une crème chantilly ou pâtissière ; les dresser en pyramide sur un plat rond et les arroser d'une sauce chocolat chaude préparée en faisant fondre le chocolat dans une terrine avec l'eau, au-dessus d'une casserole d'eau chaude. Quand il est fondu et sirupeux, incorporer la fécule délayée et laisser épaissir une minute ou deux. Incorporer le beurre et remuer jusqu'à ce qu'il soit fondu.

Cet entremets se sert froid, mais on verse la sauce chaude dessus pour qu'elle pénètre partout. C'est à la fois un entremets et un gâteau.

HENRI-PAUL PELLAPRAT
LE NOUVEAU GUIDE CULINAIRE

Beignets espagnols

Churos

En Espagne, on mange généralement ces délicieux beignets au petit déjeuner, qui se compose simplement d'une tasse de chocolat ou de café dans laquelle on trempe les *churos*. On les sert aussi parfois comme entremets léger, à midi.

Pour 6 beignets environ

Eau	30 cl
Beurre coupé en petits morceaux	60 g
Sel	1 pincée
Farine	150 g
Gros œufs (ou 4 petits) légèrement battus	3
Extrait de vanille (ou 2 cuillerées à café de jus de citron, de rhum ou d'eau de fleurs d'oranger)	½ cuillerée à café
Huile de friture	
Sucre en poudre	

Dans une petite casserole, remuez l'eau, le beurre et une pincée de sel jusqu'à ce que le beurre ait fondu. Au premier bouillon, enlevez du feu, ajoutez la farine et remuez vigoureusement avec une spatule en bois jusqu'à obtention d'une pâte parfaitement lisse. Remettez sur feu doux et remuez jusqu'à ce que la pâte n'attache plus à la casserole et à la spatule. Incorporez les œufs un par un, en mélangeant intimement pour que la pâte les absorbe. Ajoutez les parfums. Quand la pâte est suffisamment ferme, mettez-en un peu dans une poche à douille de 1 cm de large environ.

Jetez des bandes de pâte de 30 cm environ de long dans une friteuse remplie d'huile chaude et faites légèrement dorer. Les *churos* s'enrouleront et gonfleront à la cuisson jusqu'à atteindre une épaisseur de 2,5 cm environ. Dès qu'ils sont cuits, retirez-les de la friture et laissez-les égoutter sur un linge, au four. Servez-les chauds, saupoudrés de sucre.

COUNTESS MORPHY (RÉDACTRICE)
RECIPES OF ALL NATIONS

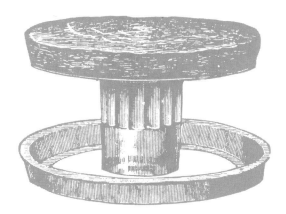

Gâteau à la menthe et aux raisins secs

Yorkshire Mint Pasty

Pour 4 à 6 personnes

Feuilles de menthe hachées menu	30 g
Raisins de Corinthe	100 g
Raisins de Malaga	100 g
Ecorce confite hachée menu	60 g
Cassonade	60 g
Beurre	30 g
Muscade râpée ou quatre-épices	½ cuillerée à café
Pâte brisée *(page 166)*	250 g

Abaissez la pâte sur 5 mm d'épaisseur environ, en forme de grand disque. Posez-la sur une plaque à four. Couvrez-en la moitié d'une couche composée de la moitié des raisins secs et de l'écorce confite. Saupoudrez de menthe puis de cassonade. Couvrez avec le reste des raisins secs et de l'écorce, parsemez de beurre et saupoudrez de muscade ou de quatre-épices.

Humectez les bords de la pâte. Repliez la moitié sans garniture pour couvrir les fruits et soudez les bords. Faites cuire au four préchauffé à 180° (4 au thermostat) 30 minutes, jusqu'à ce que le gâteau soit doré. Servez chaud ou froid.

FLORENCE WHITE (RÉDACTRICE)
GOOD THINGS IN ENGLAND

Gâteau à la poêle

Flarntårta

Vous pouvez cuire les couches de pâte à l'avance. Pour qu'elles restent croustillantes, conservez-les dans un récipient étanche. Selon le goût, vous pouvez servir ce gâteau avec une sauce au chocolat chaude *(page 10)* ou tartiner chaque couche de chocolat fondu avant de les superposer.

Pour un gâteau de 25 cm de diamètre (4 à 6 personnes)

Beurre	125 g
Noisettes ou amandes mondées et hachées menu	125 g
Sucre en poudre	100 g
Lait	2 cuillerées à soupe
Farine	2 cuillerées à soupe
Glace à la vanille (ou 30 cl de crème fraîche épaisse fouettée et parfumée au rhum ou au cognac)	1 litre

Préchauffez le four à 200° (6 au thermostat). Beurrez une poêle en fonte. Dans une petite casserole, faites fondre le beurre à feu doux. Ajoutez les noisettes ou les amandes, le sucre, le lait et la farine. Faites frémir sans cesser de remuer et sans laisser bouillir. Dès que le mélange commence à frémir, enlevez-le du feu.

Étalez le tiers de la pâte obtenue dans la poêle beurrée et faites cuire 10 minutes environ, jusqu'à ce que la pâte soit bien dorée. Laissez refroidir la poêle sur une grille pendant quelques minutes. Avec une longue spatule fine, enlevez le gâteau quand il a légèrement durci, mais avant qu'il soit trop croustillant. Faites cuire deux autres couches de pâte de la même façon et laissez-les refroidir complètement.

Juste avant de servir, superposez les couches en les séparant de glace ou de crème fouettée.

GÖREL KRISTINA NÄSLUND
SWEDISH BAKING

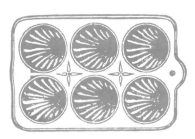

Galette aux amandes

Sbrisolona

Bien que la *sbrisolona* soit une spécialité de Mantoue, depuis une dizaine d'années on en trouve dans toute l'Italie. Pour être réussie, elle doit être tendre et friable car on la rompt au lieu de la couper au couteau. Certains cuisiniers préfèrent laisser les amandes entières et ajouter un peu d'anis.

Pour un gâteau de 25 cm de diamètre

Amandes mondées et hachées	200 g
Farine de maïs	300 g
Farine	100 g
Jaunes d'œufs	2
Sucre en poudre	100 g
Beurre ou saindoux légèrement ramollis	100 g
Extrait de vanille	½ cuillerée à café

Dans une terrine, mélangez tous les ingrédients : il est inutile de trop les travailler. Beurrez une tourtière et remplissez-la avec la préparation sur 2 cm de profondeur environ. Faites cuire au four préchauffé à 200° (6 au thermostat) de 1 heure à 1 heure 30 minutes, en surveillant avec soin et en vérifiant la cuisson à la lame de couteau qui doit ressortir propre.

RENZO DALL'ARA ET EMILIO FANIN
MANGIAR MANTOVANO

Gâteau de Copenhague

Kopenhághi

Ce gâteau riche porte le nom de la capitale du Danemark parce qu'il fut créé par le pâtissier de la cour de Grèce en l'honneur du roi danois Georges Ier, au moment de son couronnement comme roi de Grèce, en 1863.

Il se compose d'une galette de biscuit de Savoie garnie d'amandes écrasées et couverte de feuilles de pâte filo. Après la cuisson, on le baigne d'un sirop parfumé. C'est un gâteau long à préparer et relativement onéreux, mais absolument exquis. Il donne facilement 30 parts et peut se préparer à l'avance pour une réception.

Pour un gâteau de 36 cm sur 25 (25 à 30 personnes)

Amandes grillées, mondées et hachées menu	325 g
Œufs à température ambiante, jaunes séparés des blancs	8
Sucre en poudre	125 g
Levure en poudre	1 cuillerée à café
Cannelle en poudre	1 cuillerée à café
Extrait d'amandes	1 cuillerée à café
Cognac	1 cuillerée à soupe
Filo à température ambiante (*page 166*)	225 g
Beurre fondu et tenu au chaud	125 g

Sirop :

Eau	90 cl
Sucre en poudre	700 g
Bâton de cannelle	1
Clous de girofle	8
Tranches fines d'orange non épluchées	4
Tranches fines de citron non épluchées	4
Jus de citron	1 cuillerée à café

Galette :

Beurre à température ambiante	225 g
Sucre glace ou sucre semoule	60 g
Jaunes d'œufs à température ambiante	2
Orange, zeste râpé	½
Cognac	1 cuillerée à soupe
Extrait de vanille	½ cuillerée à café
Farine	175 g

Pour la galette, battez le beurre avec le sucre dans le bol du mixer à vitesse moyenne pendant plusieurs minutes, jusqu'à ce que le mélange soit clair et mousseux. Ajoutez les jaunes d'œufs et battez encore 10 minutes. Ajoutez le zeste d'orange râpé, le cognac et la vanille et battez encore 5 minutes.

Incorporez progressivement la farine avec les mains ou avec le crochet à pâte du mixer, jusqu'à obtention d'une pâte très souple. Pétrissez cette pâte pendant 10 minutes sur une surface farinée ou pendant 4 minutes dans le bol du mixer si vous utilisez le crochet à pâte.

Mettez cette pâte souple dans un moule beurré et tapotez-la uniformément. Piquez-la bien avec une fourchette et faites-la cuire au four préchauffé à 180° (4 au thermostat) pendant 15 minutes, jusqu'à ce que la galette soit dorée. Sortez-la du four et laissez-la refroidir dans le moule.

Pour le biscuit de Savoie, battez les jaunes d'œufs dans le grand bol du mixer pendant 5 minutes, jusqu'à ce qu'ils soient épais et crémeux. Ajoutez le sucre et la levure et battez 2 minutes, puis incorporez les amandes hachées, la cannelle, l'extrait d'amandes et le cognac.

Dans un autre bol, montez les blancs d'œufs en neige avec des batteurs propres, jusqu'à ce qu'ils soient fermes mais non secs. Avec une spatule en caoutchouc ou avec les mains, incorporez-les délicatement à la préparation aux jaunes d'œufs et aux amandes.

Versez délicatement cet appareil sur la galette cuite et refroidie. Étalez légèrement la pâte filo sur cette garniture, feuille par feuille, en badigeonnant chaque feuille de beurre fondu. Travaillez rapidement et avec une main légère de manière que la garniture conserve l'air que vous avez inclus en battant. Si les feuilles de filo sont plus grandes que le moule et débordent, beurrez les parties qui dépassent et repoussez-les délicatement vers le bas, autour de la garniture, avant de mettre la feuille suivante. (Ne rognez jamais le filo comme une croûte de tarte.) Cela donnera à votre gâteau un aspect bien net après la cuisson. Badigeonnez la dernière feuille de pâte et les bords repoussés vers le bas avec le reste du beurre fondu.

Avec un couteau pointu, faites trois incisions de 7 cm de long environ dans le filo, sans aller jusqu'à la garniture. Arrosez toute la surface de 10 gouttes d'eau chaude pour que le filo ne s'enroule pas pendant la cuisson. Faites cuire 45 minutes au four préchauffé à 180° (4 au thermostat).

A la fin de la cuisson, piquez la lame d'un couteau pointu au milieu du gâteau, jusqu'à la garniture. Si elle ressort propre, sortez le moule du four. Dans le cas contraire, laissez cuire encore de 10 à 15 minutes. Le dessus du gâteau doit avoir une belle couleur dorée et satinée. Sortez le moule du four et laissez tiédir à température ambiante.

Pour le sirop, mélangez tous les ingrédients dans une grande casserole et portez-les à ébullition. Baissez le feu et laissez frémir 30 minutes. Passez le sirop obtenu lentement et régulièrement sur le gâteau refroidi : cela vous prendra 15 minutes au moins. Si le gâteau a l'air de nager dans le sirop, attendez qu'il l'ait absorbé avant de continuer. Laissez refroidir le gâteau 4 heures avant de le couper en losanges, en carrés ou en triangles. Servez à température ambiante.

ANNE THEOHAROUS
COOKING AND BAKING THE GREEK WAY

Le « singe farci »

Stuffed Monkey

Pour un gâteau de 20 cm de diamètre (6 personnes environ)

Beurre	40 g
Ecorce confite hachée	60 g
Sucre semoule	30 g
Amandes pilées	60 g
Jaune d'œuf	1
Pâte :	
Farine	175 g
Cannelle en poudre	½ cuillerée à café
Beurre	125 g
Œuf, jaune séparé du blanc	1
Cassonade	125 g

Dans une terrine, tamisez la farine et la cannelle, amalgamez le beurre, ajoutez le jaune d'œuf et le sucre puis pétrissez jusqu'à obtention d'une pâte souple. Pour la garniture, faites fondre le beurre et mélangez-le avec l'écorce confite, le sucre, les amandes et le jaune d'œuf.

Graissez un moule à manqué profond. Abaissez la pâte en 2 disques. Mettez-en un au fond du moule, étalez la **garniture** par-dessus et couvrez avec l'autre disque de pâte. Badigeonnez le gâteau de blanc d'œuf et faites-le cuire au four préchauffé à 180° (4 au thermostat) pendant 30 minutes environ, jusqu'à ce qu'il soit légèrement doré. Laissez-le refroidir dans le moule avant de servir.

FLORENCE GREENBERG
JEWISH COOKERY

Pâtisserie italienne aux amandes

Torta di mandorle e tagliatelle

Pour une pâtisserie de 20 cm de côté (6 personnes environ)

Amandes	300 g
Sucre en poudre	300 g
Beurre	300 g
Pâte sablée *(page 165)* préparée avec 1 jaune d'œuf	250 g

Abaissez la pâte et coupez-la en bandes très fines ou *tagliatelle*. Mettez les amandes dans une casserole d'eau bouillante pendant 5 minutes au moins, mondez-les et hachez-les menu. Mélangez-les avec le sucre. Beurrez un moule carré et placez une couche fine de *tagliatelle* puis une couche d'amandes. Parsemez de beurre et continuez à remplir le moule de la

sorte jusqu'à épuisement des ingrédients, en terminant par une couche de *tagliatelle* parsemée de beurre.

Faites cuire au four préchauffé à 180° (4 au thermostat) pendant 45 minutes environ, jusqu'à ce que la couche supérieure de *tagliatelle* ait pris une coloration légèrement rosée. Laissez refroidir 2 heures environ puis mettez le moule sur feu doux pour réchauffer légèrement la base et faciliter le démoulage. Renversez la pâtisserie sur une assiette et retournez-la à l'endroit sur une autre assiette.

RENZO DALL'ARA ET EMILIO FANIN
MANGIAR MANTOVANO

Gâteau à la noix de coco

Saucer Cake (Saucy Kate)

Vous pouvez évider la pulpe des noix de coco et la râper ou la racler avec une cuillère et l'extraire sous forme de copeaux.

Pour un gâteau de 20 cm de diamètre (6 à 8 personnes)

Beurre	200 g
Farine tamisée	500 g
Sucre semoule	90 g
Sel	
Lait	20 cl environ
Noix de coco râpées ou raclées	2
Sucre en poudre	250 g
Amandes effilées	1 cuillerée à soupe
Raisins de Smyrne et de Corinthe	2 cuillerées à soupe de chaque
Capsules de cardamome, graines extraites et pilées	6

Faites fondre 90 g de beurre. Mélangez la farine avec le sucre semoule, un peu de sel, le beurre fondu et une quantité suffisante de lait pour obtenir une pâte. Mélangez la noix de coco avec le sucre en poudre, les amandes, les raisins secs et la cardamome. Abaissez la pâte très finement, mettez-en une couche dans un moule, saupoudrez d'un peu de préparation à la noix de coco et continuez à alterner des couches de pâte et de noix de coco jusqu'à ce que vous en ayez sept. Avec un couteau, incisez la pâte en diagonale à 5 cm d'intervalle. Parsemez des morceaux du reste de beurre. Faites dorer au four préchauffé à 200° (6 au thermostat) 30 minutes environ.

MME J. BARTLEY
INDIAN COOKERY GENERAL FOR YOUNG HOUSE-KEEPERS

Pirogui aux cerises anglaises

Les *pirogui* sont de grands gâteaux circulaires ou rectangulaires que l'on forme en mettant d'abord le centre d'un rond de pâte abaissée sur le fond du plat préalablement bien beurré.

On recouvre cette pâte de farce et on rabat les coins qui débordent en prenant soin de donner au gâteau sa forme régulière, ronde ou rectangulaire.

Pour un gâteau de 20 cm de diamètre (8 personnes environ)

Cerises anglaises dénoyautées	500 à 600 g
Sucre en poudre	150 g
Citron, zeste râpé	1
Crème fraîche	20 cl
Pâte sablée *(page 165)*	500 g

Bien sucrer (100 g de sucre) et parfumer la pâte au zeste râpé d'un citron entier. La pâte une fois placée sur le plat, la recouvrir d'une couche épaisse de cerises anglaises dénoyautées. Verser dessus la crème fraîche, sucrer et mettre au four (préchauffé à 180°, 4 au thermostat) pour 30 minutes.

H. WITWICKA ET S. SOSKINE
LA CUISINE RUSSE CLASSIQUE

Feuilletés aux pommes

Open-Faced Apple Slices

Vous pouvez remplacer les pommes par des pêches, des prunes ou des cerises qui n'ont pas besoin de macérer dans du jus de citron. Pour obtenir une coloration plus foncée, ne prenez pas de raisins de Corinthe et glacez à la gelée de groseilles au lieu de la marmelade d'abricots.

Pour 12 feuilletés environ de 9 cm sur 5

Grosses pommes épluchées, évidées et émincées	2
Citrons, jus passé et zeste râpé	2
Extrait de vanille	1 cuillerée à café
Œuf battu avec 1 cuillerée à soupe de lait	1
Raisins de Corinthe	75 g
Amandes mondées et effilées	75 g
Sucre en poudre mélangé avec une pincée de cannelle en poudre	4 cuillerées à soupe
Marmelade d'abricots	250 g
Cognac, kirsch ou calvados (facultatif)	2 à 4 cuillerées à soupe
Feuilletage *(page 167)*	500 g

Abaissez la pâte sur 5 mm d'épaisseur, parez les bords et coupez-la en bandes que vous placez sur une plaque à four non graissée. Mettez au réfrigérateur.

Pendant que la pâte rafraîchit, faites macérer les tranches de pomme dans le jus de citron préalablement mélangé avec la vanille. Dorez les bandes de pâte à l'œuf. Égouttez les pommes et disposez-les au milieu de chaque bande de pâte en les faisant chevaucher légèrement. Parsemez de raisins secs, d'amandes, d'une cuillerée à café de zeste de citron et de sucre à la cannelle. Faites cuire au four préchauffé à 180° (4 au thermostat) pendant 35 minutes environ, jusqu'à ce que la pâte soit bien dorée.

Pendant ce temps, amenez la marmelade d'abricots à ébullition, incorporez la liqueur de votre choix et enduisez les pommes pendant qu'elles sont encore chaudes.

PAULA PECK
THE ART OF FINE BAKING

Gâteau aux pommes sautées

Sautéed Apple Cake

Pour un gâteau de 20 cm sur 20 (8 personnes environ)

Blancs d'œufs légèrement battus avec 2 cuillerées à café d'eau	2
Sucre cristallisé	60 g
Amandes mondées et effilées	30 g environ
Feuilletage *(page 167)*	500 g
Garniture aux pommes :	
Pommes épluchées, évidées et émincées ou grossièrement hachées	2 kg
Beurre	125 g
Sucre en poudre	3 cuillerées à soupe
Zeste râpé de citron	1 cuillerée à café

Abaissez le feuilletage sur moins de 3 mm d'épaisseur et rognez les bords. Divisez cette abaisse en deux carrés de 20 cm de côté et 4 bandes de 1 cm de large. Placez les carrés sur une plaque à four et badigeonnez-en un de blancs d'œufs. Disposez les bandes tout autour de manière à former une bordure. Mettez les deux carrés au réfrigérateur. Juste avant la cuisson, badigeonnez le carré nature de blancs d'œufs et saupoudrez-le de sucre et d'amandes. Faites-les cuire au four préchauffé à 180° (4 au thermostat) pendant 40 minutes environ, jusqu'à ce qu'ils soient bien dorés.

Pour la garniture, faites sauter les pommes à feu modéré dans une grande sauteuse contenant 125 g environ de beurre, ou davantage si besoin est. Saupoudrez de sucre et de zeste de citron pendant la cuisson. Retournez les pommes de temps en temps à l'aide d'une spatule pour qu'elles dorent sur toutes leurs faces, mais sans les remuer car elles se transformeraient en purée. Quand elles sont tendres et dorées, enlevez-les du feu et laissez-les refroidir. Empilez cette garniture sur la croûte non sucrée. Adaptez l'autre carré dessus, côté sucré au-dessus, et passez au four à 150° (2 au thermostat) 15 minutes avant de servir pour réchauffer la garniture. Servez ce gâteau chaud, avec de la crème fouettée.

PAULA PECK
THE ART OF FINE BAKING

Pommes au four à l'irlandaise

Apple Niamh Chinn Oir

Pour 6 feuilletés

Pommes épluchées et évidées	6
Beurre	125 g
Whisky irlandais	4 cuillerées à soupe
Miel	1 cuillerée à soupe
Citron, zeste râpé	1
Sucre en poudre	1 cuillerée à soupe
Pâte feuilletée *(page 167)*	500 g

Travaillez le beurre avec le whisky, le miel, le zeste de citron et le sucre. Remplissez les pommes évidées de cet appareil. Abaissez la pâte, divisez-la en 6 et enveloppez chaque pomme dans un morceau. Faites cuire sur une plaque au four préchauffé à 180° (4 au thermostat) de 20 à 25 minutes, jusqu'à ce que la pâte soit bien dorée. Servez chaud.

IRISH RECIPES: TRADITIONAL AND MODERN

Feuilleté aux pommes

Pour un feuilleté de 20 cm sur 15 (6 à 8 personnes)

Pommes reinettes	6
Sucre en poudre	30 g
Beurre	80 g
Crème pâtissière *(page 166)*	30 cl
Œuf battu	1
Sucre glace	
Crème fraîche épaisse	25 cl
Pâte feuilletée *(page 167)*	500 g

Prendre les pommes reinettes. Les éplucher, les citronner, les couper en gros quartiers. Mettre ces pommes en tourtière avec le sucre et le beurre. Laisser cuire au four (préchauffé à 220°, 7 au thermostat) pendant 15 minutes (le sucre doit légèrement caraméliser).

Étendre la pâte feuilletée aussi mince que possible. Étaler dessus un peu de crème pâtissière. Ranger les pommes. Recouvrir de pâte. Décorer. Dorer à l'œuf. Cuire au four chaud 20 minutes et vers la fin de la cuisson, poudrer de sucre glace. Servir très chaud accompagné de crème froide épaisse et légèrement sucrée.

LA REYNIÈRE
200 RECETTES DES MEILLEURES CUISINIÈRES DE FRANCE

Chaussons aux pommes ou aux fruits

Apple or Fruit Turnovers

Pour 6 chaussons

Pommes ou autres fruits cuits en compote ou confiture de fruits	150 g
Sucre semoule	3 cuillerées à soupe
Pâte brisée *(page 166)* ou pâte feuilletée *(page 167)*	300 g

Abaissez finement la pâte et coupez-la en disques de 10 cm de diamètre. Mettez ces disques sur une plaque à four farinée et posez un peu de compote ou de confiture au centre de chaque disque. Pliez soigneusement 3 côtés en triangle de manière qu'ils se rejoignent au centre. Humectez les bords et pincez-les fermement. Badigeonnez le dessus de chaque chausson avec un peu d'eau puis saupoudrez de sucre semoule. Faites cuire au four préchauffé à 180° (4 au thermostat) pendant 35 minutes environ, jusqu'à ce que les chaussons soient légèrement dorés.

COUNTESS MORPHY
SWEETS AND PUDDINGS

Citrouillat

Pour 6 personnes

Citrouille bien mûre épluchée et coupée en dés	750 g à 1 kg
Sucre en poudre	2 cuillerées à soupe
Crème fraîche	1 cuillerée à soupe
Sucre vanillé	1 sachet
Lait ou jaune d'œuf légèrement battu	1 cuillerée à soupe

Pâte :

Farine	500 g
Sel	1 pincée
Sucre en poudre	1 cuillerée à soupe
Œuf entier	1
Crème fraîche	2 ou 3 cuillerées à soupe
Lait	10 cl

Faire un puits dans la farine, y mettre le sel, le sucre, l'œuf, la crème et le lait. Délayer rapidement la pâte. La pétrir 1 ou 2 minutes à la main pour qu'elle soit bien lisse. Si nécessaire ajouter un peu de lait ou d'eau. L'étaler sur une tôle farinée ou légèrement huilée.

Pendant ce temps jeter la citrouille épluchée et coupée en dés dans une casserole d'eau bouillante. Laisser le temps de faire reprendre le bouillon et égoutter.

Étaler la pâte sur 7 mm d'épaisseur. Disposer les morceaux de citrouille sur le milieu de la pâte, en longueur. Ajouter le sucre en poudre, la crème fraîche et le sucre vanillé. Replier la pâte comme un paquet, d'abord les deux côtés sur le sens de la longueur, puis les deux extrémités. Coller à l'eau ou au lait.

Dorer au lait ou au jaune d'œuf et mettre à four chaud (préchauffé à 200°, 6 au thermostat) pendant 45 minutes environ. Servir tiède.

LES DESSERTS DE NOS PROVINCES

Douillons à la paysanne

Pour 4 douillons (1 douillon par personne)

Vin blanc	10 cl
Beurre coupé en morceaux	200 g
Sel	1 pincée
Sucre en poudre	3 cuillerées à soupe
Farine	300 g
Poires	4
Cannelle en poudre	2 pincées
Jaune d'œuf battu avec 1 cuillerée à soupe d'eau	1
Bol de crème fraîche	1

Faites tiédir le vin dans une casserole et retirez-le du feu. Ajoutez-y le beurre morceau par morceau tout en battant avec un fouet de façon à obtenir une crème à laquelle vous ajoutez une pincée de sel, une cuillerée à soupe de sucre en poudre, puis la farine cuillerée après cuillerée. Vous devez obtenir une pâte que vous mettrez en boule et que vous laisserez reposer pendant 2 heures sous un linge au frais.

Pelez les poires en leur laissant la queue. Creusez-les légèrement par en dessous avec un petit couteau. Roulez-les dans un mélange composé du reste de sucre en poudre et de cannelle. La pâte ayant reposé pendant 2 heures, étendez-la au rouleau sur ½ centimètre d'épaisseur et découpez-y des carrés de taille suffisante pour envelopper une poire. Enveloppez les poires dans cette pâte en laissant dépasser les queues. Passez sur tout le pourtour de la pâte un peu de jaune d'œuf délayé dans de l'eau.

Mettez à cuire sur une plaque à four farinée à four chaud (préchauffé à 220°, 7 au thermostat) pendant 25 minutes. Les douillons se servent chauds avec de la crème fraîche.

MARIE BISSON
LA CUISINE NORMANDE

Galette béarnaise

Pour une galette de 24 cm de diamètre (6 à 8 personnes)

Pruneaux	250 g
Sucre dissous dans 50 cl d'eau froide	75 g
Beurre	30 g

Pâte à l'eau de fleur d'oranger :

Farine	250 g
Œuf	1
Sel	½ cuillerée à café
Cognac ou eau-de-vie	1 cuillerée à café
Eau de fleur d'oranger	2 cuillerées à café
Beurre coupé en petits morceaux	150 g
Sucre	50 g

Mettre les pruneaux dans l'eau froide sucrée, porter lentement à ébullition et faire cuire pendant 20 à 25 minutes environ, jusqu'à ce qu'ils soient très tendres.

Égoutter les pruneaux, enlever les noyaux en coupant les fruits en deux. Mettre la farine en fontaine sur une planche, casser l'œuf au centre. Mettre le sel, les parfums, le beurre en morceaux et pétrir le tout à la main.

Étaler au rouleau la pâte obtenue et la plier en quatre comme une serviette à thé. L'étaler à nouveau en la faisant aussi mince que possible.

Garnir le fond et les bords d'un moule beurré comme pour une tarte. Disposer quelques demi-pruneaux. Recouvrir avec une rondelle de pâte très mince et remplir ainsi le moule alternativement de pâte et de pruneaux.

Terminer par une rondelle de pâte que l'on soude au bord avec un peu d'eau. Saupoudrer largement de sucre, mettre quelques petits morceaux de beurre et faire cuire à four doux (préchauffé à 170°, 3 au thermostat) pendant 1 heure.

LES DESSERTS DE NOS PROVINCES

Gâteaux campagnards

Ciambelle campagnole

Pour 12 gâteaux de 6 cm de diamètre environ

Farine	250 g
Sucre semoule	100 g
Vin rouge	10 cl
Huile d'olive	10 cl

Dans une terrine contenant la farine et le sucre, incorporez progressivement le vin et l'huile jusqu'à obtention d'une pâte ferme. Mettez cette pâte sur une planche et pétrissez-la jusqu'à ce qu'elle soit lisse. Roulez-la en boule, enveloppez-la dans un linge et laissez-la reposer 30 minutes.

Graissez une plaque à four, déballez la pâte, prélevez-en un morceau et roulez-le en forme de cylindre, en joignant les extrémités de manière à obtenir un anneau. Répétez cette opération jusqu'à épuisement de la pâte. Placez les gâteaux obtenus sur la plaque et faites-les cuire au four préchauffé à 220° (7 au thermostat) pendant 20 minutes environ, jusqu'à ce qu'ils soient bien dorés. Mangez-les chauds.

LUIGI VOLPICELLI ET SECONDINO FREDA
L'ANTIARTUSI : 1000 RICETTE

Gâteau à l'abricot

Tort Morelowy Krakowski

Cet excellent gâteau «sec» se bonifie avec le temps. Vous pouvez le préparer 3 ou 4 jours à l'avance.

Pour un gâteau de 20 cm de diamètre (10 à 14 personnes)

Confiture d'abricots fondue	300 g
Sucre en poudre	5 cuillerées à soupe
Blancs d'œufs battus en neige	5
Amandes mondées coupées en 2 ou hachées (facultatif)	50 g

Glaçage à l'abricot (facultatif):

Marmelade d'abricots	120 g
Sucre semoule	200 g
Jus de citron	1 cuillerée à soupe

Pâte:

Farine	250 g
Beurre	200 g
Sucre semoule	100 g
Jaunes d'œufs	3
Vinaigre	1 cuillerée à soupe

Pour la pâte, tamisez la farine et coupez le beurre dedans jusqu'à obtention d'une préparation friable. Ajoutez le sucre, les jaunes d'œufs et le vinaigre. Travaillez rapidement le tout sur une planche jusqu'à obtention d'une pâte lisse. Enveloppez-la ou couvrez-la et mettez-la 2 heures au réfrigérateur.

Divisez la pâte en quatre parties, abaissez-les finement et faites-les cuire une par une, dans un cercle à flan ou dans un moule à manqué, au four préchauffé à 180° (4 au thermostat) pendant 20 minutes, jusqu'à ce qu'elles soient dorées. Laissez-les refroidir.

Pour la garniture, battez progressivement le sucre puis la confiture chaude dans les œufs en neige jusqu'à ce que le mélange soit ferme et mousseux. Étalez cette garniture entre les disques de pâte cuite.

Décorez le dessus avec les amandes. Vous pouvez également mélanger tous les ingrédients du glaçage jusqu'à obtention d'une préparation homogène et glacer le gâteau.

Z.ZAWISTOWSKA
Z. NASZEJ KUCHNI

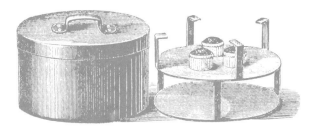

Lavardins

Lavardin Cakes

Ces gâteaux n'ont rien à voir avec la commune de Lavardin, qui se trouve dans le Loir-et-Cher. Ils viennent du Sud-Ouest de la France, par l'intermédiaire d'un vieux pâtissier normand qui s'est spécialisé, contrairement à la tradition qui domine en France, dans les pâtisseries qui se conservent. Les lavardins, qui mettent bien en valeur le goût et la texture des noix, se gardent longtemps. Les Britanniques en sont très friands.

Si vous n'avez pas beaucoup de temps, vous pouvez préparer 2 ou 3 gros lavardins au lieu de 20 ou 30 petits. Utilisez un cercle à flan, un moule à tarte à fond amovible ou un moule à tarte à parois lisses.

Pour 20 à 30 lavardins de 7 à 10 cm de diamètre

Cerneaux de noix concassés	300 g
Sucre en poudre	300 g
Eau	3 cuillerées à soupe
Lait concentré	17 cl
Beurre coupé en petits morceaux	60 g
Crème fraîche épaisse	4 cuillerées à soupe
Bicarbonate de soude	1 pincée

Pâte sucrée:

Farine	500 g
Sucre semoule	250 g
Beurre	250 g
Œufs	3

Glaçage:

Blancs d'œufs	2
Sucre glace	125 g

Commencez par faire la garniture. Dans une casserole, portez à feu vif le sucre et l'eau jusqu'à ébullition et laissez cuire en remuant de temps en temps avec une cuillère en bois jusqu'au grand cassé. Hors du feu, incorporez rapidement le lait, le beurre, la crème et le bicarbonate de soude. Remuez jusqu'à obtention d'une boule lisse, ajoutez les noix et mettez cette préparation sur une plaque de marbre ou sur une feuille de papier sulfurisé. En refroidissant, elle se transformera en caramel mou aux noix.

Pendant ce temps, préparez la pâte. Mettez la farine sur une planche et saupoudrez-la de sucre. Faites un puits au centre et mettez-y le beurre et les œufs. Pétrissez du bout des doigts jusqu'à obtention d'une pâte lisse. Abaissez finement cette pâte et foncez 20 à 30 petits cercles à flan ou moules à tartelettes à parois lisses que vous disposez sur une plaque à four graissée, en laissant dépasser une petite crête de pâte. Remplissez à moitié chaque moule de préparation aux noix, humectez d'eau les crêtes et posez dessus des couvercles de pâte piqués six fois avec une fourchette. Ôtez l'excès de pâte en passant un rouleau à pâtisserie autour des moules.

Faites cuire au four préchauffé à 180° (4 au thermostat) 15 minutes environ, jusqu'à ce que la pâte soit cuite mais non dorée : le procédé consiste à cuire les lavardins de manière que la pâte cuise sans que la garniture passe à travers. Démoulez-les et faites-les refroidir à l'envers sur des grilles.

Pour le glaçage, fouettez les blancs d'œufs et le sucre dans un moule à pouding placé sur une casserole d'eau bouillante jusqu'à ce qu'ils gonflent en une meringue assez ferme et chaude mais pas brûlante. Avec une spatule en métal, étalez finement cette meringue sur le dessus et les côtés des lavardins refroidis sans toucher à la face piquée. Laissez sécher toute une nuit au frais ou au réfrigérateur et conservez dans une boîte en fer hermétique.

JANE GRIGSON
GOOD THINGS

Les ivrognes

Borrachos

Pour 10 gâteaux

Œufs, blancs séparés des jaunes et battus en neige	3
Sucre en poudre	250 g
Farine	125 g
Vin blanc doux	15 cl
Xérès sec	10 cl
Eau	4 cuillerées à soupe
Cannelle en poudre	

Battez les jaunes d'œufs avec 50 g de sucre jusqu'à ce que le mélange blanchisse et fasse le ruban. Incorporez la farine et les blancs battus en neige. Foncez un plat à four peu profond, de 20 cm sur 30 environ, avec du papier sulfurisé et huilez-le. Versez l'appareil dans le moule et faites cuire au four préchauffé à 180° (4 au thermostat) pendant 20 minutes, jusqu'à ce que le gâteau soit ferme et commence à dorer.

Pendant ce temps, mélangez le reste de sucre avec le vin, le xérès et l'eau en remuant pour dissoudre le sucre. Portez à ébullition et laissez refroidir le sirop obtenu.

Faites refroidir le gâteau dans le moule et coupez-le en portions carrées. Arrosez-le de sirop, saupoudrez-le de cannelle et attendez que les portions aient absorbé tout le sirop avant de les démouler.

MARIA DEL CARMEN CASCANTE
150 RECETAS DE DULCES DE FACIL PREPARACION

Préparations de base

Pâte demi-feuilletée

Pour 1 kg de pâte

Farine	500 g
Sel	2 cuillerées à café
Beurre	300 g
Eau	20 cl environ

Tamisez la farine et le sel dans une terrine. Ajoutez le quart du beurre et amalgamez-le avec le bout des doigts ou coupez-le dans la farine avec 2 couteaux pendant 1 minute environ, jusqu'à obtention d'une préparation friable. Versez une quantité d'eau froide juste suffisante pour obtenir une pâte qui colle légèrement aux doigts et continuez à travailler jusqu'à ce que la pâte se détache proprement des parois de la terrine. Roulez-la en boule, enveloppez-la dans un film de plastique ou dans une feuille de papier d'aluminium et mettez-la 30 minutes environ au réfrigérateur.

Sur une planche farinée, abaissez la pâte en bande deux fois plus longue que large. Parsemez les deux tiers de cette bande avec le quart du beurre, pliez le tiers de pâte non beurrée sur le centre, puis pliez le dernier tiers beurré par-dessus. Enveloppez la pâte et mettez-la 30 minutes au réfrigérateur. Répétez ces opérations encore deux fois puis abaissez la pâte pour faire adhérer les dernières pliures et mettez-la au réfrigérateur avant de l'utiliser.

Pâte sablée

Pour 1 kg de pâte

Farine	500 g
Sucre semoule ou sucre glace	2 cuillerées à soupe
Sel	2 cuillerées à café
Beurre ramolli	300 g
Œufs entiers (ou 4 jaunes d'œufs)	2

Tamisez les ingrédients secs ensemble sur une plaque de marbre ou sur une planche à pâtisserie. Faites un puits au centre et mettez-y le beurre et les jaunes d'œufs. Pincez du bout des doigts pour mélanger légèrement le beurre et les œufs. Avec une spatule, coupez progressivement la farine dans cet appareil, en hachant et en mélangeant jusqu'à obtention d'une pâte friable. Si besoin est, versez un peu d'eau goutte à goutte pour obtenir une pâte souple. Roulez-la en boule en la pressant avec les mains et enveloppez-la dans une pellicule de matière plastique ou dans une feuille de papier d'aluminium. Mettez-la 30 minutes au moins au réfrigérateur avant de l'abaisser.

Pâte brisée

Pour cuire à blanc une croûte ou un fond de tarte, abaissez la pâte sur 3 à 5 mm d'épaisseur et foncez un moule à tarte ou un cercle à flan. Coupez un morceau de papier sulfurisé ou d'aluminium légèrement plus grand que le moule et pressez-le contre la pâte. Remplissez de pois, de haricots secs ou de riz et faites cuire au four préchauffé à 180° (4 au thermostat) pendant 15 minutes environ, jusqu'à ce que les bords de la pâte soient légèrement dorés. Enlevez les légumes secs et le papier et laissez cuire 5 minutes pour une croûte qui cuira encore avec la garniture, ou 15 minutes pour un fond que vous garnirez d'une préparation n'exigeant aucune cuisson.

Pour 750 g de pâte

Farine	500 g
Sel	2 cuillerées à café
Beurre coupé en dés	250 g
Eau glacée	10 cl environ

Tamisez la farine avec le sel dans une terrine, ajoutez les dés de beurre et pétrissez du bout des doigts, ou coupez le beurre dans la farine avec deux couteaux, jusqu'à obtention d'une préparation friable.

En remuant délicatement avec un couteau, arrosez la pâte d'eau jusqu'à ce qu'elle soit souple. Roulez-la en boule en pressant avec les mains. Enveloppez-la dans une pellicule de matière plastique ou dans une feuille de papier sulfurisé ou de papier d'aluminium et mettez-la 15 minutes environ au réfrigérateur avant de l'utiliser.

Pâte à strudel ou filo

Pour obtenir des feuilles de filo, vous pouvez abaisser la pâte par petites quantités, ou l'abaisser et la tirer avant de la couper aux dimensions requises.

Pour 500 g de pâte

Farine	300 g
Sel	
Eau tiède	17 cl
Œuf	1
Beurre fondu	60 g
Vinaigre ou jus de citron (facultatif)	

Tamisez la farine et le sel sur une planche ou dans une terrine. Faites un puits au centre et versez-y l'eau légèrement battue avec l'œuf et la moitié du beurre fondu; ajoutez si besoin est une goutte de vinaigre ou de jus de citron. Remuez jusqu'à ce que toute la farine soit amalgamée en pâte lisse en ajoutant un peu de farine et d'eau si nécessaire. Sur une planche farinée, pétrissez

bien cette pâte 10 minutes au moins, ou jusqu'à ce qu'elle soit lisse et boursouflée en surface. Couvrez avec un bol chaud retourné et laissez reposer pendant 30 minutes.

Couvrez entièrement une table avec un linge fariné et placez la pâte au centre. Enduisez-la d'un peu du reste de beurre fondu et abaissez-la aussi finement que possible, en travaillant dans toutes les directions. Enduisez-la à nouveau de beurre fondu et tirez-la avec les mains en travaillant soigneusement tout autour de la table pour éviter de la déchirer, jusqu'à ce qu'elle soit très fine et presque transparente. Pendant que vous tirez la pâte, badigeonnez-la de beurre fondu si besoin est. Rognez les bords épais avant de mettre la garniture.

Pâte à choux

Pour faire des petits choux, mettez des cuillerées à café de pâte de 4 cm environ de diamètre sur une plaque à four non graissée. Pour des éclairs, remplissez une poche à douille de pâte et couchez des bandes de 10 cm sur la plaque. Faites cuire au four préchauffé à 190° (5 au thermostat) pendant 20 minutes, jusqu'à ce que la pâte soit gonflée et légèrement dorée. Faites refroidir sur une grille.

Pour 15 choux de 7 cm de diamètre ou 10 éclairs

Eau	12 cl
Beurre	60 g
Farine	75 g
Sel	½ cuillerée à café
Œufs	2

Mettez l'eau dans une casserole à fond épais, à feu doux. Ajoutez le beurre. Tamisez la farine et le sel sur une feuille de papier sulfurisé.

Quand le beurre est fondu, portez l'eau à ébullition à feu vif puis éteignez le feu et faites glisser toute la farine dans la casserole. Remuez pour mélanger intimement les ingrédients puis remettez sur feu modéré et remuez jusqu'à obtention d'une masse compacte qui se détache des parois de la casserole. Enlevez du feu et laissez refroidir quelques minutes.

Cassez un œuf dans un bol, versez-le dans la casserole et battez avec une cuillère pour bien l'incorporer. Recommencez avec le second œuf et continuez à battre jusqu'à ce que la pâte soit homogène.

Crème pâtissière

Vous pouvez alléger cette crème en y ajoutant des blancs battus en neige ou de la crème fouettée, ce qui vous donnera une crème saint-honoré. Pour faire une crème pâtissière au chocolat, remplacez la gousse de vanille par 125 g de chocolat de ménage ; pour une crème pâtissière au café, remplacez la vanille par 2 cuillerées à soupe de grains de café écrasés et passez le lait après l'avoir porté à ébullition.

Pour 50 cl de crème environ

Sucre en poudre	125 g
Jaunes d'œufs	5 ou 6
Farine	40 g
Sel	1 pincée
Lait	50 cl
Gousse de vanille	1

Travaillez le sucre et les jaunes d'œufs avec une cuillère jusqu'à ce que le mélange blanchisse et épaississe. Incorporez progressivement la farine et le sel.

Portez le lait à ébullition avec la vanille. Sans cesser de remuer, incorporez le lait chaud dans le mélange aux œufs, en mince filet. Remettez l'appareil dans une casserole et faites cuire à feu modéré, en remuant vigoureusement, jusqu'à l'ébullition. Diminuez la flamme et continuez à remuer, deux minutes environ, afin que le mélange soit bien homogène. Passez la crème obtenue et laissez-la refroidir en remuant de temps en temps pour empêcher la formation d'une peau. Vous la conserverez deux jours au réfrigérateur, à couvert.

Pâte feuilletée ou feuilletage

Pour 1 kg de pâte

Farine	500 g
Sel	2 cuillerées à café
Beurre	500 g
Eau	15 à 20 cl

Tamisez la farine et le sel dans une terrine. Coupez le quart du beurre en petits morceaux, ajoutez-le dans la terrine et amalgamez avec les doigts. Versez une quantité d'eau froide juste suffisante pour lier les ingrédients et rassemblez la pâte obtenue en boule. Enveloppez-la dans un film de plastique et mettez-la 30 minutes environ au réfrigérateur.

Placez le reste de beurre entre deux feuilles de papier sulfurisé et, avec un rouleau à pâtisserie, aplatissez-le en plaque de 15 cm de côté environ sur 2 cm d'épaisseur. Mettez 30 minutes environ au réfrigérateur.

Sur une planche légèrement farinée, abaissez la pâte en carré de 30 cm de côté. Placez le beurre en diagonale au milieu et pliez les coins par-dessus de manière qu'ils se rejoignent au centre. Abaissez la pâte en bande de 15 cm sur 45 environ.

Pliez la bande en trois pour donner le premier tour. Abaissez-la à nouveau en bande que vous repliez en trois. Enveloppez la pâte et mettez-la 30 minutes environ au réfrigérateur. Répétez ces opérations deux fois, remettez la pâte au réfrigérateur et recommencez pour donner six tours en tout. La pâte est alors prête à être utilisée.

Génoise

Pour une génoise de 20 cm de diamètre

Œufs	6
Sucre en poudre	175 g
Farine	150 g
Beurre fondu et refroidi (facultatif)	90 g

Dans une terrine, fouettez légèrement les œufs avec le sucre. Placez la terrine sur une casserole d'eau frémissante qui la contiendra sans qu'elle touche l'eau. Fouettez à feu doux, avec un fouet ou au mixer, de 5 à 10 minutes environ, jusqu'à ce que le mélange soit tiède. Hors du feu, continuez à fouetter jusqu'à ce que le mélange ait triplé de volume et fasse le ruban : on compte 20 minutes avec le fouet et 10 minutes au mixer. Tamisez la farine en alternant avec le beurre dans le mélange, en 2 ou 3 fois, et amalgamez délicatement le tout.

Faites cuire dans un moule profond, beurré et fariné, ou dans deux moules à manqué, au four préchauffé à 180° (4 au thermostat), en comptant de 35 à 40 minutes pour une génoise épaisse et de 20 à 25 minutes pour deux génoises fines. La génoise est prête quand elle est spongieuse au toucher et se détache du moule.

Posez le moule 5 minutes sur une grille avant de démouler la génoise sur la grille pour la laisser refroidir entièrement.

Biscuit de Savoie

Pour un biscuit de 20 cm de diamètre

Œufs, blancs séparés des jaunes et battus en neige	6
Sucre en poudre	175 g
Farine tamisée	150 g
Beurre fondu et refroidi (facultatif)	90 g

Dans une terrine, fouettez les jaunes d'œufs avec le sucre jusqu'à ce que le mélange blanchisse et fasse le ruban. Incorporez la farine en alternant avec les blancs en neige et le beurre si vous en utilisez, en deux ou trois fois.

Faites cuire dans un moule profond, beurré et fariné, ou dans deux moules à manqué, au four préchauffé à 180° (4 au thermostat), en comptant de 35 à 40 minutes pour un grand biscuit et de 20 à 25 minutes pour deux biscuits peu épais. Le biscuit est prêt quand il est spongieux au toucher et se détache du moule.

Posez le moule 5 minutes sur une grille puis démoulez le biscuit sur la grille pour le laisser refroidir entièrement.

Index des recettes

Les titres français des recettes sont classés par catégorie (amandes, noix, chocolat, café, etc.) et par ordre alphabétique. Les titres des recettes étrangères, qui figurent en italique, sont simplement classés par ordre alphabétique.

Index général/Glossaire

Vous trouverez dans cet index les définitions de plusieurs termes culinaires utilisés dans ce livre. Les définitions sont en italique. Les recettes de l'Anthologie font l'objet d'une liste séparée, qui figure page 168.

Sources des recettes

Les sources des recettes qui figurent dans cet ouvrage sont énumérées ci-dessous. Les références indiquées entre parenthèses renvoient aux pages de l'Anthologie où l'on trouvera les recettes.

Adam, Hans Karl, *Das Kochbuch aus Schwaben.* © Copyright 1976. Verlagsteam Wolfgang Hölker. Édité par Verlag Wolfgang Hölker, Münster. Traduit avec l'autorisation de Verlag Wolfgang Hölker *(pages 107, 154).*

Adams, Charlotte, *The Four Seasons Cookbook.* Copyright 1971 in all countries of the International Copyright Union by the Ridge Press, Inc. Traduit avec l'autorisation de Crown Publishers, Inc., New York *(page 99).*

Almeida, Etelvina Lopes de, *ABC da Culinária.* © 1977 Publiçacões Europa-América, Lda. Édité par Publiçacões Europa-América Lda. Traduit avec l'autorisation de Publiça-cões Europa-América Lda *(page 143).*

Anderson, Beth, *Wild Rice for all Seasons Cookbook.* © 1977 Minnehaha Publishing. Édité par Minnehaha Publishing, 1977. Traduit avec l'autorisation de Beth Anderson, Minnesota *(page 122).*

Armisen, Raymond et Martin, André, *Les Recettes de la Table Niçoise.* © Librairie Istra 1972. Édité par la Librairie Istra, Strasbourg. Reproduit avec l'autorisation de la Librairie Istra *(page 140).*

The Art of Cookery, Made Plain and Easy. By a Lady. Sixième édition, 1758 *(page 143).*

Ayrton, Elisabeth, *The Cookery of England.* Copyright © Elisabeth Ayrton, 1974. Édité en 1974 par Andre Deutsch Ltd., Londres. Édité en 1977 par Penguin Books Ltd., Londres. Traduit avec l'autorisation d'Elisabeth Ayrton *(pages 116, 146).*

Bakos, Eva, *Mehlspeisen aus Österreich.* © 1975 Verlag Carl Ueberreuter, Wien-Heidelberg. Édité par Carl Ueberreuter Verlag. Traduit avec l'autorisation de Carl Ueberreuter Verlag *(pages 154, 155).*

Barker, William, *The Modern Pâtissier.* © William Barker et Northwood Publications Ltd., 1974 et 1978. Édité Northwood Publications Ltd., Londres. Traduit avec l'autorisation de Northwood Publications Ltd. *(page 93).*

Bartley, Mrs. J., *Indian Cookery General for Young House-Keepers.* Septième édition 1935. Huitième édition 1946. Édité par C. Murphy pour Thacker & Co., Ltd., Bombay *(pages 127, 160).*

Bates, Margaret, *Talking about Cakes.* Copyright © 1964 Pergamon Press Ltd. Édité par Pergamon Press Ltd. Traduit avec l'autorisation de Pergamon Press Ltd. *(page 106).*

Beard, James, *James Beard's American Cookery.* © Copyright 1972 James A. Beard. Édité par Hart-Davis, MacGibbon Ltd. Granada Publishing Ltd., Hertfordshire, Little, Brown and Co., Boston. Traduit avec l'autorisation de Little, Brown and Co. *(page 124).*

Beck, Simone et Michael James, *New Menus from Simca's Cuisine.* Copyright © 1979, 1978 Simone Beck et Michael James. Édité en 1979 par Harcourt Brace Jovanovich, Inc., New York. Traduit avec l'autorisation de Harcourt Brace Jovanovich, Inc. *(pages 98, 110).*

Beeton, Mrs. Isabella, *Mrs. Beeton's Everyday Cookery.* © Ward Lock Limited 1963. Édité par Ward Lock Limited, Traduit avec l'autorisation de Ward Lock Limited *(pages 92, 94, 150).*

Benoit, Felix et Jouve, Henry Clos, *La Cuisine Lyonnaise.* © Solar, 1975. Édité par Solar, Paris. Reproduit avec l'autorisation de Solar *(page 130).*

Bergeron, Victor J., *Trader Vic's Rum Cookery and Drinkery.* Copyright © 1974 Victor J. Bergeron. Édité par Doubleday and Company, Inc., 1974 New York. Traduit avec l'autorisation de Harold Matson Company Inc., New York *(page 125).*

Besson, Joséphine, *La Mère Besson «Ma Cuisine Provença-le».* © Éditions Albin Michel, 1977, Paris. Édité aux Éditions Albin Michel, Paris. Reproduit avec l'autorisation des Éditions Albin Michel *(pages 134, 146).*

Bisson, Marie, *La Cuisine Normande.* © Solar, 1978. Édité par Solar, Paris. Reproduit avec l'autorisation de Solar *(pages 130, 163).*

Bonnefons, Nicolas de, *Les Delices de la Campagne.* 1655 *(page 151).*

Booth, Letha (Rédactrice), *The Williamsburg Cookbook.* (avec le commentaire de Joan Parry Dutton). © 1971, 1975 The Colonial Williamsburg Foundation. Édité par The Colonial Williamsburg Foundation, Virginie. Traduit avec l'autorisation de The Colonial Williamsburg Foundation and Holt, Rinehart and Winston, Inc., New York *(page 129).*

Borer, Eva Maria, *Die Echte Schweizer Küche.* Édité par Mary Hahns Kochbuchverlag, Berlin W., 1963. Traduit avec l'autorisation de Mary Hahns Kochbuchverlag, Munich *(pages 107, 128).*

Boulestin, X. Marcel, *Simple French Cooking for English Homes.* Édité par William Heinemann, Ltd., Londres 1923. Reproduit avec l'autorisation de A. D. Peters et Co., Ltd., Writer's Agents *(page 112).*

Boulestin, X. Marcel, *The Finer Cooking.* Édité par Cassel et Company Limited, Londres 1937. Traduit avec l'autorisation de A. D. Peters et Co., Ltd., Writer's Agents *(page 141).*

Bozzi, Ottorina Perna, *Vecchia Milano in Cucina.* © 1975 Aldo Martello-Giunti Editore, S.p.A. Édité par Aldo Martello-Giunti Editore, S.p.A. Traduit avec l'autorisation de Giunti Publishing Group, Florence *(page 120).*

British Columbia Women's Institutes, *Adventures in Cooking.* Édité par British Columbia Women's Institutes. British Columbia, 1958. Traduit avec l'autorisation de British Columbia Women's Institutes *(pages 117, 118, 121).*

Brown, Marion, *The Southern Cook Book.* Copyright 1951. The University of North Carolina Press. Édité par The University of North Carolina Press, Chapel Hill. Traduit avec l'autorisation de l'University of North Carolina Press *(pages 104, 123).*

Buckeye Cookbook, The: Traditional American Recipes. Édité par Buckeye Publishing Co., 1883. Repris par Dover publications, Inc., New York 1975 *(page 94).*

Byron, May, *May Byron's Cake Book.* Édité par Hodder and Stoughton Ltd., Londres. Traduit avec l'autorisation de Hodder and Stoughton Ltd. *(pages 105, 119).*

Byron, May, *Puddings, Pastries et Sweet Dishes.* Édité par Hodder and Stoughton Ltd., Londres, 1929. Traduit avec l'autorisation de Hodder and Stoughton Ltd. *(pages 131, 150).*

Carnacina, Luigi et Buonassisi, Vincenzo, *Il Libro Della Polenta.* © Di Aldo Martello Editore, Milano. Édité par Aldo Martello Editore, Milan, 1967. Traduit avec l'autorisation de Giunti Publishing Group, Florence *(page 127).*

Cascante, Maria del Carmen, *150 Recetas de Dulces de Fácil Preparación.* © Editorial De Vecchi S.A., 1975. Édité par Editorial De Vecchi, S.A. Traduit avec l'autorisation de Editorial De Vecchi, S.A. *(pages 99, 165).*

Cavazzuti, Giorgio (Rédacteur), *Il Magiarfuori: Almanacco della Cucina Modenese.* Édité par Camera di Commercio di Moderna, 1965. Traduit avec l'autorisation de Camera di Commercio Industria Artigianato e Agricoltura. Modena *(pages 138, 142).*

Chesne, Joseph du, *Le Pourtraict de la Santé.* Édité à Paris en 1606 *(page 146).*

Comelade, Éliane Thibaut, *La Cuisine Catalane.* © Éditions CLT J. Lanore. Édité aux Éditions Jacques Lanore, Paris, 1978. Reproduit avec l'autorisation des Éditions Jacques Lanore *(page 100).*

Costa, Margaret, *Margaret Costa's Four Seasons Cookery Book.* Copyright © Margaret Costa. Première édition en Grande Bretagne par Nelson & Sons Ltd., 1970 et par Sphere Books Ltd., Londres, 1972, 1976. Traduit avec l'autorisation de Margaret Costa *(pages 103, 109).*

Couffignal, Huguette, *La Cuisine Rustique.* © 1970 Robert Morel Éditeur. Édité par Robert Morel Éditeur, 84400 Apt., France. Traduit avec l'autorisation de Robert Morel Éditeur *(page 147).*

Cox, J. Stevens (Rédacteur), *Guernsey Dishes of Bygone Days.* © James et Gregory Stevens Cox, Toucan Press, Guernsey 1974. Édité par The Toucan Press, Guernesey. Traduit avec l'autorisation de Gregory Stevens Cox, The Toucan Press *(page 145).*

Craig, Elizabeth, *The Scottish Cookery Book.* © Elizabeth Craig, 1956. Édité par André Deutsch Ltd., 1956. Traduit avec l'autorisation de John Farquharson Ltd., agents littéraires, Londres *(page 119).*

Curnonsky, *Recettes des Provinces de France.* Édité par Les Productions de Paris, Paris *(page 131).*

Dall'ara, Renzo et Fanin, Emilio, *Mangiar Mantovano.* Conseiller: Giulio «Baffo» Ghidetti. Copyright © Renzo Dall-Ara et Emilio Fanin 1976. Édité par Litografica Cannetese di Attilio et Giorgio Mussini, Mantova. Traduit avec l'autorisation de Renzo Dall'Ara, Milan *(pages 158, 160).*

Dannenbaum, Julie, *Julie Dannenbaum's Creative Cooking School.* Copyright © 1971, Julie Dannenbaum. Édité par E.P. Dutton & Co., Inc., New York, et repris par The McCall Publishing Company, New York. Traduit avec l'autorisation de John Schaffner, agent littéraire, New York *(page 95).*

Dannenbaum, Julie, *Menus for All Occasions.* Copyright © 1974 Julie Dannenbaum. Édité par Saturday Review Press/ E.P. Dutton & Co., Inc., New York. Traduit avec l'autorisation de John Schaffner, agent littéraire, New York *(pages 96, 98).*

Darwin, Bernard, *Receipts and Relishes.* Édité par Whitbread & Co., Ltd., Londres 1950 *(page 140).*

David, Elizabeth, *Spices, Salt and Aromatics in the English Kitchen.* Copyright © Elizabeth David, 1970. Édité par Penguin Books Ltd., Londres. Traduit avec l'autorisation de Elizabeth David *(page 137).*

Desserts de nos Provinces, Les, © Librairie Hachette, 1974. Édité par la Librairie Hachette, Paris. Reproduit avec l'autorisation de la Librairie Hachette *(pages 133, 162, 163).*

Deutrom, Hilda (Rédactrice), *Ceylon Daily News Cookery Book.* Édité par Lake House Investments Limited, Éditeurs, Sri Lanka. Traduit avec l'autorisation de Lake House Investments Limited, Éditeurs *(page 126).*

Diat, Louis, *French Cooking for Americans.* Copyright 1941, 1946, Louis Diat. Copyright © renouvelé en 1969, par Mme Louis D. Diat. Édité par J.B. Lippincott Company, Philadelphie et New York. Traduit avec l'autorisation de J.B. Lippincott Company *(page 156).*

Dmochmowska-Gorska, J., *Domowe Ciasta i Desery.* Copyright par l'auteur, 1ère édition par Wydawnictwo «Watra», Warsaw 1976. Traduit avec l'autorisation d'Agencja Autorska, Varsovie, pour l'auteur *(page 108).*

Dubois, Urbain, *Cuisine de Tous les Pays.* Quatrième édition 1882 *(page 93).*

Duckitt, Hildagonda J., *Hilda's «Where is it?» of Recipes.* Édité par Chapman and Hall Ltd., Londres, 1903. Traduit avec l'autorisation d'Associated Books Publishers Ltd., Londres *(page 100).*

Elisabeth, Madame, *500 Nouvelles Recettes de Cuisine de Madame Elisabeth.* Édité aux Éditions Baudinière, Paris *(page 134).*

Elliot, Rose, *Beanfeast, Natural Foods Cook Book.* © Copyright Rose Elliot September 1975. Édité par The White Eagle Publishing Trust, New Lands, Liss, Hampshire, 1975. Traduit avec l'autorisation The White Eagle Publishing Trust *(page 108).*

Escole Parfaite des Officiers de Bouche, L', Édité par Jean Ribou, Paris, 1662 *(page 148).*

Famularo, Joe et Imperiale, Louise, *The Festive Famularo Kitchen.* Copyright © 1977 Joe Famularo et Louise Imperiale. Édité par Atheneum Publishers, New York 1977. Traduit avec l'autorisation d'Atheneum Publishers *(page 146).*

Fernie, W.T., *Kitchen Physic: At Hand for the Doctor, and Helpful for Homely Cures.* Édité par John Wright and Co., Bristol 1901. Traduit avec l'autorisation de John Wright and Sons Ltd., Bristol *(page 116).*

Gilbert, Philéas, *La Cuisine de Tous les mois*. Édité par Abel Goubaud, éditeur, Paris, 1893 *(page 136)*.

Gouy, Louis P. De, *The Gold Cook Book (édition revisée)*. Copyright 1948, 1964 par l'auteur. Édité par Chilton Book Company, Radnor, Pennsylvanie. Traduit avec l'autorisation de l'éditeur, Chilton Book Company *(page 145)*.

Greenberg, Florence, *Jewish Cookery*. Copyright © Florence Greenberg, 1963. Éditions Penguin Books Ltd., 1967. Première édition par Jewish Chronicle Publications, 1947. Traduit avec l'autorisation The Jewish Chronicle Ltd, Londres *(page 160)*.

Grigson, Jane, *English Food*. Copyright © Jane Grigson 1974. Première édition Macmillan 1974. Éditions Penguin Books Ltd., Londres 1977. Traduit avec l'autorisation de David Higham Associates Ltd., pour l'auteur *(page 147)*.

Grigson, Jane, *Good Things*. Copyright © Jane Grigson 1971. Première édition Michael Joseph, 1971. Éditions Penguin Books Ltd., 1973. Traduit avec l'autorisation de David Higham Associates Ltd., pour l'auteur *(page 165)*.

Guérard, Michel, *La Cuisine Gourmande*. © Éditions Robert Laffont S.A., Paris 1978. Édité aux Éditions Robert Laffont S.A. Reproduit avec l'autorisation des Éditions Robert Laffont S.A. *(page 149)*.

Guinaudeau-Franc, Zette, *Les Secrets des Fermes en Périgord Noir*. © 1978, Éditions Serg, Paris. Édité aux Éditions Serg, Paris. Reproduit avec l'autorisation de Madame Guinaudeau *(pages 95, 109)*.

Hájková, Maria, *Múcniky*. © Maria Hájková 1974. Édité par Práca, Bratislava et Verlag für die Frau, Leipzig. Traduction Allemande © 1974 Práca, Bratislava, CSSR et Verlag für die Frau, DDR-701, Leipzig. Traduit avec l'autorisation de Práca, pour l'auteur *(page 110)*.

Hartley, Dorothy, *Food in England*. Copyright © 1954 Dorothy Hartley. Édité par Macdonald and Jane's. Londres 1954. Traduit avec l'autorisation de Macdonald and Jane's Publishers Limited *(page 154)*.

Hawaii State Society of Washington, D.C., *Hawaiian Cuisine*. Édité par The Charles E. Tuttle Co., Inc. à Tokyo, Japan. Traduit avec l'autorisation de Charles E. Tuttle Co., Inc., *(page 135)*.

Hutchinson, Peggy, *Old English Cookery*. © W. Foulsham & Co., Ltd. Édité par W. Foulsham & Co. Ltd., Londres. Traduit avec l'autorisation de W. Foulsham & Co., Ltd. *(page 137)*.

Irish Recipes Traditional and Modern. Édité par Mount Salus Press Limited, Dublin. Traduit avec l'autorisation de Mount Salus Press Limited *(page 162)*.

Kamman, Madeleine, *The Making of a Cook*. Copyright © 1971 Madeleine Kamman. Édité par Atheneum Publishers, New York 1971. Traduit avec l'autorisation d'Atheneum Publishers *(page 110)*.

Keller, Jean, *Les Pâtisseries et les Bonbons*. © Culture, Art, Loisirs 1979. Édité par Culture, Art, Loisirs, Paris. Reproduit avec l'autorisation de Culture, Art, Loisirs *(pages 92, 94, 96, 97)*.

Kiehnle, Hermine, et Hädecke, Maria, *Das Neue Kiehnle-Kochbuch*. © Water Hädecke Verlag, (vorm. Süddeutsches Verlagshaus) Weil der Stadt, 1960. Édité par Walter Hädecke Verlag, Weil der Stadt. Traduit avec l'autorisation de Walter Hädecke Verlag *(pages 108, 111, 114, 142)*.

Kürtz, Jutta, *Das Kochbuch aus Schleswig-Holstein*. © Copyright, 1976 Verlagsteam Wolfgang Hölker. Édité par Verlag Wolfgang Hölker, Münster. Traduit avec l'autorisation de Verlag Wolfgang Hölker *(page 135)*.

Ladies Auxiliary of The Lunenburg Hospital Society, The, *Dutch Oven*. Édité par The Ladies Auxiliaire of The Lunenburg Hospital Society, Nova Scotia 1953. Traduit avec l'autorisation de The Ladies Auxiliary of The Lunenburg Hospital Society *(page 106)*.

Lang, George, *The Cuisine of Hungary*. Copyright © 1971 George Lang. Édité par Atheneum Publishers, New York. Traduit avec l'autorisation d'Atheneum Publishers *(pages 153, 153)*.

Lemnis, M. et Vitry, H., *W Staropolskiej Kuchni i Przy Polskim Stole*. Copyright, Polska Agencja Interpress, Pologne. Édité

par Wydawnictwo "Interpress", Varsovie. Traduit avec l'autorisation de Wydawnictwo "Interpress" *(page 118)*.

Leyel, Mrs. C.F., *Cakes of England*. Première édition par George Routledge and Sons, Ltd., Londres 1936. Traduit avec l'autorisation de Routledge & Kegan Paul Ltd., Londres *(page 115)*.

Lopez, Candido, *El Libro de Oro de la Gastronomía*. © 1979 Candido Lopez. Édité par Plaza & Janes S.A., Barcelone. Traduit avec l'autorisation de Plaza & Janes S.A. *(pages 102, 106, 118)*.

Lucas, Dione et Gorman, Marion, *The Dione Lucas Book of French Cooking*. Copyright 1947, Dione Lucas. Copyright © 1973, Mark Lucas et Marion F. Gorman. Édité par Little, Brown and Company, Boston. Traduit avec l'autorisation de Little, Brown and Company *(pages 132, 144)*.

Lune, Pierre de, *Le Nouveau Cuisinier*. Paris, 1656 *(pages 136, 139)*.

Mann, Gertrude, *A Book of Cakes*. © Gertrude Mann, 1957. Édité en 1957, André Deutsch Limited, Londres. Traduit avec l'autorisation de John Farquharson Ltd., agent littéraire, Londres *(pages 102, 104)*.

Mardikan, George, *Dinner at Omar Khayyam's*. Copyright 1944, George Mardikian; copyright renouvelé en 1945. Première édition The Viking Press, New York, 1944. Traduit avec l'autorisation de McIntosch and Otis, Inc., New York *(page 119)*.

Mathiot, Ginette, *Je Sais Faire la Pâtisserie*. © Albin Michel, 1938, 1966. Édité aux Éditions Albin Michel, Paris. Reproduit avec l'autorisation des Éditions Albin Michel *(page 112)*.

McNeill, F. Marian, *The Scots Kitchen*. Première édition 1929. Deuxième édition 1963. Édité par Blackie and Son Limited, Londres. Traduit avec l'autorisation de Blackie and Son Limited *(page 105)*.

70 Médecins de France, *Le Trésor de la Cuisine du Bassin Méditerranéen*. Édité par Les Laboratoires du Dr. Zizine *(page 126)*.

Mengo, António de Macedo, *Copa e Cozinha*. © Celir/ Apesar de Tudo. Édité par Celir/Apesar de Tudo, Porto, 1977. Traduit avec l'autorisation de Celir/Apesar de Tudo *(page 134)*.

Menon, *Les Soupers de la Cour*. Volume 3, 1755 *(page 136)*.

Morphy, Countess (Rédactrice), *Recipes of All Nations*. Première édition par Herbert Joseph Limited, Londres 1935. Traduit avec l'autorisation de Herbert Joseph *(page 157)*.

Morphy, Countess, *Sweets and Puddings*. The Kitchen Library, Volume 6. Première édition par Herbert Joseph Limited, Londres 1936. Traduit avec l'autorisation de Herbert Joseph *(pages 133, 162)*.

Murray, Freda, *Lacock Tea Time Recipes*. Édité par Freda Murray. Rédigé par Peter Murray (Ed RIBA Journal). Traduit avec l'autorisation de Freda Murray *(pages 101, 106)*.

Murray, Janet, *With a Fine Feeling for Food*. © Copyright Janet Murray 1972. Traduit avec l'autorisation de Janet Murray *(page 102)*.

Näslund, Görel Kristina, *Swedish Baking*. © Copyright ICA - Förlaget 1973, Västerås. Édité par ICA Förlaget Västerås. Traduit avec l'autorisation de ICA-Förlaget AB *(pages 96, 107, 158)*.

Nietlispach, Madame F., *Tourtes Tartes, Pâtisseries Mets Sucrés*. Copyright 1931, Otto Walter, Limited, Olten (Suisse). Édition Otto Walter S.A., Olten. Reproduit avec l'autorisation de Walter Verlag AG. Amthausquai, Suisse *(page 136)*.

Nignon, Édouard, *Les Plaisirs de la Table*. Édité par l'auteur vers 1920. Repris aux Éditions Daniel Morcrette, B.P. 26,95270 Luzarches, France, 1979. Reproduit avec l'autorisation des Éditions Daniel Morcrette *(pages 130, 135)*.

Norberg, Inga, *Good Food from Sweden*. Première édition par Chatto and Windus. Londres 1935. Traduit avec l'autorisation de Curtis Brown, Ltd., Londres *(page 97)*.

Nouveau Manuel de la Cuisinière Bourgeoise et Économique. Édité par Bernardin-Béchet, Libraire, Paris, 1868 *(page 100)*.

Olney, Judith, *Summer Food*. Copyright © 1978 Judith Olney. Édité par Atheneum Publishers, New York, 1978.

Traduit avec l'autorisation d'Atheneum Publishers *(page 156)*.

Olney, Richard, *Simple French Food*. Copyright © 1974 Richard Olney. Édité par Jill Norman Books Ltd., Londres 1980. Traduit avec l'autorisation de Jill Norman *(pages 129, 132)*.

Pascoe, Ann, *Cornish Recipes Old and New*. Édité par Tor Mark Press, un département de D. Bradford Barton Ltd., Truro. Traduit avec l'autorisation de Tor Mark Press *(page 117)*.

Peck, Paula, *The Art of Fine Baking*. Copyright © 1961, Paula Peck. Édité par Simon et Schuster, un département de Gulf & Western Corporation, New York. Traduit avec l'autorisation de John Schaffner, agent littéraire, New York *(pages 124, 161)*.

Pellaprat, Henri-Paul, *Le Nouveau Guide Culinaire*. Copyright © René Kramer, Éditeur, Castagnola-Lugano 1973. Édité par René Kramer, Éditeur, CH 6976 Lugano-Castagnola. Reproduit avec l'autorisation des Éditions René Kramer *(pages 149, 155, 157)*.

Pépin, Jacques, *La Technique*. Copyright © 1976, Jacques Pépin. Édité par Quadrangle/The New York Times Books Co., Inc., New York. Reproduit avec l'autorisation de Times Books, une division de Quadrangle/The New York Times Books Co., Inc. *(page 93)*.

Petits Plats et les Grands, Les, © 1977, Éditions Denoël, Paris. Édité aux Éditions Denoël, Sarl, Paris. Reproduit avec l'autorisation des Éditions Denoël Sarl *(page 113)*.

Petits Propos Culinaires (Volume 1, février 1979). © Prospect Books 1979. Édité par Prospect Books, Londres et Washington D.C. Traduit avec l'autorisation de l'éditeur *(page 114)*.

Petits Propos Culinaires (Volume 2, août 1979). © Prospect Books 1979. Édité par Prospect Books, Londres et Washington D.C. Traduit avec l'autorisation de l'éditeur *(page 139)*.

Platt, June, *June Platt's New England Cook Book*. © 1971 June Platt. Édité par Atheneum Publishers, New York, 1971. Traduit avec l'autorisation d'Atheneum Publishers *(pages 112, 117, 123)*.

Plucinska, I., *Ksiazka Kucharska*. Première édition en 1926. Édité par Wydawnictwo Poznanskie, Pologne 1945. Traduit avec l'autorisation de Wydawnictwo Poznanskie *(page 142)*.

Point, Fernand, *Ma Gastronomie*. © 1969 Flammarion, Paris. Édité par Flammarion et Cie., Paris. Reproduit avec l'autorisation de Flammarion et Cie *(pages 110, 121)*.

Poulson, Joan, *Old Thames Valley Recipes*. Text © Joan Poulson 1977. Édité par Hendon Publishing Co. Ltd., Nelson. Traduit avec l'autorisation de Hendon Publishing Co. Ltd. *(page 147)*.

Read, Miss, *Miss Read's Country Cooking*. © 1969, Miss Read. Édité par Michael Joseph Ltd., Londres 1969. Traduit avec l'autorisation de Michael Joseph Ltd., *(page 101)*.

Reboul, J.B., *La Cuisinière Provençale*. Édité par Tacussel, éditeur, Marseille. Reproduit avec l'autorisation de Tacussel, éditeur *(pages 131, 150)*.

Reynière, La, *200 Recettes des Meilleures Cuisinières de France*. © Albin Michel, 1978. Édité aux Éditions Albin Michel, Paris. Reproduit avec l'autorisation des Éditions Albin Michel *(pages 133, 162)*.

Savarin, Mme. Jeanne (Rédactrice), *La Cuisine des Familles* (Magazine), No. 24, 3 décembre 1905 *(page 120)*.

Schuler, Elizabeth, *Mein Kochbuch*. © Copyright 1948, Schuler-Verlag, Stuttgart-N, Lenzhalde 28. Édité par Schuler Verlagsgesellschaft, Stuttgart. Traduit avec l'autorisation de Schuler Verlagsgesellschaft mbH *(page 111)*.

Seranne, Ann, *The Complete Book of Desserts*. © 1963, Ann Seranne. Première édition en 1964 par Faber and Faber Limited, Londres. Édité aussi en 1967 par Faber and Faber Limited pour The Cookery Book Club. Traduit avec l'autorisation de Doubleday and Company, Inc., New York *(pages 151, 154)*.

Shishkov, Dr. Georgi, et Vuchkov, Stoil, *Bulgarski Nazionalni Vastiya*. © Les auteurs 1978 c/o Jusautor, Sofia. Première édition par Profizdat, Sofia, 1959. Traduit avec l'autorisation de Jusautor Copyright Agency, Sofia *(page 152)*.

Slater, Mary, *Caribbean Cooking for Pleasure.* © Copyright Mary Slater 1970. Édité par The Hamlyn Publishing Group Limited, Londres. Traduit avec l'autorisation de The Hamlyn Publishing Group Limited *(page 125)*.

Société St. Thomas D'Aquin, La, *La Cuisine Acadienne (Acadian Cuisine),* Édité par La Société St. Thomas d'Aquin, Succursale de Charlottetown, Île-du-Prince Edouard, Canada. Reproduit avec l'autorisation de La Société St. Thomas d'Aquin *(page 101)*.

Theoharous, Anne. *Cooking and Baking the Greek Way.* Copyright © 1977, Anne Theoharous. Édité par Holt, Rinehart and Winston, Inc., New York. Traduit avec l'autorisation de Holt, Rinehart and Winston, Inc. *(pages 128, 152, 159)*.

Tibott, S. Minwell, *Welsh Fare.* © National Museum of Wales (Welsh Folk Museum). Édité par National Museum of Wales. (Welsh Folk Museum) Cardiff 1976. Traduit avec l'autorisation du National Museum of Wales (Welsh Folk Museum) *(pages 114, 115)*.

Tita, Dona, *Receitas Experimentadas.* Huitième édition. Édité par Editôra e Encadernadora Lumen Ltda., Sao Paulo. Traduit avec l'autorisation de Editora Rideel Ltda., Sao Paulo *(page 122)*.

Tobias, Doris et Merris, Mary. *The Golden Lemon.* Copyright © 1978, Doris Tobias et Mary Merris. Édité par Atheneum Publishers, New York 1978. Traduit avec l'autorisation d'Atheneum Publishers *(page 145)*.

Toklas, Alice B., *The Alice B. Toklas Cook Book.* Copyright, 1954, Alice B. Toklas. Édité par Harper and Row Publishers, Inc. New York. Traduit avec l'autorisation d'Edward M. Burns, exécuteur testamentaire d'Alice B. Toklas *(page 143)*.

Troisgros, Jean et Pierre, *Cuisiniers à Roanne.* © Éditions Robert Laffont, S.A., 1977. Édité aux Éditions Robert Laffont, Paris. Reproduit avec l'autorisation des Éditions Robert Laffont *(pages 137, 151)*.

Tschirky, Oscar, *The Cookbook by « Oscar » of the Waldorf.* Copyright 1896, Oscar Tschirky. Édité par The Werner Company, New York *(page 116)*.

Vence, Céline et Courtine, Robert, *Les Grands Maîtres de la Cuisine Française.* Copyright © 1972 Éditions Bordas. Édité aux Éditions Bordas, Paris. Reproduit avec l'autorisation des Éditions Bordas *(page 141)*.

Vielfaure, Nicole et Beauviala, Christine, *Fêtes, Coutumes et Gâteaux.* © Christine Bonneton Éditeur. Édité par Christine Bonneton Éditeur, 4300 Le Puy, France. Reproduit avec l'autorisation de Christine Bonneton Éditeur *(pages 139, 155)*.

Volpicelli, Luigi et Freda, Secondino, *L'Antiartusi, 1000 Ricette.* © 1978 Pan Editrice, Milan. Édité par Pan Editrice, Milan. Traduit avec l'autorisation de Pan Editrice *(pages 122, 127, 163)*.

Wales Gas Home Service, *A Welsh Welcome.* Édité par the Wales Gas Board, 1966, Cardiff. Traduit avec l'autorisation de Wales Gas Board *(page 116)*.

White, Florence (Rédactrice), *Good Things in England.* Édité en accord avec Jonathan Cape Ltd., 1968, The Cookery Book Club, Londres. Traduit avec l'autorisation de Jonathan Cape Limited, Londres *(page 158)*.

Willinsky, Grete, *Kulinarische Weltreise.* © Mary Hahns Kochbuchverlag, Berlin W. Édité par Büchergilde Gutenberg, Frankfort. Traduit avec l'autorisation de Mary Hahns Kochbuchverlag, Munich *(page 103)*.

Witwicka, H. et Soskine, S., *La Cuisine Russe Classique.* © Édité aux Éditions Albin Michel, Paris. Reproduit avec l'autorisation des Éditions Albin Michel *(page 160)*.

World Atlas of Food, The, Copyright © Mitchell Beazley Publishers Limited 1974. Édité par Mitchell Beazley Limited. Traduit avec l'autorisation de Mitchell Beazley Publishers Limited, Londres *(page 138)*.

Zawistowska, Z., *Z Naszej Kuchni,* Copyright par l'auteur. Première édition par RSW Prasa-Ksiazka-Ruch, Warsow. Traduit avec l'autorisation d'Agencja Autorska, Varsovie, pour l'auteur *(page 164)*.

Zobeltitz, Martha von, *Das Kasserol: Absonderliche, Gaumenletzen aus aller Zeit.* © Albert Langen-Georg Müller Verlag Munchen. Édité par Albert Langen-Georg Müller Verlag, Munich 1923. Traduit avec l'autorisation d'Albert Langer-Georg Müller Verlag GmbH *(page 113)*.

Zuliani, Mariù Salvatori de, *La Cucina di Versilia e Garfagnana.* Copyright © Franco Angeli Editore, Milan. Édité en 1969 par Franco Angeli Editore, Milan. Traduit avec l'autorisation de Franco Angeli Editore *(page 122)*.

Remerciements et Sources des illustrations

Les rédacteurs de cet ouvrage tiennent à exprimer leurs remerciements à Gail Duff de Maidstone, Kent, Ann O'Sullivan de Deya, Mallorca et Jean Reynolds de Londres.

Ils remercient également les personnes et organismes suivants: Julie Bailey, Londres; Caroline Baum, York, Yorkshire; Sarah Bunney, Londres; Dr. M. Burge et Wendy Godfrey, Tate & Lyle, Londres; Marisa Centis, Londres; Brigitte Chu-Van, Deborah Cronshaw, Paris; Jennifer Davidson, Londres; Neyla Freeman, Londres; Maggie Heinz, Londres; Marion Hunter, Sutton, Surrey; Frederica L. Huxley, Londres; Brenda Jayes, Londres; Maria Johnson, Hatfield, Hertfordshire; Wanda Kemp-Welch, Nottingham; Dr. N. Knowles, British Egg Information Service, Londres; Rosine Lapresle, Paris; Mrs B. Morrison, Ranks Hovis McDougall Ltd., Londres; Michael Moulds, Londres; Dilys Naylor, Kingston, Surrey; Jo Oxley, Morden, Surrey; Alain Petit, Paris; Michael Schwab, Londres; Cynthia A. Sheppard, Londres; Dr. R.H. Smith, Aberdeen; Susan G. Smith, Londres; Anne Stephenson, Londres; Brigitte Trillat, Paris.

Photographes (par ordre alphabétique):
Tom Belshaw: 10 — en haut au centre, 11 — en haut à droite, au centre à droite et en bas, 12 — au centre et en bas, 13 — au centre et en bas, 15 — en haut à droite et au centre, en bas à droite et au centre, 16, 17 — en bas à gauche, 32 — en haut à droite et en bas, 33, 41 — en haut à gauche et au centre, 42 — en haut à droite et en bas, 46, 47 — en bas, 51 — en bas, 55 — en haut à droite et en bas à droite, 66, 67 — en haut à droite, au centre en bas.

John Cook: 11 — au centre à gauche, 14, 15 — en bas à gauche, 34 — en haut et en bas à droite, 35 — en haut, 40 — en bas, 41 — en haut à droite et en bas.

Alan Duns: 4, 9 — en haut, 11 — en haut à gauche et au centre, 15 — en haut à gauche, 17 — en haut, en bas à droite et au centre, 18, 26, 27 — en haut à gauche et au centre, 30 — en haut, 31 — en haut, 34 — en bas à gauche, 35 — en bas, 38 — en haut, 40 — en haut, 42 — en haut à gauche et au centre, 43, 47 — en haut, 50 — en haut, 62, 73 à 75, 76 — en bas, 77 — en haut à droite et en bas à gauche, 82 — en bas, 83 — en bas, 88, 89 — en haut, en bas à gauche.

John Elliott: 8 — en bas, 9 — en bas en gauche, 10 — en bas, 20 — en haut, 21 — en haut, 22 à 23, 27 — en haut à droite et en bas, 28 à 29, 30 — en bas, 31 — en bas, 32 — en haut à gauche, 38 — en bas, 39, 44 à 45, 50 — en bas, 51 — en haut, 56 à 57, 60 — en haut à gauche et en bas, 64 à 65, 70, 72, 76 — en haut à gauche, 77 — en haut au centre, en bas à droite et au centre, 80 — en haut, 81 — en haut, 82 — en haut, 83 — en haut, 84 — en bas, 85 — en bas.

Louis Klein: 2.

Bob Komar: couverture, 8 — à 9 — 10 en bas à droite, 12 — en haut, 13 — en haut, 20 — en bas, 21 — en bas, 24 à 25, 36, 48, 52 à 54, 55 — en haut à gauche et au centre, en bas à gauche et au centre, 58 à 59, 60 — en haut à droite, 61, 67 — en haut à gauche, 68 à 69, 71, 76 — en haut à droite, 77 — en haut à gauche, 78, 80 — en bas, 81 — en bas, 84 — en haut, 85 — en haut, 86 à 87, 89 — en bas; droite, 90.

Tous les dessins proviennent de la Mary Evans Picture Library et de sources privées.

Quadrichromies réalisées par Gilchrist Ltd., Leeds, Angleterre
Composition photographique par Photocompo Center, Bruxelles, Belgique
Imprimé et relié par Brepols S.A., Turnhout, Belgique.